职业教育新能源汽车专业"互联网+"创新型教材

纯电动汽车

辅助系统检修

天津职业技术师范大学
汽车职业教育研究所 组编

主　编　李永青　包丕利　孙军辉

副主编　孔倩倩　王明乾　赵子云

参　编　孔　超　周　毅　台晓虹

机械工业出版社

本书采用基于工作过程的方法开发，内容以典型工作任务为载体进行组织，主要包括空调系统故障诊断与修复、转向与制动系统故障诊断与修复、安全系统故障诊断与修复 3 个学习情境。每个情境包含若干学习单元，每个学习单元以实际工作任务进行导入，理论知识包含共性知识和个性知识，实践技能部分以吉利 EV450 车型为例进行介绍。

　　本书适合于开设新能源汽车技术专业的职业院校使用，也可以供新能源汽车技术培训机构使用，同时可作为新能源汽车从业人员的学习参考书。

　　本书配有电子课件、二维码视频、任务工单及答案等教学资源，凡使用本书作为教材的教师，均可登录机械工业出版社教育服务网（www.cmpedu.com）注册后免费获取，也可联系 QQ：1006310850 咨询获取。

图书在版编目（CIP）数据

纯电动汽车辅助系统检修/天津职业技术师范大学汽车职业教育研究所组编；李永青，包丕利，孙军辉主编. —北京：机械工业出版社，2021.9（2023.8 重印）
职业教育新能源汽车专业"互联网+"创新型教材
ISBN 978-7-111-69061-0

Ⅰ.①纯… Ⅱ.①天… ②李… ③包… ④孙… Ⅲ.①电动汽车-辅助系统-车辆检修-职业教育-教材 Ⅳ.①U469.720.7

中国版本图书馆 CIP 数据核字（2021）第 179993 号

机械工业出版社（北京市百万庄大街 22 号　邮政编码 100037）
策划编辑：于志伟　责任编辑：于志伟　张双国
责任校对：陈　越　封面设计：张　静
责任印制：刘　媛
涿州市般润文化传播有限公司印刷
2023 年 8 月第 1 版第 2 次印刷
184mm×260mm · 12 印张 · 289 千字
标准书号：ISBN 978-7-111-69061-0
定价：49.80 元（含任务工单）

电话服务　　　　　　　　　网络服务
客服电话：010-88361066　　机　工　官　网：www.cmpbook.com
　　　　　010-88379833　　机　工　官　博：weibo.com/cmp1952
　　　　　010-68326294　　金　书　网：www.golden-book.com
封底无防伪标均为盗版　　机工教育服务网：www.cmpedu.com

前 言

2015 年 10 月 30 日，国家工信部正式发布《〈中国制造 2025〉重点领域技术路线图（2015 年版）》，明确提出纯电动和插电式混合动力汽车、燃料电池汽车是国内未来在新能源汽车领域的重点发展方向。2016 年 10 月 26 日，中国汽车工程学会发布了《节能与新能源汽车技术路线图》，对新能源汽车技术发展提出了更为明确的思路和路径。

随着我国新能源汽车行业的快速发展，急需大批懂新能源汽车维护和维修技术方面的人才。目前，我国职业院校肩负着培养新能源汽车技术技能人才的历史重任，国内已经掀起了开设新能源汽车专业的热潮。天津职业技术师范大学汽车职业教育研究所联合职业院校、企业，组织编写了本系列理实一体化教材。

本系列教材采用基于工作过程的方法进行开发，在对新能源汽车技术技能人才岗位调研的基础上，分析出岗位典型工作任务，然后根据典型工作任务提炼了行动领域，在此基础上构建了工作过程系统化的课程体系。为方便职业院校开展一体化教学和信息化教学，为系列教材配套开发了"新能源汽车专业课程及教学资源库平台"，为每一个学习单元配套开发了教学设计、教学课件、任务工单、微课视频、VR 视频、教学动画等丰富的教学资源。

本书内容主要包括空调系统故障诊断与修复、转向与制动系统故障诊断与修复、安全系统故障诊断与修复 3 个学习情境，每个情境包含若干学习单元，本书全部内容均在实车上进行了验证。每个学习单元以实际工作任务进行导入，理论知识包含共性知识和个性知识，实践技能部分以吉利 EV450 车型为例进行介绍。

本书适合于开设新能源汽车技术专业的职业院校使用，也可以供新能源汽车技术培训机构使用，同时可作为新能源汽车从业人员的学习参考书。

本书由青岛军民融合学院李永青、天津职业技术师范大学包丕利、青岛军民融合学院孙军辉担任主编，青岛军民融合学院孔倩倩、山东交通技师学院王明乾、昆山开放大学赵子云担任副主编，天津职业技术师范大学孔超、周毅、台晓虹参编。

本书在编写过程中，得到了国家重点研发计划项目"网络协同制造技术资源服务平台研发与应用示范（2018YFB1703500）"的支持，为专业技能人才培养提供了丰富的资源。在本书编写过程中，天津闻达天下科技有限责任公司提供了大量设备和技术支持，在此表示衷心的感谢。本书在编写过程中参考了大量国内外相关著作和文献资料，在此一并向有关作者表示感谢。

由于编者水平有限，难免有错漏之处，敬请读者批评指正。

编 者

二维码清单

名　称	图　形	名　称	图　形
电动压缩机总成认知		热管理系统冷却液加注过程	
更换电动压缩机高压熔断器		电动助力转向系统认知	
空调数据流读取		转向角、摇摆角标定	
更换 PTC 加热器高压保险		EPB 系统标定与元件测试	
吉利帝豪 EV450 纯电动汽车换热器总成认知		真空助力系统认知	

目 录

学习情境 1

空调系统故障诊断与修复

学习目标

➤ 能通过与客户交流、查阅相关维修技术资料等方式获取车辆信息；

➤ 能够正确操作空调系统；

➤ 能正确规范地使用车间及个人安全防护用具；

➤ 能正确规范地完成纯电动汽车下电、上电作业；

➤ 能够完成电动压缩机、冷凝器等的拆卸与装配作业；

➤ 能够正确更换 PTC 加热器总成；

➤ 能够制订空调制冷不良的诊断流程并进行故障诊断；

➤ 能够按照环保要求和车间规定，正确处理空调系统废旧零部件。

学习单元 1.1　空调系统制冷能力的检查

情境导入

一辆帝豪 EV450 纯电动汽车，装备空调系统，用户反映空调制冷不足，现在要对空调制冷效果进行检查。你会使用电动空调吗？你会对空调制冷效果进行检查吗？

理论知识

空调（air condition，A/C）即空气调节，是指在封闭的空间内，对空气温度、湿度、流速及清洁度进行部分或全部调节的过程。汽车空调可将车内空间的环境调整到人体感觉最适宜的状态，创造良好的驾驶与乘坐环境，以提高驾驶人和其他乘员的舒适度和行车安全。

1.1.1　汽车空调的功能及组成

1. 汽车空调的功能

如图 1-1-1 所示，汽车空调的主要功能是调节车内的温度、湿度、气流速度和空气洁净度等，从而为乘员创造清新舒适的车内环境。

（1）调节车内的温度　汽车空调在冬季利用其供暖装置升高车内的温度，在夏季汽车空调的除湿功能是通过制冷装置（蒸发器）冷却使空气中的水蒸气凝结成水，从而去除空气中的水分（降低绝对湿度），再由加热装置（加热器芯）升温来增加饱和绝对湿度，以降低相对湿度。在汽车上目前还没有安装加湿装置，只能通过打开车窗或通风设施，靠车外新风来调节。

（3）调节车内的空气流速　空气的流速和方向对人体舒适性影响很大。夏季，气流速度稍大时有利于人体散热降温，但过大的风速直接吹到人体上，使人感到不舒服；冬季，风速大了会影响人体保温，因而冬季供暖时气流速度应尽量小一些。根据人体生理特点，头部对冷比较敏感，脚部对热比较敏感，因此，在布置空调出风口时，应采取上冷下暖的方式，即让冷风吹到乘员的头部，暖风吹到乘员的脚部。

（4）过滤、净化车内的空气　由于车内空间小、乘员密度大，车内极易出现缺氧和二氧化碳浓度过高的情况。汽车发动机废气中的一氧化碳和道路上的粉尘、野外有毒的花粉都容易进入车内，造成车内空气污浊。因此汽车空调必须具有补充车外新鲜空气、过滤和净化车内空气的功能。一般汽车空调装置上都设有进风门、排风门、空气过滤装置和空气净化装置。

汽车空调的舒适性参数见表 1-1-1。

图 1-1-1　汽车空调的功能

利用其制冷装置降低车内的温度。

（2）调节车内的湿度

1）绝对湿度：每立方米湿空气中所含水蒸气的质量，即水蒸气密度，单位为 kg/m^3。空气中水蒸气含量越多，则空气的绝对湿度越大。

2）相对湿度：表示空气中的绝对湿度与同温度和气压下的饱和绝对湿度的比值，即某湿空气中所含水蒸气的质量与同温度和气压下饱和空气中所含水蒸气的质量之比。通常所说的湿度就是指相对湿度。

通过实验测定，最宜人的车内温湿度是：冬天温度为 20 ~ 25℃，相对湿度为 30% ~ 80%；夏天温度为 23 ~ 30℃，相对湿度为 30% ~ 60%。在此范围内感到舒适的人占 95% 以上。

表 1-1-1　汽车空调的舒适性参数

序号	舒适性参数	数　值
1	车内平均温度	夏季：25 ~ 28℃ 冬季：15 ~ 18℃
2	车内外温差	夏季：5 ~ 7℃ 冬季：10 ~ 12℃
3	车内空气相对湿度	30% ~ 70%
4	车内气流速度	夏季：不超过 0.5m/s 冬季：0.15 ~ 0.2m/s
5	车内降温率	夏季：1.5℃/min
6	车内温差	垂直方向温差：2℃ 水平方向温差：1.5℃

（续）

序号	舒适性参数	数　值
7	车内换气量	每位乘员所需新鲜空气量：20～30m³/h 二氧化碳体积分数：不大于 0.1%
8	车内噪声	不大于 50dB（A）
9	出风口的位置及风速差	出风口位置：应尽量避免直吹令人感觉不舒服的部位 各风口风速差值：不大于 2m/s

2. 汽车空调的组成

汽车空调一般由制冷系统、暖风系统、通风系统、配气系统、控制系统和空气净化系统组成。

（1）制冷系统　制冷系统对由外部进入车内的新鲜空气或车内空气进行冷却或除湿，使车内环境变得凉爽舒适。

（2）暖风系统　暖风系统主要用于供暖，对由外部进入车内的新鲜空气或车内空气进行加热，达到供暖、除湿的目的。

（3）通风系统　通风系统将外部新鲜空气吸进车内，起通风和换气的作用。同时，通风系统对防止风窗玻璃起雾有良好的效果。

（4）配气系统　配气系统可将吸入的新鲜空气、冷气、热风有机地进行配合调节，形成冷暖适宜的气流吹出，通常由新鲜空气进风口、循环空气进风口、各种用途的出风口（包括前出风口、侧出风口、除霜口等）以及各风口风门组成。进、出风口的切换以及开度由各种风门控制，因此风门的布置及控制是影响配气系统优劣的重要因素。

（5）控制系统　控制系统对空调系统的各组成部分进行控制，通过控制制冷、供暖和通风等功能，将车内空间的环境调整到人体感觉最适宜的状态。

（6）空气净化系统　对车厢内成员呼吸排出的二氧化碳、蒸发的汗液、吸烟产生的烟以及从车外进入的灰尘、花粉等污染物进行净化，保证车内空气清洁。

1.1.2　汽车空调制冷系统的组成及工作原理

1. 汽车空调制冷系统的组成

汽车空调制冷系统可以分为压缩机断续工作的循环离合器系统和压缩机连续运转的蒸发器压力控制系统。循环离合器系统分为循环离合器膨胀阀系统和循环离合器孔管系统。如图 1-1-2 所示，循环离合器膨胀阀系统主要由压缩机、冷凝器、膨胀阀、蒸发器、储液干燥器、空调压力开关、制冷管路、鼓风机、冷凝器散热风扇等部件组成，制冷剂和冷冻机油在封闭的系统中循环流动。

循环离合器孔管系统的组成如图 1-1-3 所示，主要由压缩机、冷凝器、积累器、孔管、蒸发器和冷凝器散热风扇等组成，节流装置采用孔管，过滤装置采用积累器。

2. 汽车空调制冷系统的工作原理

汽车空调制冷系统的工作原理如图 1-1-4 所示。

压缩机运转时，将蒸发器内产生的低压低温蒸气吸入气缸，经过压缩后，形成高压高温蒸气并排入冷凝器。在冷凝器中，高压高温的制冷剂蒸气与外面的空气进行热交换，放出热量使制冷剂冷凝成高压高温液体，然后经储液干燥器干燥和过滤后流入膨胀阀。高压高温液态制冷剂经膨胀阀节流后压力和温度急剧下降，制冷剂以低压低温的气液混合状态进入蒸发器。在蒸发器里，低压低温液态制冷剂吸取车厢内空气的热量，汽化成低压低温蒸气并进入压缩机进行下一轮循环。这样，制冷剂在封闭的系统内经过压缩、冷凝、节流和蒸发4个过程，完成了一个制冷循环。

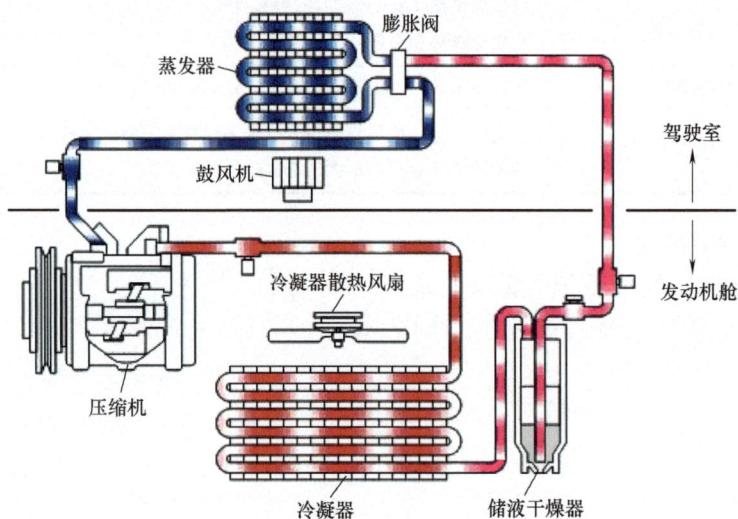

图 1-1-2　循环离合器膨胀阀系统的组成

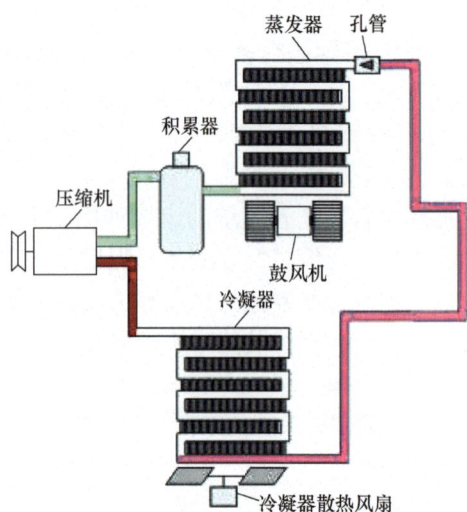

图 1-1-3　循环离合器孔管系统的组成

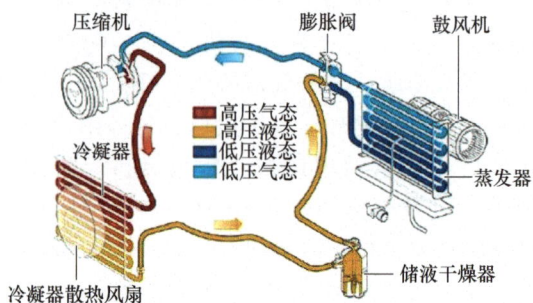

图 1-1-4　汽车空调制冷系统的工作原理

在制冷系统中，压缩机起着压缩和输送制冷剂的作用，它是整个系统的"心脏"。膨胀阀对制冷剂起节流降压的作用，同时调节进入蒸发器制冷剂液体的流量。蒸发器是输出冷量的设备，制冷剂在其中吸收空气的热量实现降温。冷凝器是放出热量的设备，制冷剂从蒸发器中吸收的热量连同压缩机消耗机械能所转化的热量一起经冷凝器散发到大气中。压缩机输出侧、高压管路、冷凝器和储液干燥器构成高压侧；蒸发器、低压管路、压缩机输入侧、低压管路和蒸发器构成低压侧。压缩机和膨胀阀是空调系统高、低压侧的分界点。

1.1.3　汽车空调暖风系统的组成及工作原理

汽车空调暖风系统的主要作用是与蒸发器配合一起将空气调节到乘员舒适的温度；在冬季向车内提供暖气，升高车内环境温度；当车上玻璃结霜和结雾时，输送热风用来除霜和除雾。汽车空调暖风系统常见的有发动机余热式、PTC 加热式及余热 + PTC 加热式。

1. 发动机余热式暖风系统

轿车、载货汽车和小型客车多采用发动机余热水暖式暖风系统。发动机余热水暖式暖风系统的组成及工作原理如图 1-1-5 所示。该系统将发动机冷却液引入加热器芯，由鼓风机将车厢内或车外部空气吹过加热器芯而使之升温。水阀安装在发动机缸体出水口处，通过控制水阀的开度调节水流量的大小，可调节暖风机的供热量。

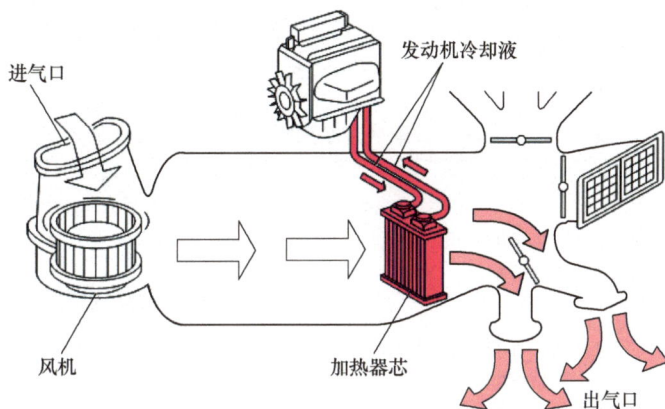

图 1-1-5　发动机余热水暖式暖风系统的组成及工作原理

2. PTC 加热式暖风系统

由于没有发动机，而且其他发热部件产生的热量不足以满足车厢内的供暖需求，纯电动汽车需要用其他热源来进行供暖，通常采用的是 PTC 加热器。PTC 是正温度系数（Positive Temperature Coefficient）的缩写，PTC 加热式目前主要有两种方案：一种是 PTC 加热空气式，北汽 EV160 纯电动汽车采用的就是这种形式（图 1-1-6）；另一种是 PTC 加热冷却液式，帝豪 EV450 纯电动汽车采用这种加热形式（图 1-1-7）。

3. 余热 + PTC 加热式暖风系统

为了更快地达到供暖效果，部分内燃机汽车、混合动力汽车采用余热 + PTC 加热式暖风系统。例如奔驰 SLK 及 E350 轿车的头颈加热系统，是将 PTC 加热器置于座椅头枕

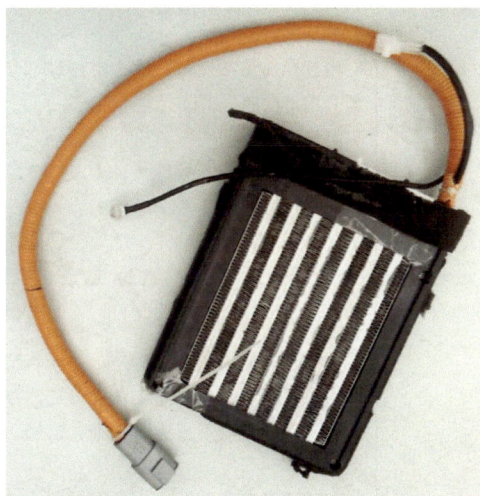

图 1-1-6　北汽 EV160 纯电动汽车的
PTC 加热器总成

内，产生的热风直接导向驾乘人员的头部与颈部；混合动力卡罗拉轿车将 PTC 加热器安装在蒸发箱内（称为快速加热器），目的是快速加热和补偿混合动力汽车发动机余热不足。

**图 1-1-7　帝豪 EV450 纯电动汽车的
PTC 水加热总成**

1.1.4　汽车空调配气系统的组成及工作原理

1. 配气系统的类型

汽车空调配气系统主要有冷暖独立式、冷暖转换式、半空调式、全空调式 4 种。汽车空调配气系统的类型、构成及工作原理见表 1-1-2。

表 1-1-2　汽车空调配气系统的类型、构成及工作原理

类型	工作原理	构成
冷暖独立式	在夏季，车内空气在风机吹动下，通过蒸发器并被冷却后吹向车内，降低车内的温度 在冬季，车内空气与车外空气混合，在风机的吹送下，通过加热升温，从中、下风门输送到车内，或经上风口吹向风窗玻璃进行除霜	
冷暖转换式	当选择制冷功能时，混合空气经蒸发器冷却后吹出 当选择加热功能时，混合空气经加热器升温后由地板风口吹出 当选择除霜功能时，热风由除霜风口吹向风窗玻璃 当加热器和蒸发器全关闭时，送入车内的为自然风	
半空调式	车内循环空气和新鲜空气经风门调节混合后，先经过蒸发器冷却，后经风机送入风门调节，一部分或大部分进入加热器，冷风出口不再进行调节，已经被除湿 如果不开蒸发器，送出的是暖风；若不开加热器，则送出的是冷风；若两者都不开，则送出来的是自然风	

（续）

类型	工 作 原 理	构　　成
全空调式	全空调式也称为空气混合式，即新鲜空气和车内循环空气经风门调节后，由风机吹向蒸发器进行降温除湿，再经风门进入加热器加热，出来的冷气和热气混合后，按功能要求送入车内	外 内 C H 除霜 暖风 冷气
说明	外 外气；内 内气；鼓风机；风门；C 蒸发器；H 加热器芯	

2. 空调配气系统的工作模式

帝豪 EV450 纯电动汽车电动空调配气系统的形式如图 1-1-8 所示。其工作模式见表 1-1-3。

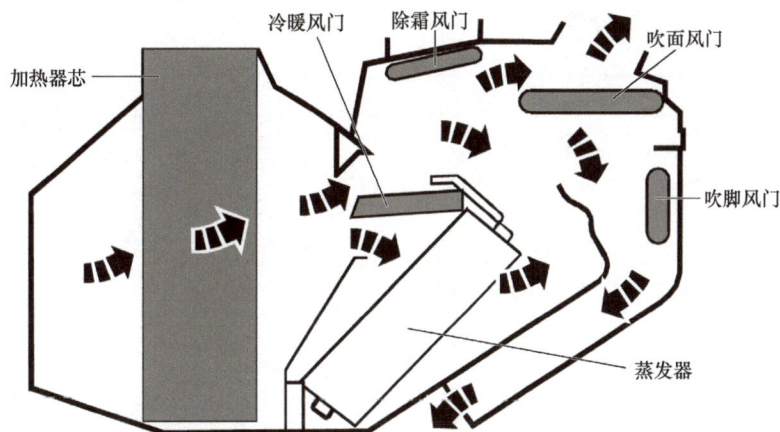

图 1-1-8　帝豪 EV450 纯电动汽车电动空调配气系统的形式

表 1-1-3　帝豪 EV450 电动空调的工作模式

名　　称	工 作 位 置	操　　作
进气风门	FRESH（新鲜）	外循环：吸入新鲜空气
	RECIRC（再循环）	内循环：再循环内部空气
混合风门	MAXCOLD（最冷）至 MAXHOT（最热）	改变新鲜空气和再循环空气的混合比，来持续地调节从热到冷的温度
模式调节	脚部/除霜	通过中央除霜器、侧除霜器和后中央调节器对风窗玻璃除霜，同时从前、后脚部调温导管中送出空气

（续）

名　称	工作位置	操　作
模式调节	除雾	通过中央除霜器、侧除霜器和侧调节器对风窗玻璃除霜/雾
	脚部	空气从脚部调温导管和侧调节器中吹出。此外，中央除霜器、侧除霜器中也吹出少量空气
	面部	空气从前中央调节器和侧调节器中吹出

1.1.5　汽车空调通风与净化系统的组成及工作原理

车厢内存有人呼出的二氧化碳、蒸发的汗液、吸烟产生的烟以及从车外进入的灰尘、花粉等污染物，因此，对车厢内进行通风换气以及对车内空气进行过滤、净化是十分必要的。汽车通风和空气净化装置是汽车空调系统的重要组成部分。

1. 通风系统

将新鲜空气送进车内，取代污浊空气的过程，称为通风。汽车空调的通风方式一般有动压通风、强制通风和综合通风3种。

（1）动压通风　动压通风也称为自然通风，它是利用汽车行驶时对车身外部所产生的风压为动力，在适当的地方开设进风口和排风口，以实现车内的通风换气。轿车风洞试验的车身表面压力分布如图1-1-9所示，车身外部大多受到负压，只有在车前及前风窗玻璃周围为正压区。进风口应设置在正压区，并且离地面尽可能的高，以免吸入汽车行驶时的扬尘。排风口应设置在汽车车厢后部的负压区，并且应尽量加大排气口的

有效流通面积，增强排气效果，注意防止粉尘、噪声以及雨水的侵入。动压通风不消耗动力，结构简单，通风效果较好，因此，轿车大都设有动压通风口。

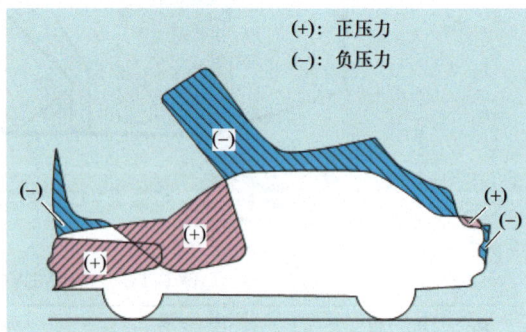

（+）：正压力
（−）：负压力

图1-1-9　轿车风洞试验的车身表面压力分布

（2）强制通风　如图1-1-10所示，强制通风是利用风机强制将车外空气送入车厢内进行通风换气，进气口和排气口一般与自然通风的风口在相同位置。在冷暖一体化的汽车空调上，大多采用通风、供暖和制冷的联合装置，将外部空气与空调冷暖空气混合后送入车内。

（3）综合通风　综合通风是指同时采用动压通风和强制通风。综合通风系统结构

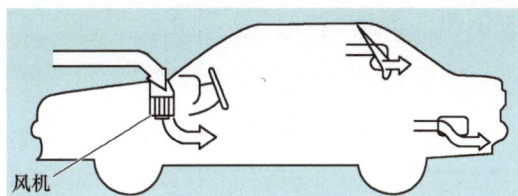

图 1-1-10 强制通风

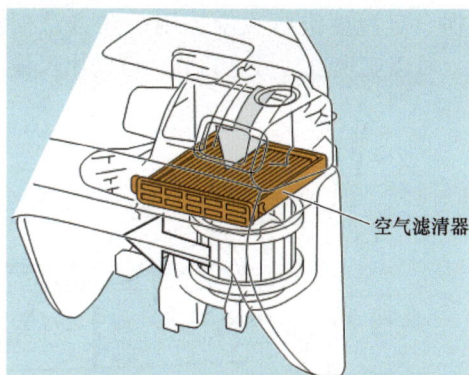

图 1-1-11 空气过滤式净化装置

复杂，但省电、经济性好、运行成本低。特别是在春秋季节的天气，用动压通风导入凉爽的外部空气，以取代制冷系统工作，同样可以保证舒适性的要求。这种通风方式近年来在汽车上的应用逐渐增多。

2. 空气净化装置

汽车空调系统采用的空气净化装置通常有空气过滤式和静电集尘式两种。

（1）空气过滤式净化装置　如图 1-1-11 所示，空气过滤式净化装置是在空调系统的进风口处设置空气滤清器，滤除空气中的灰尘和杂物。其结构简单，只需定期清理过滤网上的灰尘和杂物，广泛用于各种汽车空调系统中。帝豪 EV450 纯电动汽车电动空调系统采用空气过滤式净化装置。

（2）静电集尘式空气净化装置　如

图 1-1-12 所示，静电集尘式空气净化装置是在空气进口的滤清器后设置一套静电集尘装置或单独安装一套用于净化车内空气的静电除尘装置。它具有过滤、除臭、杀菌和产生负氧离子的作用，被净化后的空气清洁度很高。粗滤器用于过滤大颗粒的杂质。静电集尘器以静电集尘方式吸附微小的颗粒和尘埃。除臭装置一般采用活性炭滤清器、纤维式或滤纸式空气滤清器来吸附烟尘和臭气等有害气体。负离子发生器供给负氧离子。其结构复杂、成本高，只用于高级轿车和旅行车。

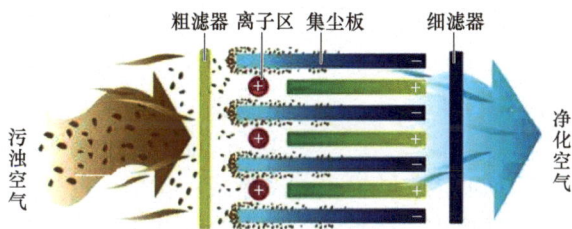

图 1-1-12 静电集尘式空气净化装置

实践技能

1.1.6 帝豪 EV450 纯电动汽车空调系统的使用

帝豪 EV450 纯电动汽车空调控制面板

如图 1-1-13 所示，主要有 A/C 开关、风量调节旋钮、温度调节旋钮、模式调节按键、内外循环按键、AUTO 按键和显示屏等。

帝豪 EV450 纯电动汽车空调系统有自动（AUTO）、手动（MANU）和停止（OFF）3 种状态。在手动状态下，可以实现手动风速调节、手动出风模式控制，系统根据设定温度进行温度控制；在自动模式下，可以实现自动风速调节、自动出风模式控制和自动温度控制。

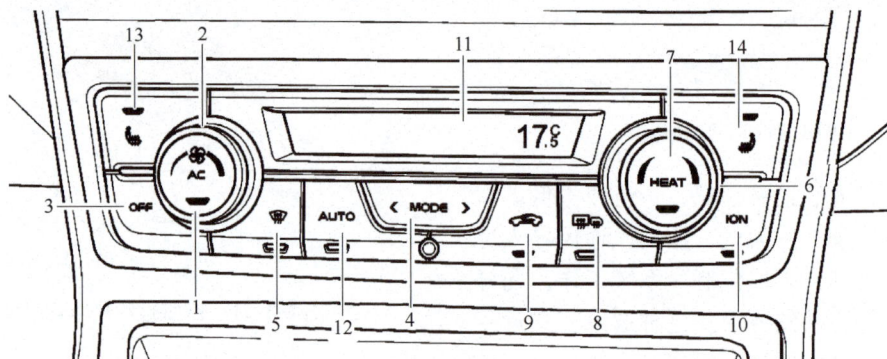

图 1-1-13 帝豪 EV450 纯电动汽车空调控制面板

1—A/C 开关 2—风量调节旋钮 3—OFF 按键 4—模式调节按键 5—前风窗除霜除雾按键 6—温度调节旋钮
7—加热按键 8—后风窗/外后视镜除霜按键 9—内、外循环按键 10—空气净化器按键 11—显示屏
12—AUTO 按键 13—驾驶人侧座椅加热按键 14—前排乘员侧座椅加热按键

1. 温度设定

温度调节旋钮用来设定车内温度，设定温度值作为用户信息显示在显示屏上。温度设置范围为 16～32℃，温度调节为每步 0.5℃。当设定温度低于 16℃时，在显示屏上显示 LO，设定温度高于 32℃时，在显示屏上显示 HI。

温度设定不会改变空调系统运行模式。在自动模式下，当进入 LO/HI 时，系统将保持最大风量送风状态并持续运行。

2. 风量设定

风量调节旋钮用来手动设定鼓风机速度。在自动模式下，鼓风机速度由系统自动控制，对风量调节旋钮的操作会使系统状态由自动模式转为手动模式，在显示屏上 AUTO 标识消失、MANU 标识显示。

在手动模式下，用户可以通过操纵风量调节旋钮对风量进行设定，风量从 1～7 级变化；在自动模式下，鼓风机速度作为自动控制逻辑的一部分，将不限于手动状态下的 7 级调节，但是在显示屏上的显示只有 7 条，所以指示条数量显示的是最接近的鼓风机速度。

3. 出风模式调节

空调系统提供了手动和自动两种出风模式供用户选择，通过调节各风门的位置可以控制出风模式。吹头部和吹脚部的温度分配不同：给脚部提供较温暖的空气，给头部提供较凉爽的空气，目的是适应人体不同部位对温度的不同需求，从而保证乘员处于舒适的环境中。空调控制器通过加热器温度传感器和蒸发器温度传感器来确定混合气的温度。

在手动模式下，用户可以选择 5 种出风模式：吹面、双向（吹面和吹脚）、吹脚、混合（吹脚和除霜）、除霜；在各出风模式下，显示屏显示相应标识。在自动模式下，出风模式是自动控制逻辑的一部分，出风模式由控制自动选择，空调控制器选择一个当时最接近的模式显示在显示屏上。当对模式调节按键进行操作时，系统将从自动模式转到手动模式。

4. 内、外循环控制

在自动模式下，当内循环模式保持 45min 后切换为外循环并保持 30s，30s 后回到内循环模式；当与空气质量指令冲突时，优先控制质量指令。内、外循环按键用来手动调节内、外循环，当对其进行操作时，内、外循环模式将变成手动模式。

5. 除霜控制

用户可以通过前风窗除霜除雾按键、后风窗/外后视镜除霜按键进行除霜控制。

在任意工作状态下（自动、手动、关机），按下相应的除霜按钮，系统即在除霜状态下工作，除霜状态解除后，系统随即回到除霜前的状态（自动、手动、关机）。

除霜模式下，风机自动调节到合适风量，风门位置调节到除霜，出风温度通过补偿提高，压缩机开机，循环风门到外循环位置。在除霜模式下，除风速调节、温度调节和前、后除霜按键，对其他按钮的操作都会使系统离开除霜模式而回到除霜前的模式（新选择的功能除外）。

1.1.7　空调制冷能力的检查

1. 主观检查

主观检查是指操作空调控制面板进入相应模式，通过人的主观感受进行评价的一种方式。常用的检查过程是：关闭所有车门，打开空调并将温度调节到最冷，风速调至适中，出风模式选择吹面，用手背或手腕部感受出风口温度，进行主观评价。

2. 定量检查

新装的或修理后的汽车空调应进行汽车空调性能测试，检查汽车空调的制冷效果。性能测试主要是测量出风口吹出的空气温度，是一种汽车室内空气调节效果的定量检查方法。轿车空调系统制冷效果的定量检查方法如下：

（1）测试条件

1）将车辆停放在荫影中。

2）发动机冷却液温度：在暖机以后；

电动汽车发热部件发热量少，冷却系统热负荷不大，冷却液温度不高，因此可以不用暖机。

3）所有的车门：全部打开。

4）出风模式选择：FACE（吹面）。

5）进风口选择开关：RECIRC（内循环）。

6）发动机转速：1500r/min（R134a）左右；电动汽车压缩机由动力蓄电池通过电机驱动，因此转速不受其他条件制约。

7）风速调节：最高。

8）温度调节：MAX. COOL（最冷）。

（2）测试步骤

1）放置温度计，测量进气口空气的干湿温度和出气口空气的温度。如图 1-1-14 所示，将干湿球温度计放在进气口处，将干球温度计放在冷气出气口的中央。当出气口空气温度稳定后（5～6min 后），读取温度计的读数。

2）计算进气口空气的相对湿度。测出进气口处干湿球温度计的干球温度和湿球温度，利用湿空气曲线（图 1-1-15），求出进气口处的空气相对湿度。例如：设干球温度和湿球温度分别为 25℃ 和 19.5℃，图 1-1-15 中虚线的交叉点即为相对湿度，此时的相对湿度为 60%。

3）计算进气口和排气口的冷气温差。读出冷气出气口处的温度计指示值和进气口处干湿球温度计的指示值，二者之差即为所求温差。

4）评定制冷性能。若空气相对湿度和进气口与排气口的冷气温差的交叉点在标准性能图 1-1-16 的两条线的包围范围之内（两条阴影线之间），则说明制冷性能良好；如果交叉点在这个区域外，则说明所检测的空调系统制冷性能不好，需进一步检修和调整。

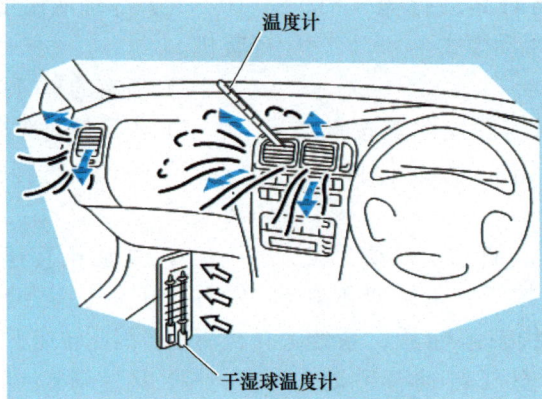

图 1-1-14　温度计放置位置

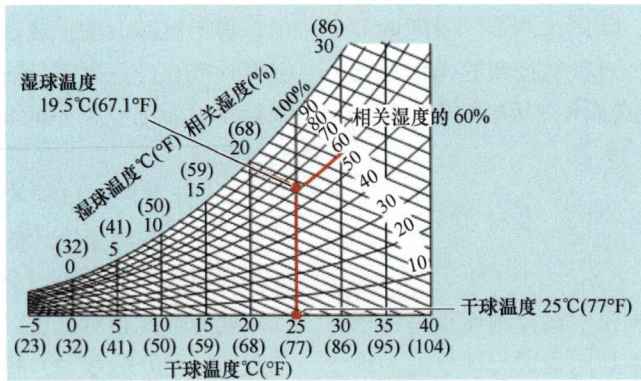

图 1-1-15　湿空气曲线图

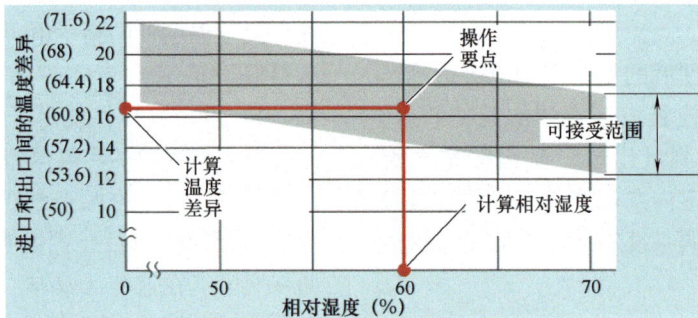

图 1-1-16　空调制冷标准性能曲线

> ⚠ **学习小结**
>
> 　1. 汽车空调的主要功能是调节车内的温度、湿度、气流速度和空气洁净度等，从而为乘员创造清新舒适的车内环境。
>
> 　2. 汽车空调一般由制冷系统、暖风系统、通风系统、配气系统、控制系统和空气净化系统组成。
>
> 　3. 循环离合器膨胀阀系统主要由压缩机、冷凝器、膨胀阀、蒸发器、储液干燥器、空调压力开关、制冷管路、鼓风机、冷凝器散热风扇等部件组成，制冷剂和冷冻机油在封闭的系统中循环流动。制冷剂在封闭的系统内经过压缩、冷凝、节流和蒸发 4 个过程，完成了一个制冷循环。
>
> 　4. 汽车空调暖风系统常见的有发动机余热式、PTC 加热式和余热 + PTC 加热式。PTC 加热式可以分为 PTC 加热空气式和 PTC 加热冷却液式两种，帝豪 EV450 纯电动汽车采用 PTC 加热冷却液式暖风系统。
>
> 　5. 汽车空调的通风方式一般有动压通风、强制通风和综合通风三种。

学习单元 1.2　空调制冷系统主要部件的更换

> 📋 **情境导入**

　　一辆帝豪 EV450 纯电动汽车，装备电动空调系统，开启空调时电动空调系统不工作，经检查是电动压缩机损坏，更换新的电动压缩机后，上述故障现象消失。

> 📋 **理论知识**

1.2.1　压缩机

　　压缩机的作用是压缩和输送制冷剂，把来自蒸发器的低压低温制冷剂蒸气吸入气缸，压缩形成高压高温蒸气并排入冷凝器，它是整个空调制冷系统的心脏。

1. 压缩机的类型

　　空调压缩机种类较多，其类型如图 1-2-1 所示，应用比较广泛的有摇板式、斜盘式、旋叶式和涡旋式等。

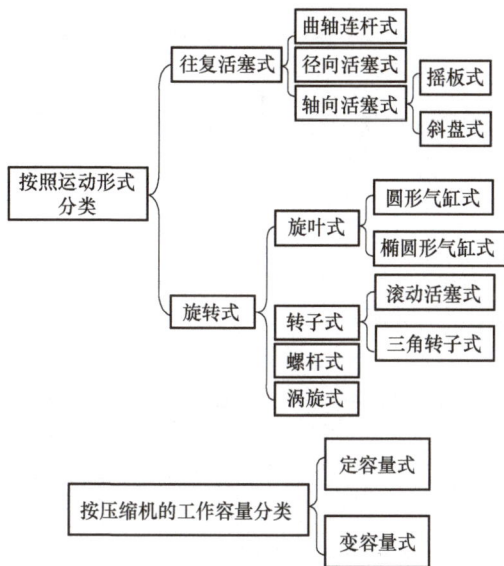

图 1-2-1　压缩机的类型

2. 常见压缩机的结构和工作原理

　　（1）摇板式压缩机的结构和工作原理　　摇板式压缩机的工作原理如图 1-2-2 所

示，气缸以压缩机的轴线为中心均匀分布，主轴旋转时带动楔块一起旋转，楔块推动摇板以钢球为中心摆动，摇板带动活塞在气缸内做往复运动。主轴每转动一周，每一个气缸完成压缩、排气、膨胀、吸气的一个循环。一般一个摇板配有 5 个活塞，主轴转动一周时，就有 5 次排气过程。三电公司摇板式压缩机的结构如图 1-2-3 所示。

（2）斜盘式压缩机的结构和工作原理　斜盘式压缩机的工作原理如图 1-2-4 所示，前后布置的两组气缸均以压缩机主轴为中心均匀布置，斜盘以一定角度与主轴固定在一起，斜盘的边缘装在活塞中部的槽中，活塞槽与斜盘边缘通过钢球轴承连接在一起。活塞为双向活塞，两端分别伸入前、后两个气缸中。当主轴带动斜盘转动时，斜盘驱动活塞做轴向移动，由于活塞在前后布置的气缸中同时做轴向运动，这相当于两个活塞在做双向运动。斜盘每转动一周，前、后两个活塞各自完成吸气、压缩、排气和膨胀过程，相当于两个工作循环。如果缸体截面均布 5 个气缸和 5 个双向活塞，当主轴旋转一周，有 10 次排气过程。斜盘式压缩机的结构如图 1-2-5 所示。

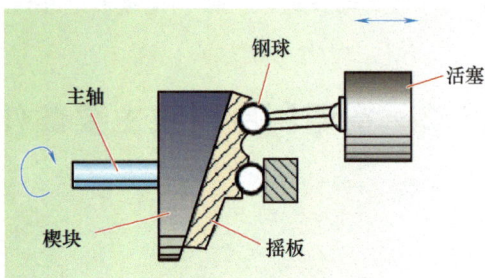

图 1-2-2　摇板式压缩机的工作原理

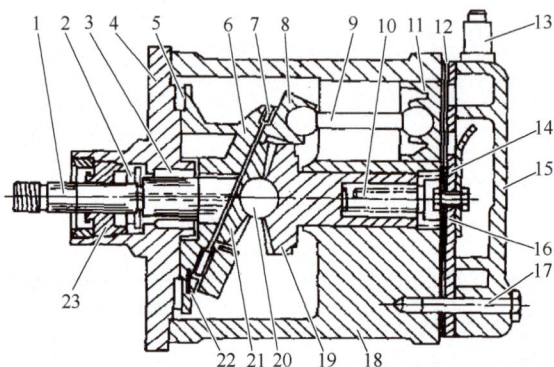

图 1-2-3　三电公司摇板式压缩机的结构

1—主轴　2—轴封　3—轴承　4—前盖　5、7—平面推力轴承　6—斜盘　8—摇板　9—球形连杆　10—弹簧
11—活塞　12—气缸垫　13—吸、排气口　14—阀板组件　15—气缸盖　16—调节螺钉　17—连接螺钉
18—缸体　19—防旋齿轮（固定齿）　20—钢球　21—防旋齿轮（动齿）
22—平衡块（铸入斜盘中）　23—油毛毡

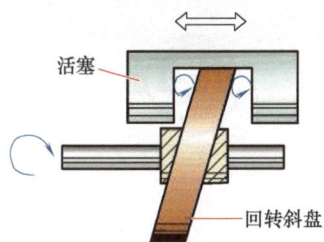

图 1-2-4 斜盘式压缩机的工作原理

（3）涡旋式压缩机的工作原理 帝豪 EV450 纯电动汽车电动空调采用的是电动涡旋式压缩机。涡旋式压缩机由固定涡管和旋转涡管组成，两涡管相切，相互啮合形成一组月牙形空间。

涡旋式压缩机的工作原理如图 1-2-6 所示。随着旋转涡管的旋转，月牙形空间逐步移动，容积越来越小，通过吸入口吸入的制冷剂被压缩，直至从排出孔排出。如此周而复始完成吸气、压缩、排气工作过程，整个过程是连续的。理论上，涡旋圈的圈数越多，动作越平稳，效率越高。在实际应用中，为了防止过压缩和受直径限制，一般汽车空调涡旋式压缩机涡旋圈数为 2.5 ~ 3 圈。

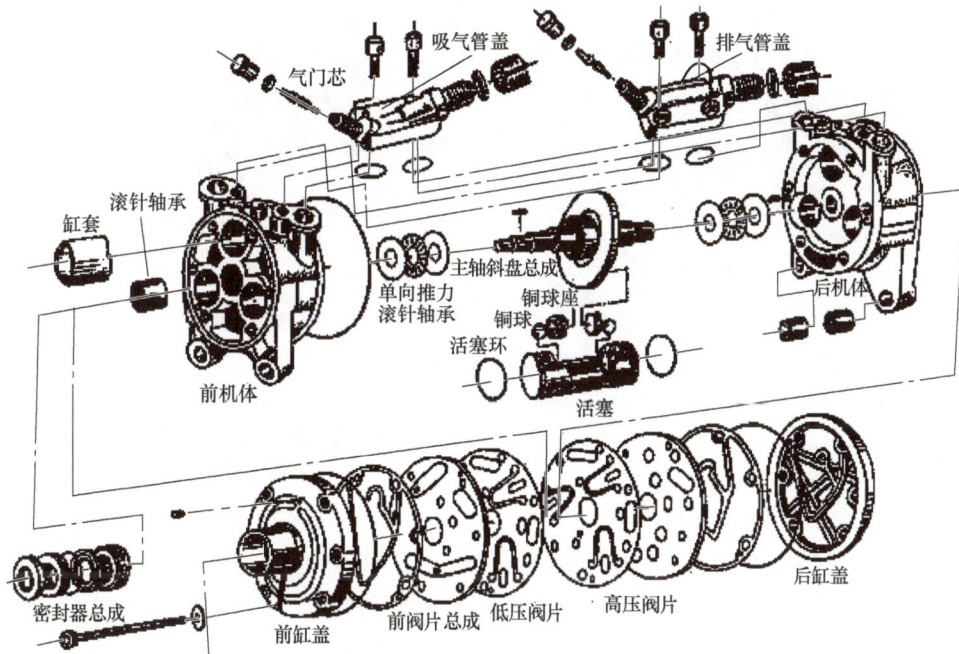

图 1-2-5 斜盘式压缩机的结构

（4）旋叶式压缩机的工作原理 旋叶式压缩机的气缸有圆形和椭圆形两种。圆形气缸的结构如图 1-2-7a 所示，缸内偏心安装一个转子，转子上装有叶片。转子转动时，在离心力和油压的作用下，叶片从槽中伸出并压在缸壁上，把气缸分成几个隔腔。当转子旋转时，隔腔的工作容积周期性扩大和缩小，空间位置不断发生变化，将制冷剂从吸气口吸入，压缩后从排气口排出。该压缩机基本上无余隙容积，其工作过程一般只有进气、压缩和排气 3 个。旋叶式压缩机没有进气阀，排气阀可根据需要来设置。对于双叶片式压缩机，有两个隔腔，主轴每旋转一圈，即有两次排气过程。叶片越多，压缩机的排气脉冲越小。椭圆形气缸的结构如图 1-2-7b 所示，气缸与转子同心安装，有两组进、排气口。如果有两只叶片，主轴每旋转 1 圈，有 4 次进、排气过程。

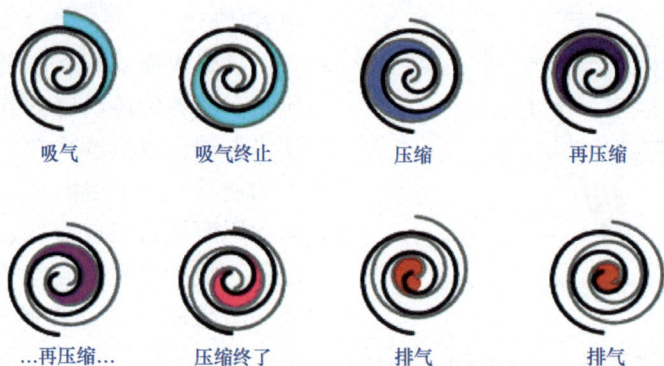

吸气　　　吸气终止　　　压缩　　　再压缩

...再压缩...　　压缩终了　　　排气　　　排气

图1-2-6　涡旋式压缩机的工作原理

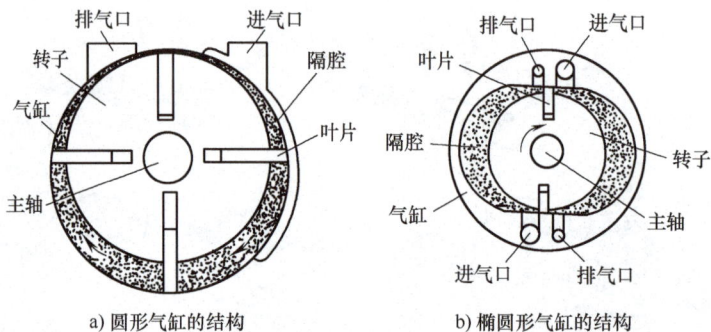

a) 圆形气缸的结构　　　　b) 椭圆形气缸的结构

图1-2-7　旋叶式压缩机的结构

1.2.2　冷凝器

冷凝器的作用是把压缩机排出的高温高压气态制冷剂热量散发到车外空气中，使其变成高温高压的液态制冷剂。冷凝器的安装位置如图1-2-8所示，大多布置在车辆前部、侧面或车底，安装在散热器的前面，或与散热器安装在同一垂直平面上。冷凝器有管片式、管带式及平行流式3种结构形式。

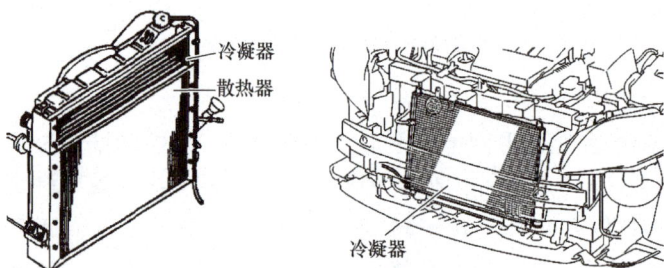

图1-2-8　冷凝器的安装位置

1. 管片式冷凝器

管片式冷凝器的结构如图1-2-9所示，其由管和散热片组成。它是用胀管法将铝翅片胀紧在纯铜管上，管的端部用U形弯头焊接。管片式冷凝器散热效率较低，制造工艺简单，一般用在大中型客车的制冷装置上。

图 1-2-9　管片式冷凝器的结构

2. 管带式冷凝器

管带式冷凝器的结构如图 1-2-10 所示，由管和散热带组成。它是将扁平管弯成蛇形管，在其中安置散热带，然后在真空加热炉中将管带间焊好。这种冷凝器的传热效率比管片式可提高 15%～20%，一般用在小型汽车的制冷装置上。

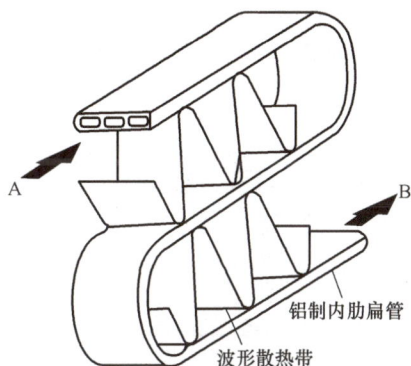

图 1-2-10　管带式冷凝器的结构

3. 平行流式冷凝器

平行流式冷凝器的结构如图 1-2-11 所示，其也是一种管带式结构。它由圆筒集流管、铝制内肋扁管、波形散热翅片及连接管组成。在两条集流管间用多条扁管相连，并

用隔片隔成若干组，进口处管道多，逐渐减少每组管道数。它实现了冷凝器内制冷剂温度及流量分配均匀，提高了换热效率，降低了制冷剂在冷凝中的压力损耗。与管带式冷凝器相比较，其放热性能提高 30%～40%，通路阻力降低 25%～33%，内容积减少 20%，大幅度地提高了其放热性能，是目前较先进的汽车空调冷凝器。

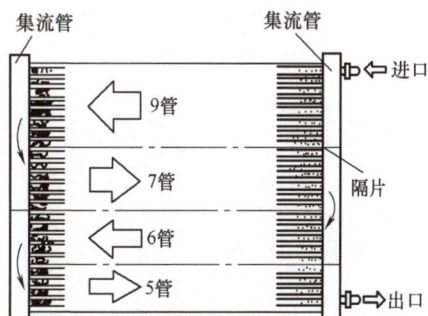

图 1-2-11　平行流式冷凝器的结构

1.2.3　蒸发器

蒸发器的作用是让低温、低压液态制冷剂在其管道中吸热蒸发，使蒸发器和周围空气的温度降低。蒸发器通常装在仪表板后的风箱内，有管片式、管带式和层叠式 3 种结构形式。

1. 管片式蒸发器

管片式蒸发器的结构如图 1-2-12 所示，它由铜质或铝质圆管套上铝翅片组成，经胀管工艺使铝翅片与圆管紧密相接触。其结构简单、加工方便，但其换热效率较低。

2. 管带式蒸发器

管带式蒸发器的结构如图 1-2-13 所示，它由多孔扁管与蛇形散热铝带焊接而成。其工艺比管片式蒸发器复杂，换热效率可比管片式蒸发器提高 10% 左右。

3. 层叠式蒸发器

层叠式蒸发器的结构如图 1-2-14 所示，它由两片冲成复杂形状的铝板叠在一起组成制冷剂通道，每两片通道之间夹有蛇形

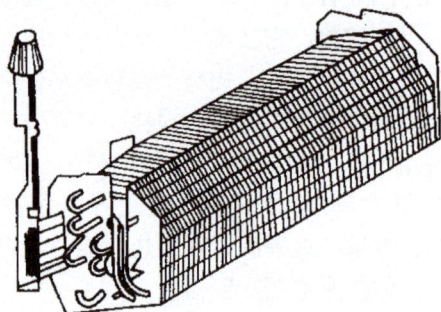

图 1-2-12　管片式蒸发器的结构

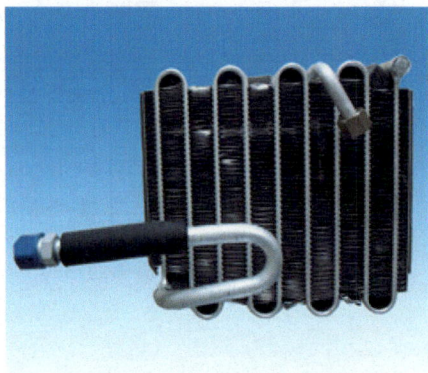

图 1-2-13　管带式蒸发器的结构

散热铝带。这种蒸发器加工难度最大，但其换热效率最高，结构最紧凑，应用比较广泛。

图 1-2-14　层叠式蒸发器的结构

1.2.4　储液干燥器

1. 储液干燥器的作用

储液干燥器串联在冷凝器与膨胀阀之间

的管路上，它起到储存、干燥和过滤制冷剂中杂质的作用。

（1）储存　储液干燥器储存液化后的高压液态制冷剂，根据制冷负荷的大小需要，随时供给蒸发器。同时，可补充制冷系统因微量渗漏造成的损失量。

（2）干燥　储液干燥器可以防止水分在制冷系统中造成冰堵。水分主要来自新添加的机油和制冷剂中所含的微量水分。当这些水分通过节流装置时，容易凝结成冰而堵塞系统。

（3）过滤　储液干燥器可以过滤制冷系统中的杂质。制冷系统在制造、维修时，会带入一些杂物，制冷剂和水混合后，会腐蚀金属，也会产生一些杂质。这些杂质容易使系统堵塞，同时加剧压缩机的磨损。

2. 储液干燥器的结构和工作原理

储液干燥器的结构如图 1-2-15 所示。从冷凝器来的液态制冷剂，经滤网和干燥剂除去杂质和水分后进入膨胀阀。通过储液干燥器上方的视液窗可以观察制冷剂的流动情形，从而判断系统中制冷剂量是否正常。为了保证系统安全工作，目前使用的储液干燥器上都安装了高、低压保护开关。

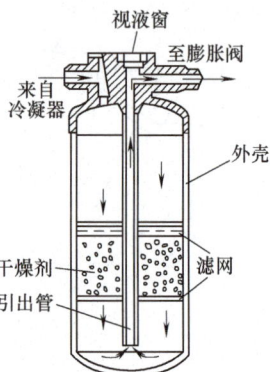

图 1-2-15　储液干燥器的结构

帝豪 EV450 纯电动汽车空调系统的储液干燥器直接集成在冷凝器上，如图 1-2-16 所示。

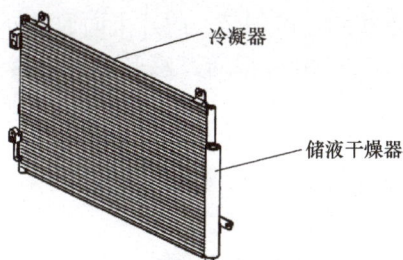

图 1-2-16　储液干燥器的位置

1.2.5　膨胀阀

1. 膨胀阀的作用

膨胀阀具有以下作用：

（1）节流降压　膨胀阀使从冷凝器来的高温高压液态制冷剂节流降压成为容易蒸发的低温低压雾状制冷剂进入蒸发器，它是制冷剂高压侧和低压侧的分界点。

（2）自动调节制冷剂流量　由于制冷负荷的改变以及压缩机转速的改变，要求制冷剂流量应做出相应的改变，以保持车室内温度稳定。膨胀阀能自动调节进入蒸发器的制冷剂流量，以满足制冷循环要求。

（3）防止液击和过热　膨胀阀控制制冷剂流量，防止制冷剂过多而使液态制冷剂进入压缩机而造成液击现象，同时能防止制冷剂过少而使制冷系统过热。

2. 膨胀阀的结构及工作原理

常用的膨胀阀有热力膨胀阀和 H 形膨胀阀，热力膨胀阀有外平衡和内平衡两种形式。

（1）内平衡式热力膨胀阀　如图 1-2-17 所示，内平衡式热力膨胀阀安装在蒸发器的进口管上，感温包安装在蒸发器的出口管上，根据蒸发器出口温度调整进口的制冷剂流量，以满足蒸发器热负荷变化的需要。

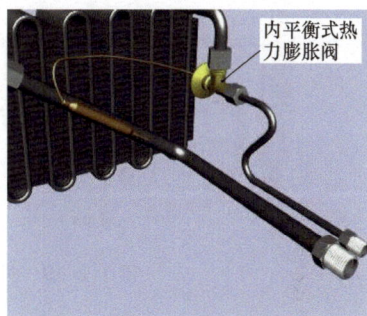

图 1-2-17　内平衡式热力膨胀阀
的安装位置

内平衡式热力膨胀阀的外观和结构如图 1-2-18 所示。感温包内充注制冷剂，和膜片上方通过毛细管相连，感受蒸发器出口温度的变化，膜片下方通过内平衡孔与膨胀阀进口相通，感受进口制冷剂压力。如果空调负荷增加，蒸发器出口的温度升高，感温包内的气体压力上升，使阀门的开度加大，制冷剂的流量增加。反之，空调负荷减小时，制冷剂的流量随之减小。

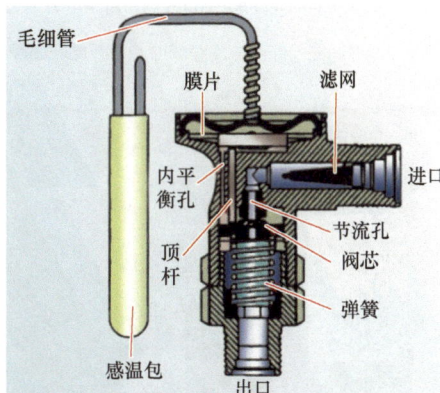

图 1-2-18　内平衡式热力膨胀阀的外观和结构

（2）外平衡式热力膨胀阀　外平衡式热力膨胀阀的外观和结构如图1-2-19所示，其安装位置和工作原理与内平衡式热力膨胀阀基本相同，区别是：膜片下面通过外平衡管与蒸发器出口相通，感受出口制冷剂的压力。

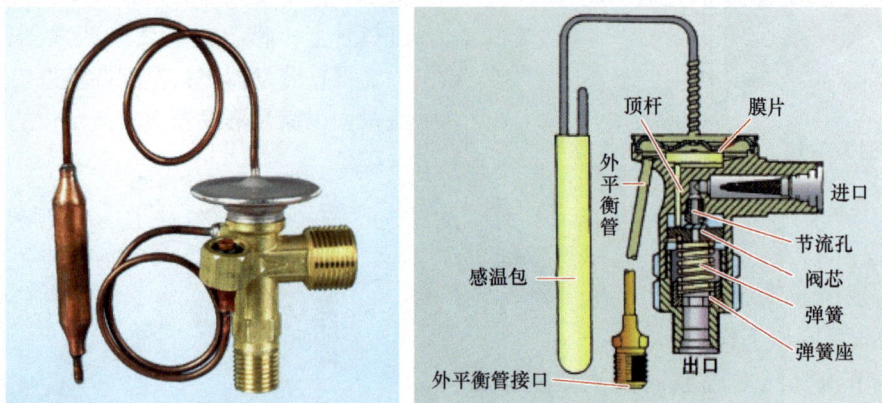

图1-2-19　外平衡式热力膨胀阀的外观和结构

（3）H形膨胀阀　H形膨胀阀是一种整体型膨胀阀，其外形及结构如图1-2-20和图1-2-21所示，它取消了外平衡式膨胀阀的外平衡管和感温包，直接与蒸发器进、出口相连。其内部通路形同H，有4个接口，其中两个接口和普通膨胀阀一样，一个接储液干燥器出口，另一个接蒸发器进口；另外两个接口，一个接蒸发器出口，另一个接压缩机进口。膜片下面的感温元件处在从蒸发器出口到压缩机入口的制冷剂气流中，感受蒸发器温度，从而调整进入蒸发器的制冷剂量。其特点是感应温度不受环境影响，不存在因毛细管而造成的时间滞后，提高了调节灵敏度。

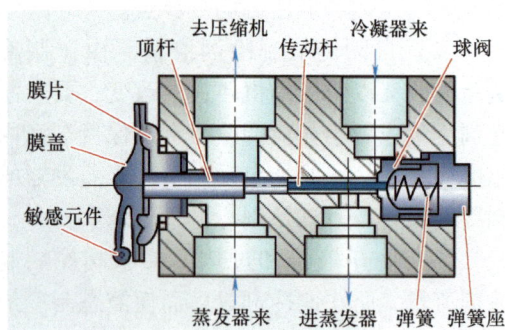

图1-2-21　H形膨胀阀的结构

1.2.6　孔管与集液器

孔管是一种固定孔口的节流装置，直接安装在冷凝器出口和蒸发器进口之间。其结构如图1-2-22所示，一根细铜管装在一根塑料套管内，塑料套管外环形槽内装有密封圈，用来密封塑料套管外径和蒸发器进口管内径间配合间隙。其两端装有过滤网。孔管失效的主要原因是堵塞，通常是由于积累器内的干燥剂失效引起的。损坏时不能维修，只能更换。

由于孔管不能调节流量，液体制冷剂很可能流出蒸发器而进入压缩机，造成压缩机

图1-2-20　H形膨胀阀的外形

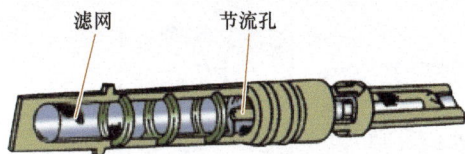

图 1-2-22 孔管的结构

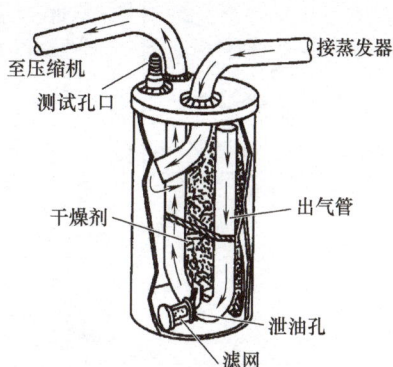

图 1-2-23 积累器的结构

液击。为此，必须同时在蒸发器出口和压缩机进口之间安装一个积累器，实现液、气分离，避免压缩机发生液击。

集液器有储液、干燥和过滤的作用。积累器的结构如图 1-2-23 所示，其主要功能是使制冷剂气液分离，储存过多的液态制冷剂，防止液态制冷剂液击压缩机。制冷剂从集液器上部进入，液态制冷剂落入容器底部，气态制冷剂经上部出气管进入压缩机。在容器底部，出气管回弯处装有特殊过滤材料制成的滤清器，其上有泄油孔，允许积存在管弯处的冷冻机油返回压缩机，但液体制冷剂不能通过。

1.2.7 帝豪 EV450 纯电动汽车空调制冷系统

帝豪 EV450 纯电动汽车空调制冷系统（图1-2-24）主要由电动压缩机、冷凝器、制

冷管路、空调箱总成（空调箱总成上装有膨胀阀、鼓风机、空调滤芯、冷暖风控制电机和内、外循环风门电机等，见图 1-2-25）、风道、空调控制面板等零部件组成，具有制冷、供暖、除霜除雾和通风换气 4 种功能。

帝豪 EV450 纯电动汽车空调制冷系统管路连接如图 1-2-26 所示。制冷系统既要满足车厢内的制冷需求，又要冷却动力蓄电池。给车厢内制冷时，制冷剂通过蒸发器与车厢内空气进行热交换；冷却动力蓄电池时，制冷剂通过热交换集成模块与动力蓄电池冷却液进行热交换。整个空调制冷系统有以下 3 种工作状态：

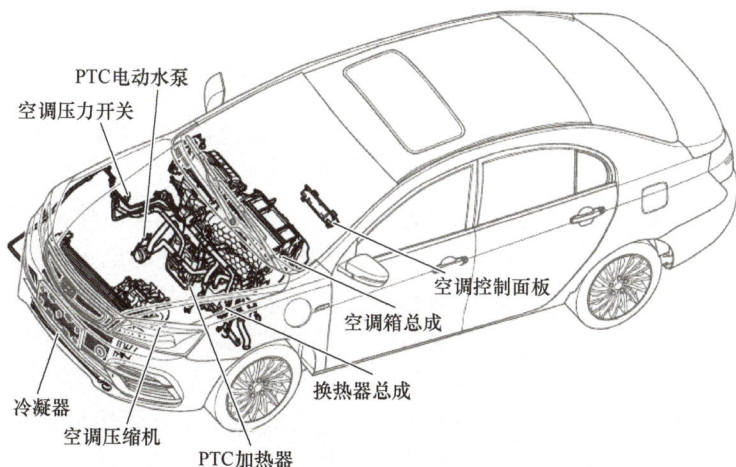

图 1-2-24 帝豪 EV450 纯电动汽车空调制冷系统

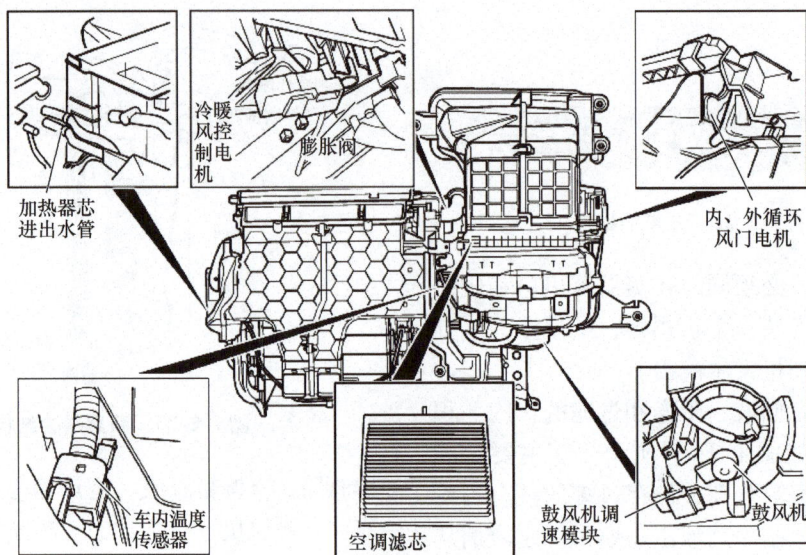

图 1-2-25　帝豪 EV450 纯电动汽车空调箱总成

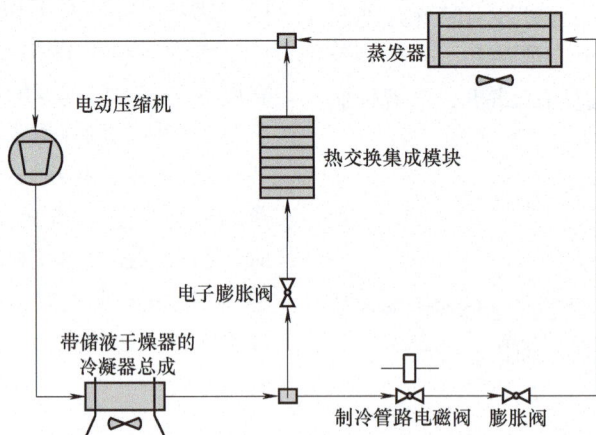

图 1-2-26　帝豪 EV450 纯电动汽车空调制冷系统管路连接

（1）驾驶室制冷　当动力蓄电池没有冷却需求，车厢内有制冷需求时，起动压缩机，制冷管路电磁阀打开，电子膨胀阀关闭。

低温低压的气态制冷剂通过电动压缩机压缩成高温高压的气态制冷剂，通过冷凝器放热冷凝为高温高压的液态制冷剂，通过车厢制冷膨胀阀节流降压变为低温低压的制冷剂蒸气（气液混合态），从车厢内空气吸热变为低温低压的气态制冷剂，最后回到压缩机。

（2）蓄电池冷却　当 BMS（蓄电池管理系统）有蓄电池冷却需求、驾驶室没有制冷需求时，起动压缩机，制冷管路电磁阀关闭，蓄电池冷却电子膨胀阀打开。

低温低压的气态制冷剂通过电动压缩机压缩成高温高压的气态制冷剂，通过冷凝器放热冷凝为高温高压的液态制冷剂，通过蓄电池冷却电子膨胀阀节流降压变为低温低压的制冷剂蒸气（气液混合态），从动力蓄电池冷却液吸热变为低温低压的气态制冷剂，最后回到压缩机。冷却后的动力蓄电池冷却液给动力蓄电池强制冷却。

（3）驾驶室制冷＋蓄电池冷却　当BMS有蓄电池冷却需求、环境温度高于16℃、且蒸发器温度及制冷系统压力允许开启压缩机时，起动压缩机且制冷管路电磁阀打开；此时制冷剂沿乘员舱制冷通道和蓄电池冷却通道两条循环通道流动。

蓄电池冷却通道的制冷剂流动路线是压缩机（压缩）→带储液干燥器的冷凝器总成（对外界空气放热冷凝成液体制冷剂）→制冷管路电磁阀（节流降压）→热交换集成模块（吸收蓄电池冷却液的热量而蒸发成气态制冷剂）→压缩机。

⚠ 实践技能

1.2.8　电动空调制冷系统认知

本任务以吉利帝豪 EV450 纯电动汽车为例，规范完成空调制冷系统的认知。

1. 空调系统铭牌

吉利帝豪 EV450 纯电动汽车空调系统铭牌在前保险杠上，如图 1-2-27 所示，系统为 R134a 系统，制冷剂加注量为（550±25）g；润滑油为 POE 型，型号为 MA68EV。

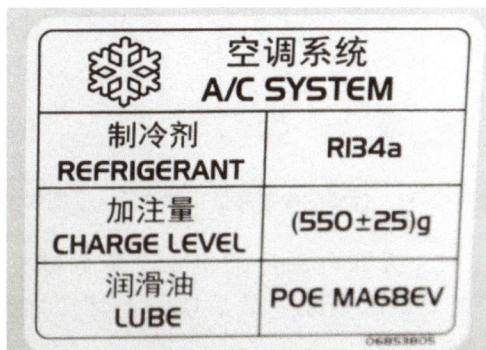

图 1-2-27　空调系统铭牌

2. 空调压缩机

吉利帝豪 EV450 纯电动汽车空调压缩机为电动压缩机，安装在减速驱动桥总成上，

如图 1-2-28 所示；电动压缩机上有高低压管路和高低压线束插接器。

图 1-2-28　空调压缩机

3. 冷凝器

帝豪 EV450 纯电动汽车空调系统冷凝器安装在前保险杠上，其上集成有储液干燥器，如图 1-2-29 所示。

图 1-2-29　冷凝器

1.2.9　电动压缩机总成的更换

1. 准备工作

电动压缩机总成上连接有制冷剂管路，因此在更换之前要先进行制冷剂回收操作。压缩机总成是高压部件，其上既有高压供电线束，又有低压控制线束，因此在更换之前要先进行下电操作。

（1）回收制冷剂 使用制冷剂加注一体机进行制冷剂回收作业。

（2）下电作业

1）关闭点火开关。

2）打开前机舱盖并拆下蓄电池负极电缆。

3）等待一段时间后（约5min）断开车载充电机处直流母线，如图1-2-30所示。

4）戴上绝缘手套并用万用表测量直流母线端正、负极电压，正常应低于1V。

5）做好标识，标明正在维修高压、禁止连接12V蓄电池等。

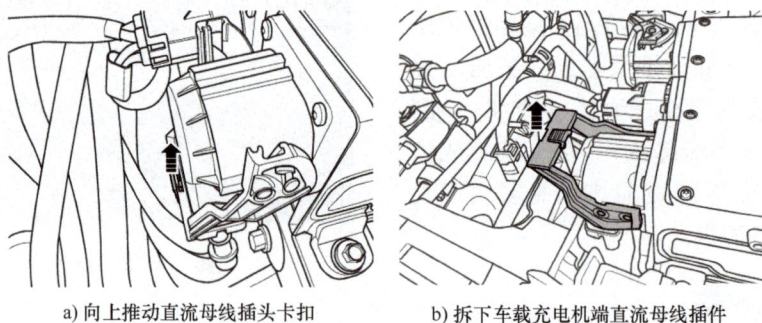

a) 向上推动直流母线插头卡扣

b) 拆下车载充电机端直流母线插件

图1-2-30　断开车载充电机处直流母线的方法

2. 拆卸电动压缩机总成

1）按照先低压再高压的顺序断开电动压缩机低压线束插接器和高压线束，如图1-2-31所示。

路并密封，防止灰尘等进入管路和压缩机内。

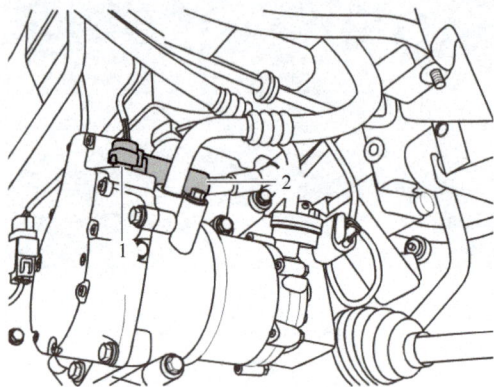

图1-2-31　断开电动压缩机高低压线束插接器

2）拆卸制冷剂高压管路插头紧固螺栓（图1-2-32中右侧箭头所指），脱开高压管路并密封，防止灰尘等进入管路和压缩机内。

3）拆卸制冷剂低压管路插头紧固螺栓（图1-2-32中左侧箭头所指），脱开低压管

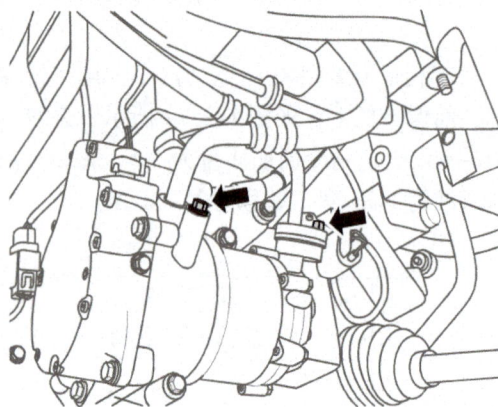

图1-2-32　拆卸制冷剂高低压管路插头紧固螺栓

4）拆卸电动压缩机3个紧固螺栓，如图1-2-33所示，然后取下电动压缩机总成。

3. 安装电动压缩机总成

安装过程与拆卸过程顺序相反，需要注意的是：

1）电动压缩机3个紧固螺栓、高压管

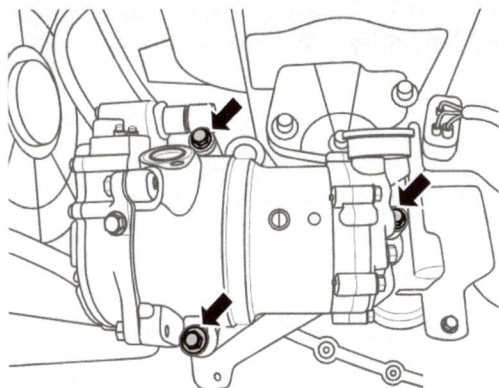

图 1-2-33　拆卸电动压缩机 3 个紧固螺栓

紧固螺栓、低压管紧固螺栓紧固力矩均为 23N·m。

2）连接制冷高压管路前应更换新的 O 形密封圈。

3）连接电动压缩机高、低压线束插接器时，应先连接高压线束插接器再连接低压线束插接器，并安装到位。

4. 上电操作

1）连接充电机端直流母线插接器插件。

直流母线插头垂直对准插座向前按，然后使把手卡口卡到位（图 1-2-34）或听到轻微的"咔嗒"声为止。

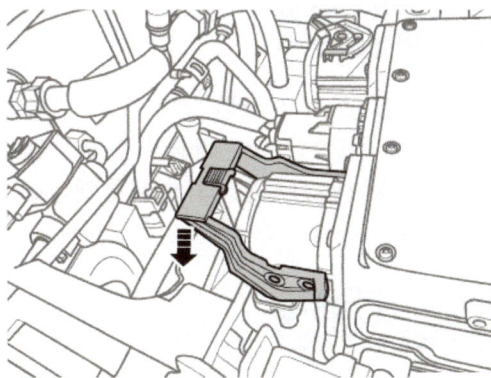

图 1-2-34　连接车载充电机处直流母线

2）连接蓄电池负极电缆。

5. 加注制冷剂

按照更换制冷部件后加注制冷剂的作业流程进行制冷剂加注。如有必要，需要加注适量冷冻机油。

⚠ **学习小结**

1. 摇板式压缩机主轴每转动一周，每一个气缸完成压缩、排气、膨胀、吸气的一个循环。一般一个摇板配有 5 个活塞，主轴转动一周时，就有 5 次排气过程。

2. 斜盘每转动一周，前、后两个活塞各自完成吸气、压缩、排气和膨胀过程，相当于两个工作循环。如果缸体截面均布 5 个气缸和 5 个双向活塞时，当主轴旋转一周，有 10 次排气过程。

3. 帝豪 EV450 纯电动汽车空调采用的是电动涡旋式压缩机，由动力蓄电池驱动。

4. 储液干燥器串联在冷凝器与膨胀阀之间的管路上，它起到储存、干燥和过滤制冷剂中杂质的作用。

5. 膨胀阀的作用有节流降压、自动调节制冷剂流量、防止液击压缩机和防止制冷系统过热。

6. H 形膨胀阀是一种整体型膨胀阀，它取消了外平衡式膨胀阀的外平衡管和感温包，直接与蒸发器进、出口相连。其内部通路形同 H，有 4 个接口，其中两个接口和普通膨胀阀一样，一个接储液干燥器出口，另一个接蒸发器进口；另外两个接口，一个接蒸发器出口，另一个接压缩机进口。

学习单元 1.3 制冷剂的补充

情境导入

一辆帝豪 EV450 纯电动汽车装备电动空调系统，用户反映空调制冷不足。经检查，制冷系统压力不足，补充适量制冷剂后故障消除。

理论知识

1.3.1 汽车空调制冷剂

制冷剂又称为制冷工质，它是在制冷系统中不断循环流动并通过其本身的状态变换进行热量传递，以实现制冷的工作物质。它在低温下吸取被冷却物体的热量，然后在较高温度下转移给冷却液或空气。

1. 制冷剂的发展历程

（1）第一阶段 1834 年，帕金斯（J. Perkins）首次开发了蒸气压缩制冷循环，并且获得了专利；在他所设计的蒸气压缩制冷设备中使用二乙醚（乙基醚）作为制冷剂。因此通常将从 1834 年到 1931 年使用 R12 制冷剂的压缩机批量生产为止认定为制冷剂发展的第一个阶段。这一时期的制冷剂见表 1-3-1，通常有乙醚、水/硫酸、氨、甲醚、二氧化硫、二氯乙烯。

表 1-3-1 早期的制冷剂

年份	制 冷 剂	化 学 式	备 注
1834	乙醚	$CH_3 - CH_2 - O - CH_2 - CH_3$	蒸气压缩式制冷系统（理论）
1850	水/硫酸	H_2O/H_2SO_4	—
1856	酒精	$CH_3 - CH_2 - OH$	—
1859	氨/水	NH_3/H_2O	间歇吸收式，工业上用于制冰
1863	甲醚	$CH_3 - O - CH_3$	甲醚压缩式制冷系统
1866	二氧化碳	CO_2	1890 年大量用于冷藏船上使用
1873	氨	NH_3	第一台氨压缩机
1874	二氧化硫	SO_2	有自润滑性，遇水有腐蚀性
1878	氯甲烷	CH_3Cl	—
19 世纪 70 年代	氯乙烷	CH_3CH_2Cl	—
1891	硫酸与碳氢化合物	—	—
1910	樟脑和苯酚混合物	—	低温恒温器，用以代替 SO_2
1912	四氯化碳	CCl_4	—
20 世纪 20 年代	异丁烷	$(CH_3)_2CH - CH_3$	—

（续）

年份	制　冷　剂	化　学　式	备　　注
1924	1、2 二氯乙烯	CHClCHCl	离心式压缩机
1925	三氯乙烯	C_2HCl_3	—
1926	二氯甲烷	CH_2Cl_2	离心式压缩机

（2）第二阶段　1931—1990 年为第二代制冷剂的发展时期。在这一时期，人们对人工制冷的需求急剧增长，迫切需要既安全又有耐久性的制冷剂。20 世纪 30 年代，一系列卤代烃制冷剂相继出现（见表 1-3-2），杜邦公司将其命名为氟利昂（Freon）。这些物质，性能优良、无毒、不燃烧、能适应不同的温度区域，显著地改善了制冷机的性能。其中的几种制冷剂在空调中得到广泛的应用，如 CFC（R11、R12、R113、R114）和 HCFC（R22）。

表 1-3-2　第二代制冷剂

年代	制冷剂	备　　注
1931	R12	家用空调、汽车空调
1932	R11	大型离心式冷水机组
1933	R114	—
1934	R113	—
1936	R22	家用空调、大型热泵机组
1945	R13	—
1955	R14	—

（3）第三阶段　20 世纪 70 年代中期，臭氧层变薄的问题引起人们的重视，而 CFC 和 HCFC 族物质可能就是元凶，这导致在 1987 年蒙特利尔议定书中写下了将 CFC 和 HCFC 淘汰的计划。到了 20 世纪 90 年代，全球变暖成了对地球生命的新威胁，由于空调和制冷耗能巨大且大多数制冷剂本身就是温室气体，因此制冷剂被列入了讨论范围。

其解决方案是开发氢氟烃（HFC）作为 CFC 的替代品，而 HCFC 族作为过渡制冷剂也慢慢被淘汰。由于要同时注重臭氧保护和减小温室效应，即要求消耗臭氧潜能值（ODP 值）要小，全球变暖潜能值（GWP 值）也要小，因此满足要求的制冷剂所剩无几（主要有 R32、R134a、R125、R152a 等），而且热力性能很难覆盖原来的 CFC 和 HCFC 族物质，因此，出现了多种混合制冷剂，见表 1-3-3。

表 1-3-3　第三代制冷剂

编号	类别	ODP 值	GWP 值（100 年）	大气寿命	备　　注
R123	HCFC	0.020	77	1.3	代替 R11
R32	HFC	0	675	4.9	—
R125	HFC	0	3500	29	—
R134a	HFC	0	1430	14	代替 R12
R152a	HFC	0	124	1.4	—
R143a	HFC	0	4470	52	—
R404A	HFC	—	3900		R125/R143a/R134a（44/52/4）代替 R502
R407C	HFC	—	1800		R32/R125/R134a（23/25/52）代替 R22
R410A	HFC	—	2100		R32/R125（50/50）代替 R22
R507A	HFC	—	4000		R143a/R125（50/50）

目前，汽车上使用的主要是 HFC 族的 R134a 制冷剂，也有个别车型使用 R410A 制冷剂，帝豪 EV450 纯电动汽车空调系统制冷剂为 R134a。

2. 氟利昂类制冷剂的命名方法

制冷剂中英文字母 R 是 Refrigerant（制冷剂）的简称，其数字代号使用的是美国制冷工程师协会（ASRE）编制的代号系统。氟利昂是饱和碳氢化合物（烷族）的卤族元素的衍生物的总称。氟利昂的代号是 $R(m-1)(n+1)(x)B(z)$，其中，m 表示分子中 C 的个数，n 表示分子中 H 的个数，x 表示分子中 F 的个数，z 表示分子中溴的个数，Cl 原子个数不体现在代号中，由其补充为饱和。如果 $m-1=0$，则第一项可以省略；如果 $z=0$，则 B 可以省略。下面以 R12 和 R134a 为例进行说明。

R12 这类只有两位数字的可以写成 3 位数字的，即 R12 写成 R012，第 1 位数字是 0，则 $m=1$，即分子中 C 的个数是 1；第 2 位数字是 1，则 $n=0$，即分子中 H 的个数是 0，第 3 位数字是 2，则 $x=2$，即分子中 F 的个数是 2，为了将其补充为饱和烃，则 Cl 的个数应该是 $2m+2-n-x=2$，即分子中 Cl 的个数为 2；整个分子式可以写为 CCl_2F_2（二氟二氯甲烷）。

R134a 第 1 位数字是 1，则 $m=2$，即分子中 C 的个数是 2；第 2 位数字是 3，则 $n=2$，即分子中 H 的个数是 2；第 3 位数字是 4，则 $x=4$，即分子中 F 的个数是 4，为了将其补充为饱和烃，则 Cl 的个数应该是 $2m+2-n-x=0$，即分子中 Cl 的个数为 0；整个分子式可以写为 $C_2H_2F_4$（四氟乙烷）。字母 a、b 区分同分异构体，没有字母表示最对称的同分异构体。四氟乙烷有两种同分异构体：CHF_2-CHF_2 和 CH_2F-CF_3，因此 R134a 的分子结构为 CH_2F-CF_3。

3. 制冷剂 R12、R134a 与 R410a 的对比

制冷剂 R12、R134a 与 R410a 的热物理性能见表 1-3-4。

表 1-3-4　制冷剂 R12、R134a 与 R410a 的热物理性能

项　　目	R12	R134a	R410a
分子式/成分	CCl_2F_2	CH_2FCF_3	（R32）CH_2F_2/（R125）CHF_2CF_3
分子量	120.92	102.03	72.59
沸点/℃	−29.80	−26.18	−51.56
临界温度/℃	111.8	101.14	72.22
临界压力/MPa	4.125	4.065	4.852
液体密度/（kg/m³）	1311	1188	1060
液体比热 [kJ/（kg·℃）]	0.21（30℃）	1.51（25℃）	1.78（30℃）
沸点下的蒸发潜热/（kJ/kg）	165	215	256
ODP 值	1.0	0	0
GWP 值	10900	1300	1730
与矿物油的相溶性	互溶	不溶	不溶
溶态导热系数	小	大	大

（1）R12 制冷剂　车用空调中最初广泛使用的制冷剂为 R12，分子式为 CCl_2F_2，化学名称为二氟二氯甲烷，主要特性如下：

1）无色、无刺激性臭味；一般情况下不具有毒性，对人体没有直接危害；不燃烧、无爆炸危险；热稳定性好。

2）是一种中压制冷剂，正常蒸发温度低于 0℃，冷凝器压力小于 2.0MPa，由于压力不是很高，降低了对冷凝器结构强度的要求。在大气压下 R12 的沸点为 -29.8℃，凝固温度为 -158℃，能在低温下正常工作。节流后损失小，有较大的制冷系数。

3）R12 对一般金属没有腐蚀作用，但对镁和镁含量超过 2% 的铝合金除外。R12 在 60～70℃ 时遇氧化铁、氧化铜，可促使其分解。

4）制冷系统的密封件不能使用天然橡胶制品，因为 R12 会导致橡胶变软、膨胀和起泡。R12 对氯丁乙烯和氯丁胶制品破坏作用较小，对尼龙和塑料制品破坏作用不明显。

5）R12 有良好的绝缘性能，它对制冷系统电器绕组的绝缘性能无影响。

6）R12 液态时对机油的溶解度无限制，可以任何比例溶解。但气态时 R12 对机油的溶解度有限并随压力增高、温度降低而增大。

7）R12 对水的溶解度很小，而且气态与液态时，水的溶解度也不同，气态时的溶解度高于液态时的。在制冷系统中，R12 的含水量不得超过 0.0025%。

总体来说，R12 是一种易于制造，原料来源丰富，价格相对低廉且可以回收重复使用的制冷剂。只是它对大气同温层的臭氧层有很强的破坏作用，因此，目前已经禁止使用；我国 2007 年已停止了 R12 制冷剂的生产，以及在新制冷空调设备上的初装。

（2）R134a 制冷剂　制冷剂 R134a 的分子式为 CH_2FCF_3，是卤代烃类制冷剂中的一种，目前大多数汽车空调制冷系统使用的制冷剂是 R134a。R134a 作为 R12 的替代制冷剂，它的许多特性与 R12 很相像。

1）热物理性。R134a 的热力学性能包括分子量、沸点、临界参数、饱和蒸气压和汽化潜热等，均与 R12 相近，具有无色、

无臭、不燃烧、不爆炸、基本无毒的特性，安全类别为 A1，是很安全的制冷剂。

2）传热性能。R134a 制冷剂的传热性能优于 R12，当冷凝温度为 40～60℃、质量流量为 45～200kg/s 时，R134a 蒸发和冷凝传热系数比 R12 高出 25% 以上。因此，在换热器表面面积不变的条件下，可减少传热温差，降低传热损失；当制冷量或放热量相等时，可减小换热器表面面积。

3）化学稳定性。R134a 的化学稳定性很好，但是由于它的溶水性比 R12 高，所以对制冷系统不利，即使有少量水分存在，在机油等的作用下会产生酸、二氧化碳或一氧化碳，将对金属产生腐蚀作用，或产生"镀铜"作用，所以 R134a 对系统的干燥和清洁要求更高。R134a 对钢、铁、铜、铝等金属未发现有相互化学反应的现象，仅对锌有轻微的作用。

4）相溶性。用 R134a 替代 R12 后，原有的冷冻机油必须更换，这是因为 R134a 本身与矿物油是非相溶的，必须使用合成机油来取代，如 PAG 类机油等。否则，系统将会损坏。

5）分子直径比 R12 略小，易通过橡胶向外泄漏，也较易被分子筛吸收。

R134a 与 R12 相比，对臭氧层无破坏作用，是目前国际公认的替代 R12 的主要制冷剂之一，常用于车用空调，商业和工业用制冷系统，以及作为发泡剂用于硬塑料保温材料生产，也可以用来配置其他混合制冷剂，如 R404a 和 R407c 等。

（3）R410a 制冷剂　R410a 是一种混合制冷剂，它是由 50% R32（分子式 CH_2F_2）和 50% R125（分子式 CHF_2CF_3）组成的混合物，是 R22 的替代产品，其优点是可以根据具体的使用要求对各种性质，如易燃性、容量、排气温度和效能加以考虑，量身合成一种制冷剂。R410A 外观无色，不浑浊，易挥发，沸点为 -51.56℃，凝固点为

−155℃；其主要特点如下：

1）不破坏臭氧层。其分子式中不含氯元素，故其 ODP 值为 0，GWP 值为 1730。

2）毒性极低，安全类别为 A1，是很安全的制冷剂。

3）不可燃。其在空气中的可燃极性为 0。

4）化学和热稳定性高。

5）水溶解性与 R22 几乎相同，不溶于水，溶于醇、醚。

6）不与矿物油或烷基苯油相溶。与POE（酯机油）、PVE（醚机油）相溶。

与 R22 相比，R410A 的制冷量显著提高，因此为设计更小、更紧凑的制冷设备提供了可能。由于 R410A 具有近共沸的物性，在整个运行范围内，制冷剂温度滑移小于 0.2℃，R410A 在制冷系统中不会发生显著的分离，即不会由于泄漏而改变制冷剂的成分，因此在售后维修再补充过程中，无须排放掉系统中剩余的制冷剂。R410A 是世界公认的家用空调 R22 制冷剂的中长期替代品。

1.3.2　汽车空调冷冻机油

1. 冷冻机油的作用

冷冻机油是制冷压缩机的专用机油，它保证压缩机正常运转、可靠工作和延长使用寿命，在空调制冷系统中的作用如下：

1）润滑作用。压缩机是高速运动的机器，轴承、活塞、活塞环、曲轴和连杆等机件表面需要润滑，以减小阻力和减少磨损，延长使用寿命，降低功耗，提高制冷系数。

2）密封作用。压缩机传动轴需要油封来密封，以防止制冷剂泄漏。有机油时油封才能起密封作用。同时，活塞环上的机油不仅起减小摩擦的作用，而且起密封制冷剂蒸气的作用。

3）冷却作用。运动的摩擦表面会产生高温，需要用冷冻机油来冷却。若冷冻机油

冷却不足，会引起压缩机温度过高，排气压力过高，降低制冷系数，甚至烧坏压缩机。

4）减小压缩机噪声。

2. 对冷冻机油的性能要求

在空调制冷系统中，冷冻机油完全溶于制冷剂中并随制冷剂一起循环。因此，冷冻机油的工作温度变化范围较大。为了保证其工作正常，对冷冻机油提出了以下性能要求：

（1）凝固点低　冷冻机油在实验条件下冷却到停止流动的温度称为凝固点。制冷设备所用冷冻机油的凝固点应要低一些，否则会影响制冷剂的流动，增加流动阻力，从而导致传热效果差的后果。

（2）黏度合适　冷冻机油黏度是油料特性中的一个重要参数，使用不同制冷剂要相应选择不同的冷冻机油。若冷冻机油黏度过大，会使机械摩擦功率、摩擦热量和起动力矩增大。反之，若黏度过小，则会使运动件之间不能形成所需的油膜，从而无法达到应有的润滑和冷却效果。

（3）浊点低　冷冻机油的浊点是指温度降低到某一数值时，冷冻机油中开始析出石蜡，使机油变得混浊时的温度。制冷设备所用冷冻机油的浊点应低于制冷剂的蒸发温度，否则会引起节流阀堵塞或影响传热性能。

（4）溶解性好　冷冻机油与制冷剂的溶解性能要好。在汽车空调制冷系统中，制冷剂与机油是混合在一起的。当制冷剂流动时，机油随之流动，这就要求制冷剂与机油能够互溶。若二者不互溶，机油就会聚集在冷凝器和蒸发器的底部，阻碍制冷剂流动，降低换热能力。由于机油不能随制冷剂返回压缩机，压缩机将会因缺油而加剧磨损。

（5）闪点高　冷冻机油的闪点是指机油加热到它的蒸气与火焰接触时发生打火的最低温度。制冷设备所用冷冻机油的闪点必

须比压缩机的排气温度高 15～30℃，以免引起机油的燃烧和结焦。

（6）冷冻机油应无水分、机械杂质 若机油中的水分过多，则会在膨胀阀节流口处结冰，造成冰堵，影响系统制冷剂的流动。同时，油中的水分会使冷冻机油变质分解，腐蚀压缩机材料。不同的制冷系统对其绝缘性有不同的要求。

3. 冷冻机油的分类

为了保护臭氧层，国际上对空调设备的制冷剂都做了限制，出现了各种替代制冷剂，其冷冻机油也相应发生了变化。对于空调替代制冷剂为 R134a、R410a/R407c，其替代冷冻机油分别采用 PAG、POE 型。在不同的空调系统中（如 R134a、R12）所使用的冷冻机油往往是不同的，通常不能混用。

（1）PAG（聚乙二醇） PAG 是 Polyalkylene Glycol 的缩写，是一种合成的聚乙二醇类机油。PAG 油和 HFC 制冷剂具有很好的相溶性，而且黏度指数很高，因此在汽车空调中应用较为广泛。PAG 油的主要缺点为吸湿性太高和电气绝缘性不佳。

（2）POE（聚酯类机油） POE 是 Polyol Ester 的缩写，又称为聚酯油，它是一类合成的多元醇酯类油。POE 按分子结构可以分为直线型（Linear Type）、分枝型（Branched Chain Type）以及结合直线及分枝的复合结构型（Complex Type）3 种。直线型 POE 有较佳的润滑性以及生物可分解性，但与制冷剂的相溶性、与水融合的稳定度和耐蚀性等性能则是分枝型 POE 较佳，复合结构型兼具了两者的优点。这 3 种 POE 由于成本及效能的差异被不同的制冷制造商使用，目前主流的 POE 为复合结构型，因为它适用范围广。

POE 是目前世界上氢氟烃（HFC）制冷系统压缩机使用最广泛的冷冻机油。帝豪 EV450 纯电动汽车电动空调压缩机采用的冷冻机油型号是 MA68EV，是 POE 型冷冻机油。

1.3.3 汽车空调专用维修工具及设备

汽车空调专用维修工具及设备包括歧管压力表、检漏设备、制冷剂注入阀、维修阀、专用成套维修工具、真空泵以及制冷剂回收装置等。

1. 电子检漏仪

对汽车空调系统制冷剂泄漏的检查常用到电子检漏仪。

电子检漏仪的外部结构如图 1-3-1 所示，内部结构如图 1-3-2 所示，在圆筒状铂金阳极里设有加热器，可以将阳极加热到 800℃ 左右。阳极的外侧设有圆筒状阴极。在两电极之间加有 12V 直流电压。为了使气体在两电极间流动，在电极的前面设有吸气孔，在其后面设有小风扇。当有制冷剂通过电极时，就会产生几个微安的电流，通过直流放大器放大后，使电流表指示或蜂鸣器发出声响，以指示制冷剂泄漏的程度。

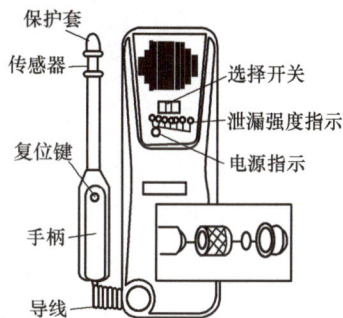

保护套
传感器
复位键
手柄
导线
选择开关
泄漏强度指示
电源指示

图 1-3-1 电子检漏仪的外部结构

2. 歧管压力表

歧管压力表也称为压力表组，是维修汽车空调制冷系统必不可少的工具。它与制冷系统相接可以进行压力检测、排空、抽真空、充注制冷剂、加冷冻机油等。

（1）歧管压力表的结构 歧管压力表

的结构如图 1-3-3 所示。低压表用于检测制冷系统低压侧的压力和真空度，真空度读数范围为 0 ~ 0.10kPa，压力不低于 0.42MPa；高压表用于检测制冷系统高压侧的压力，量程不小于 2.110MPa。它可以外接 3 根橡胶软管：低压软管（蓝色）、高压软管（红色）和维修软管（黄色、绿色或白色）。低压表与低压软管相通，高压表与高压软管相通。低压维修阀控制维修软管与低压软管的通断，高压维修阀控制维修软管与高压软管的通断。

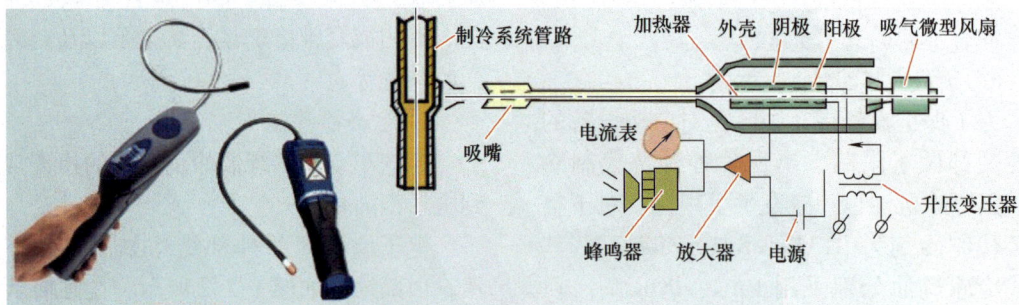

图 1-3-2　电子检漏仪的内部结构

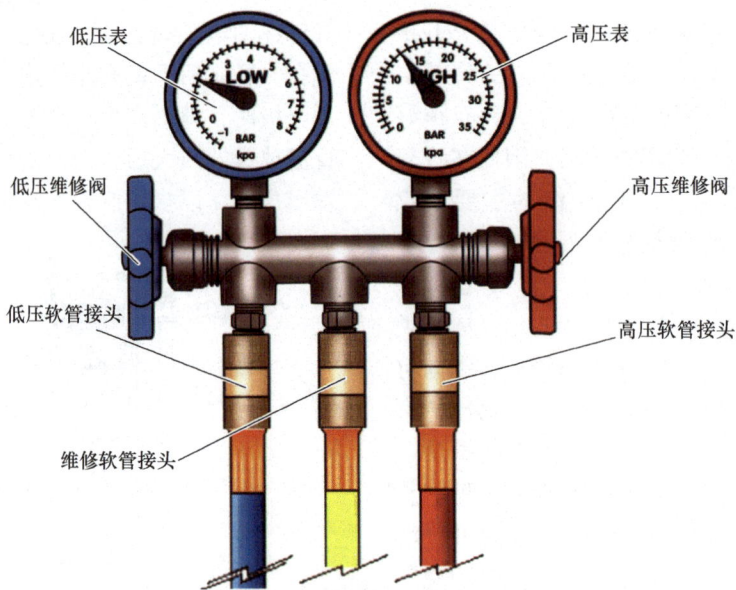

图 1-3-3　歧管压力表的结构

（2）歧管压力表的连接　歧管压力表的连接方法如图 1-3-4 所示。工作时，高、低压软管接头分别通过软管与制冷系统高、低压维修阀相接，维修软管接头与真空泵或制冷剂罐等相接。

注意：压力表接头与软管连接时，只能用手拧紧，不能用工具拧紧。

（3）歧管压力表的功能及使用方法歧管压力表的功能如图 1-3-5 所示，具体使用方法如下。

1）双阀关闭测压力：低压表和高压表分别显示制冷系统高低压侧压力。

2）双阀打开抽真空：在中间接头接上真空泵，对制冷系统抽真空。

3）单阀打开做充注：当高压维修阀关闭，低压维修阀打开，中间接头接到制冷剂罐上或冷冻机油瓶上，则可以从低压侧向系统充注制冷剂或冷冻机油。当高压维修阀打开，低压维修阀关闭，可以从高压侧充注制冷剂。

4）先高后低放排空：先打开高压维修阀，当压力下降到 0.35MPa 时，再打开低压维修阀，则可使系统排出制冷剂。

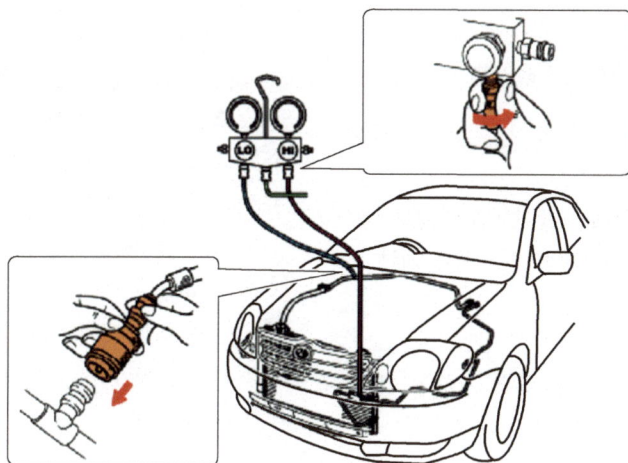

图 1-3-4 歧管压力表的连接方法

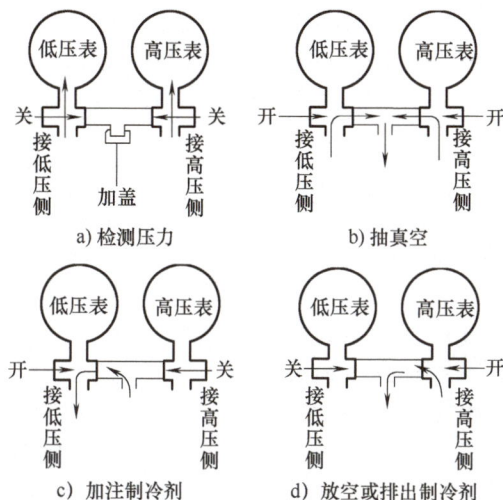

a) 检测压力

b) 抽真空

c) 加注制冷剂

d) 放空或排出制冷剂

图 1-3-5 歧管压力表的功能

3. 制冷剂注入阀

小制冷剂罐（一般为 250g 左右）需要和注入阀配套使用。制冷剂注入阀的结构如图 1-3-6 所示，其具体使用方法如下：

1）逆时针方向旋转注入阀手柄，直到阀针退回为止。

2）将注入阀装到制冷剂罐上，逆时针方向旋转板状螺母直到最高位置，然后将制

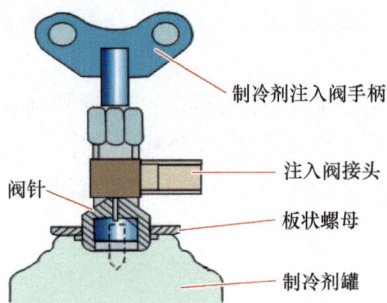

图 1-3-6　制冷剂注入阀的结构

冷剂注入阀顺时针方向拧动，直到注入阀嵌入制冷剂密封塞。

3）将板状螺母按顺时针方向旋转到底，将歧管压力表上的中间软管固定到注入阀的接头上。

4）拧紧板状螺母。

5）按顺时针方向旋转手柄，使阀针刺穿密封塞。

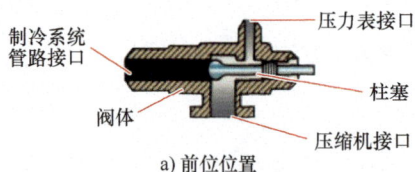

图 1-3-7　手动阀的结构

前位位置：顺时针将阀杆拧到底，此时为关闭位置，系统与压缩机的连接被切断。在此位置可拆卸压缩机，而不必打开整个系统，从而减少了许多工作量。

后位位置：将阀杆逆时针拧到底，此时为开启位置，压缩机和系统连通。系统正常工作时，高、低压维修阀均应处于此位置。

中间位置：将阀杆拧至前座、后座之间的位置，此时压缩机、系统及维修接口均连通。在此位置时，可通过歧管压力表对制冷系统抽真空、加注制冷剂或检测压力。

（2）气门阀　气门阀是二位二通阀，安装在高、低压管路中。两个气门阀的接头尺寸不同，可以防止高、低压两侧接错。其

6）若要充注制冷剂，则逆时针方向旋转手柄，使阀针抬起，同时打开歧管压力表上的手动阀。

7）若要停止加注制冷剂，则顺时针方向旋转手柄，使阀针再次进入密封塞，起到密封作用，并同时关闭歧管压力表上的手动阀。

4. 维修阀

汽车空调系统是一个封闭的系统，为便于检修，一般在制冷系统高、低压侧各设一个维修阀，用于连接歧管压力表。维修阀有手动阀和气门阀两种。

（1）手动阀　手动阀是三位三通阀，安装在压缩机上。高、低压侧的手动阀结构相同，只是低压手动阀直径稍大。如图 1-3-7 所示，手动阀有前位、后位和中间位置 3 个工作位置。

结构如图 1-3-8 所示。正常位置时，靠系统内压力和弹簧压力使阀芯关闭；当外接软管时，软管接头上的顶销使阀芯打开，此时可对系统进行检测压力、抽真空或加注制冷剂。

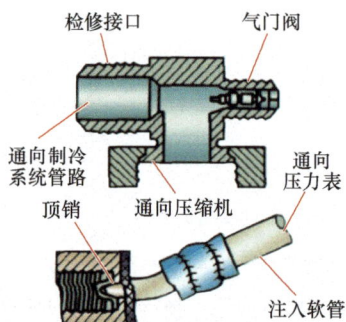

图 1-3-8　气门阀的结构

1.3.4　汽车空调制冷系统的基本检查

1. 检查系统主要零部件温度

开启制冷系统 15～20min 后，用手触摸空调系统管路及各部件，感受其温度。正常情况下，低压管路呈低温状态，高压管路呈高温状态。低温区是从膨胀阀出口→蒸发器→压缩机进口处，这些部件表面应该由凉到冷再到凉，连接部分有水露，但不应有霜冻。高温区是从压缩机的出口→冷凝器→储液干燥器→膨胀阀的入口处，这些部件表面温度为 40～65℃，手感热而不烫。具体情况有：

1）压缩机进口处手感冰凉，出口处手感较热，进、出口温差明显。若温差不大，

说明制冷剂不足；若没有温差，说明制冷剂漏失了。

2）膨胀阀进口处手感较热，出口处手感冰凉，进、出口温差明显，有水露。若膨胀阀出口处有霜冻现象，则说明膨胀阀阀口堵塞，可能是脏堵或冰堵。

3）储液干燥器应是热的，表面无水露，进、出口温度相等。如果其表面出现水露，则说明干燥剂破碎堵住制冷剂流通的管路；若进口热、出口冷，说明其内部堵塞。

4）冷凝器进、出口管应有温差，出口管温度应低于进口管温度。

2. 观察视液窗

观察视液窗，判断制冷剂量，如图 1-3-9 所示。

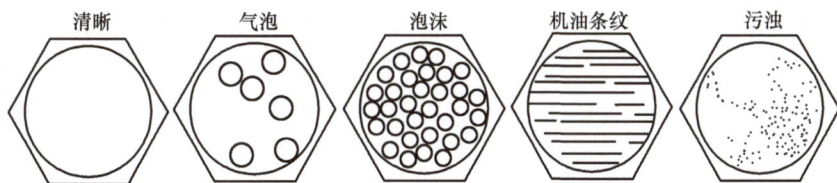

图 1-3-9　观察视液窗

1）视液窗清晰，孔内偶有气泡。可能有 3 种情况：一是系统内无制冷剂，二是制冷剂过量，三是制冷剂适量。

① 看不见液体流动，用手触摸压缩机进、排气口，没有冷热感觉，出风口无冷风，表示系统内无制冷剂，这时应立即关闭空调。

② 看见液体快速流动，用手触摸压缩机进、排气口，高压侧有烫手感，低压侧有冰霜，表示制冷剂过量。

③ 看见有液体稳定的紊流，用手触摸压缩机进、排气口，高压侧热、低压侧凉，表示制冷剂适量。

2）少量有气泡，可能有两种情况：一是制冷剂不足，二是制冷系统中有水分。

① 若膨胀阀有冰堵，表明制冷系统中有水分。

② 若膨胀阀没有冰堵，说明制冷系统中制冷剂不足。这时应进行检漏并补充制冷剂。

3）有大量气泡，说明制冷剂严重不足并有大量的水分。

4）观察孔的玻璃上有条纹状的油渍或黑油状泡沫，可能有 3 种情况：一是冷冻机油过多，二是冷冻机油变质、脏污，三是无制冷剂。

① 若压缩机进、排气口有明显的温差，关闭空调后孔内油渍干净，则说明冷冻机油过多。

② 若压缩机进、排气口有明显的温差，

关闭空调后孔内仍有油渍或其他杂物，则说明冷冻机油变质、脏污。

③ 若压缩机进、排气口无温差，空调器出风口无冷风，则说明无制冷剂，视液窗镜上是冷冻机油，应立即关闭空调。

1.3.5　汽车空调制冷系统的检漏

1. 制冷剂泄漏的部位

汽车空调系统工作条件比较恶劣，极易造成部件、管道损坏和接头松动，使制冷剂发生泄漏。汽车空调制冷系常发生制冷剂泄漏的部位见表1-3-5。

表 1-3-5　汽车空调制冷系统常发生
制冷剂泄漏的部位

部　件	常发生泄漏的部位
冷凝器	冷凝器进气管和出液管连接处 冷凝器盘管
蒸发器	蒸发器进口管和出口管的连接处 蒸发器盘管 膨胀阀
储液干燥器	易熔塞 管道接头喇叭口处
制冷剂管道	高、低压软管 高、低压软管各接头处
压缩机	压缩机轴封 压缩机吸、排气阀处 前、后盖密封处 与制冷剂管道接头处

2. 制冷剂泄漏的检查方法

汽车空调制冷系统常用的检漏方法有目测检漏法、皂泡检漏法、染料检漏法、检漏灯检漏法、电子检漏仪检漏法、抽真空检漏法（负压检漏）和加压检漏法（正压检漏）等几种。

（1）目测检漏法　目测检漏法是指用肉眼查看制冷系统（特别是制冷系统的管接头）是否有机油渗漏痕迹，有油迹的部位就是泄漏处。

（2）皂泡检漏法（肥皂液检漏）　对施加了压力的制冷系统（图1-3-10）用毛刷或棉纱蘸肥皂液涂抹在被检查部位，查看被检查部位是否有气泡产生。皂泡检漏操作比较麻烦，要求一定要细致、认真。

图 1-3-10　皂泡检漏法

（3）染料检漏法（着色检漏）　把黄色或红色的染料溶液通过歧管压力表组引入空调系统，漏点周围会有染料积存。染料检漏不会影响系统的正常运行，是个理想的方法。

（4）检漏灯检漏法　检漏灯（卤素灯）检漏的原理是根据卤素与吸入制冷剂燃烧后产生的火焰颜色来判断泄漏量。泄漏量少时，火焰呈浅绿色；泄漏量较大时，火焰呈蓝色；泄漏量很大时，火焰呈紫色。该方法检测精度低，已逐渐被淘汰。

（5）电子检漏仪检漏法　使用电子检漏仪时应当遵照电子检漏仪制造厂家的规定。一般方法是：接通电源开关，经短时间热机后，将探头伸入检测部位，通过声音或仪表显示即可判断泄漏量。该方法使用方便、安全，灵敏度高，应用广泛。

（6）抽真空检漏法（负压检漏）　注意：抽真空检漏只能判断制冷系统是否有泄漏，不能直接找到泄漏制冷剂的具体位置，因此抽真空检漏的方法一般是空调制冷系统装配后进行，目的是在加注制冷剂之前保证：空调系统中没有空气和水分，空调系统没有泄漏点。

常用抽真空的方法有两种：利用真空泵抽真空和利用制冷剂加注一体机进行抽真空。下面以真空泵抽真空为例进行说明。

空调制冷系统抽真空管路连接如图 1-3-11 所示。具体操作过程如下：

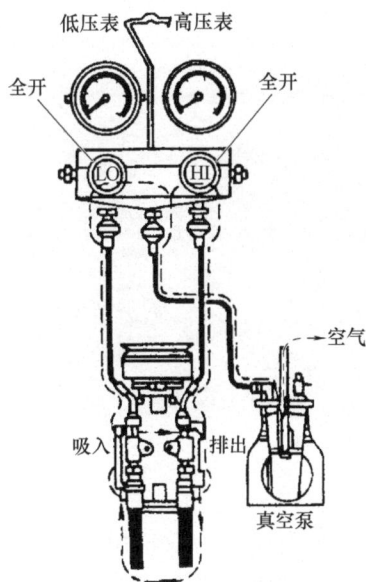

图 1-3-11　空调制冷系统抽真空管路连接

1）将歧管压力表的高、低压软管分别连接在制冷系统高、低压侧维修阀上，将中间软管与真空泵相连接。

2）打开歧管压力表上的高、低压维修阀，起动真空泵，观察低压表的指针，应该有真空显示。

3）连续抽真空 5min 后，低压表指示真空度应达到 0.03MPa，高压表略低于零。如果高压表不能低于零，则表明系统内有堵塞，应停止抽真空并进行修复。

4）连续抽真空 15min 后，低压表指针应在 0.01 ~ 0.02MPa 范围内。如果达不到此数值，应关闭高、低压维修阀，观察低压表的指针，如果指针上升，则说明系统有漏点，应停止抽真空并进行修复。

5）当系统压力低于 0.01MPa 时，关闭高、低压维修阀，保压 5 ~ 10min。如低压表指针不动，则开启真空泵，打开高、低压维修阀，继续抽真空，时间不少于 30min。

6）抽真空结束时，先关闭高、低压维修阀，再关闭真空泵，防止空气进入制冷系统。

（7）加压检漏法（正压检漏）　对于制冷剂全部漏光时的检漏，可以使用加压检漏法。如图 1-3-12 所示，分别将歧管压力表的高压软管和低压软管连接在制冷系统的高、低压维修阀上。打开高、低压维修阀，向系统中充入干燥氮气，其压力一般应为 1.5MPa 左右。当系统达到规定压力后，用检漏设备进行检漏，泄漏大的地方有微小声音，检漏必须仔细，并反复检查 3 ~ 5 次。发现渗漏处应做上记号并及时加以修复，然后检漏其他接头处，直至渗漏彻底排除。修漏完毕，应试漏，让系统保压 24 ~ 48h。若压力不降低，则检漏合格；倘若压力有显著降低，必须重新进行检漏，直到找出泄漏处并直到修复为止。

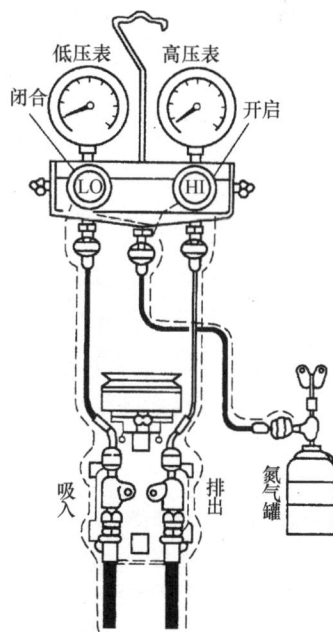

图 1-3-12　加压检漏法

1.3.6 帝豪 EV450 纯电动汽车空调制冷系统压力检查

汽车空调系统压力通常通过歧管压力表

高压管路维修接口及防尘罩　　低压管路维修接口及防尘罩

图 1-3-13　高、低压管路维修接口

3）转动歧管压力表高压软管手动阀门使其处于关闭状态，高压软管的颜色为红色。

4）转动歧管压力表低压软管手动阀门使其处于关闭状态，低压软管的颜色为蓝色。

5）将歧管压力表的低压软管连接到空调低压管路维修接口。

6）将歧管压力表的高压软管连接到空调高压管路维修接口。

2. 读取静态压力

1）打开低压管路维修接口。

2）观察并记录低压表读数。

3）打开高压管路维修接口。

4）观察并记录低压表读数。

5）关闭高、低压管路维修接口。

组读取，可以根据测得压力的大小分析故障原因，判断故障部位。

1. 连接歧管压力表

1）取下汽车空调制冷系统高、低压管路维修接口防尘罩，如图 1-3-13 所示。

2）将歧管压力表组挂到前机舱盖锁扣上。

帝豪 EV450 纯电动汽车空调系统高、低压侧的平衡压力为 0.6MPa，如果上述读数均小于 0.6MPa，则说明制冷剂不足。

3. 读取工作压力

1）打开所有车门。

2）按下空调开关（A/C 按键）。

3）调节鼓风机风速到最大风量。

4）调节空调温度到最冷。

5）等待 5min 左右，再次读取歧管压力表组高、低压力表的读数，并记录。

4. 对读取的压力进行分析

将读取的压力表数值与表 1-3-6 中数值进行对比，判断制冷系统故障并找到相应的维修方法。

表 1-3-6　制冷系统故障诊断表

序号	高压侧	低压侧	症状	可能故障点	维 修 方 法
1	1.3 ~ 1.6MPa	0.25 ~ 0.35MPa	—	正常	—
2	偏高	偏高	制冷不足	1）制冷剂加注过量 2）冷凝器散热不良 3）冷冻机油过量	1）放出过多制冷剂 2）清洁冷凝器 3）放出过多冷冻机油

（续）

序号	高压侧	低压侧	症状	可能故障点	维 修 方 法
3	过高	偏高	制冷不足	系统内有空气	对系统进行排空、抽真空、充注制冷剂和冷冻机油
4	高	正常	制冷不足	1）冷凝器散热不良 2）冷凝器内部连通	1）清洁冷凝器 2）更换冷凝器
5	低	正常	制冷不足	1）压缩机工作效率低 2）制冷剂偏少	1）检查压缩机 2）加注制冷剂
6	正常	高	间隙制冷或制冷不足	1）膨胀阀开度偏大 2）感温包泄漏	1）调整膨胀阀开度 2）重新安装感温包
7	正常	低	制冷不足	膨胀阀开度偏小	调整膨胀阀开度
8	低	高	制冷不足或不制冷	1）压缩机转速不足 2）压缩机内部连通	1）检查压缩机控制系统 2）更换压缩机
9	偏高波动	间歇真空	间歇制冷	冰堵（制冷系统中有水）	更换储液干燥器，对系统进行排空、抽真空、充注制冷剂和冷冻机油
10	偏低	偏低	制冷不足	1）制冷剂过少 2）制冷剂泄漏	1）补加制冷剂 2）检漏并修理
11	真空	过低	不制冷	膨胀阀、储液干燥器或冷凝器等发生堵塞	查找堵塞部件并更换，对系统进行排空、抽真空、充注制冷剂和冷冻机油

1.3.7 帝豪 EV450 纯电动汽车空调制冷系统检漏

1）打开前机舱盖。

2）按下电子检漏仪开关键，此时检漏仪发出高频的"滴滴"声。

3）按下调节灵敏度键（Sensitivity），使第一个 LED 灯亮起，同时电子检漏仪发出低频的"滴滴"声。将探头放置制冷剂容易泄漏的位置，检测其是否泄漏。

注意：

①探头不要碰到机械设备，缓慢移动探头，移动速度不要高于 5cm/s。

②当"滴滴"声频率增高，同时 LED 灯亮起的数量增加时，说明有泄漏。

③应将泄漏部位做标记，以便维修。

4）检查空调系统高、低压管路是否泄漏。

常见的泄漏位置为各管路接口、传感器安装处和维修接口，如图 1-3-14 和图 1-3-15 所示。

5）检查热交换总成处是否有泄漏。帝豪 EV450 纯电动汽车空调制冷系统还要在热交换总成处与动力蓄电池冷却液制冷进行热交换，也要对热交换总成及连接管路进行检漏，如图 1-3-16 所示。

6）举升车辆。

7）放置探头到冷凝器处，检查冷凝器总成（包括制冷管路接口及储液干燥器）是否泄漏。

8）放置探头到电动压缩机处，检查是否泄漏。

帝豪 EV450 纯电动汽车电动压缩机总成如图 1-3-17 所示，常见的泄漏位置有压缩机总成端盖密封处、高低压管路连接处等。

39

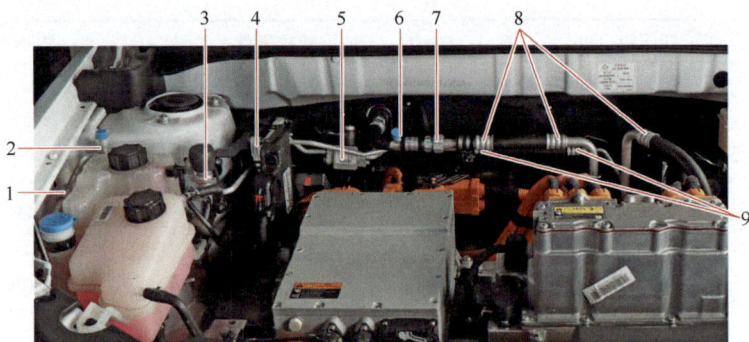

图 1-3-14 空调制冷系统高、低压管路连接

1—高压管路（硬管）接口 2—高压管路维修接口 3—压力传感器（三重压力开关） 4—高压管路三通
5—高压管路开关电磁阀 6—低压管路维修接口 7—低压管路（硬管）接口
8—低压管路（软管）接口 9—高压管路（软管）接口

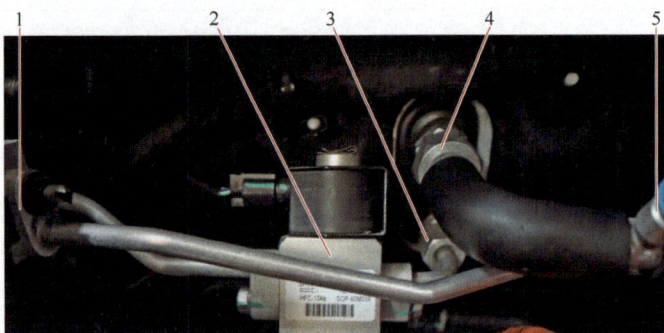

图 1-3-15 连接车厢的高、低压管路接口

1—高压管路三通 2—高压管路开关电磁阀 3—高压管路（硬管）接口
4—低压管路（软管）接口 5—低压管路维修接口

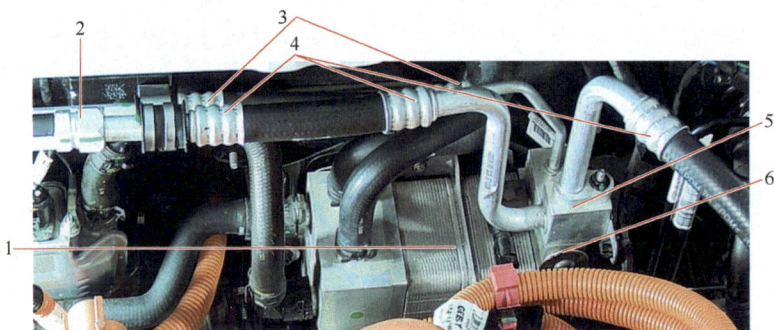

图 1-3-16 热交换总成处的制冷系统高低压管路连接

1—热交换总成 2—低压管路（硬管）接口 3—高压管路（软管）接口 4—低压管路（软管）接口
5—低压管路三通 6—蓄电池冷却电子膨胀阀

图 1-3-17　帝豪 EV450 纯电动汽车电动压缩机总成

1—电动压缩机总成　2—压缩机总成端盖（压缩机驱动控制模块）　3—压缩机低压接口

4—低压管路（软管）接口　5—高压管路（软管）接口　6—压缩机高压接口

7—压缩机总成端盖

9）检测完毕后按下开关键，关闭电子检漏仪。

10）降下车辆。

如果制冷剂不足，而未在上述位置发现泄漏，说明是蒸发箱处发生泄漏，此时可以打开鼓风机，并在空调出风口处进行检漏。

1.3.8　制冷剂补充和加注

以帝豪 EV450 纯电动汽车电动空调系统为例，对汽车空调系统进行制冷剂补充和加注作业。

1. 补充制冷剂

汽车空调经过一段时间运行后，由于汽车振动等原因，使汽车空调系统某些部位的接头松动，制冷剂泄漏，制冷效果变差。经过查漏、排漏后，不必排空旧的制冷剂，可以采用低压端充注法补充不足的制冷剂。

低压端充注法就是从低压端充注气态制冷剂，制冷剂罐正立，压缩机工作。低压端充注法的管路连接如图 1-3-18 所示。具体操作步骤如下：

1）取下制冷系统高、低压管路维修接

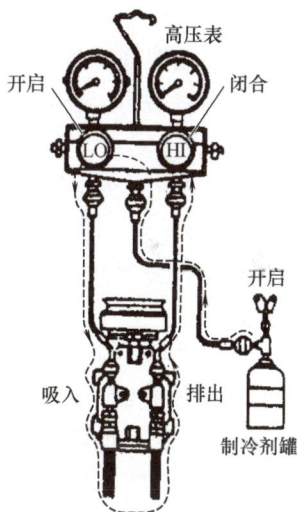

图 1-3-18　低压端充注法的管路连接

口防尘罩。

2）将歧管压力表与系统维修阀、制冷剂罐注入阀连接好，将制冷剂罐注入阀与制冷剂罐连接好。

注意：连接之前应保证歧管压力表组和高、低压软管上的高、低压手动阀都处于关闭状态。

3）用制冷剂排除连接软管内的空气。打开制冷剂罐上的注入阀，再拧松中间软管压力表一端的软管接头,直到听到制冷剂蒸气流动的声音,然后拧紧软管接头。

4)将制冷剂罐直立于磅秤上,并记录起始质量。如果使用小罐,则记录小罐瓶数。

5)打开低压维修阀,向系统充注气态制冷剂。

6)经过 3~5min 后,起动汽车接通空调开关,把风量调节旋钮旋至最大,把温度调节旋钮调到最冷。

7)如果加注缓慢,可用适当的方法提高加注速度。当环境温度高时,加注制冷剂困难,可用低压空气吹冷凝器来降低冷凝器的温度,提高加注速度;当环境温度低时,可用低于 40℃ 的温水加热制冷剂罐的方式提高加注速度。

8)当制冷剂充至规定量时,先关闭歧管压力表上的低压手动阀,然后关闭制冷剂罐注入阀。

9)关闭低压管路上的手动阀门。

10)关闭空调开关,停止发动机运转,卸下歧管压力表,充注结束。

注意:

① 注入制冷剂后,应及时通过观察视液窗或观察压力表检查制冷剂注入量。

② 不要在密闭的环境内或接近明火的区域处理制冷剂,如图 1-3-19 所示。必须戴上护目镜,注意不要让液体制冷剂溅入眼睛或溅到皮肤上。

图 1-3-19　不要在密闭的环境内或接近明火的区域处理制冷剂

③ 当处理制冷剂容器时,容器不得受热,绝对不要加热容器或将容器暴露在明火处,容器必须保持在 40℃（104 ℉）以下（图 1-3-20）。当用温水加温容器时,注意不要把容器顶上的阀门浸入水中,因为水可能渗入制冷剂容器。注意不要使存放制冷剂的容器掉落或受到冲击。空容器不得再用。

图 1-3-20　当处理制冷剂容器时应遵守的预防措施

④ 当 A/C 开着并补足制冷剂气体时如果高压侧阀门被打开,制冷剂会反向流动并导致维修中断,因此只能启动低压侧的阀门（图 1-3-21）。如果制冷剂容器颠倒,制冷剂又以液态加入,液体将被压缩,致使压缩机损坏,因此制冷剂必须以气态加入。注意不要加入过量的制冷剂气体。

图 1-3-21　当 A/C 开着并补足制冷剂气体时应遵守的预防措施

2. 加注制冷剂

加注制冷剂应在排空制冷剂并抽真空后进行。

（1）制冷剂排空　制冷剂排空是指将制冷系统内制冷剂排出。制冷剂排空有两种方法,一种是传统排空法;另一种是回收排空法。

1)传统排空法。传统排空法如下:

① 如图 1-3-22 所示，把歧管压力表连接到系统的高、低压维修阀上。

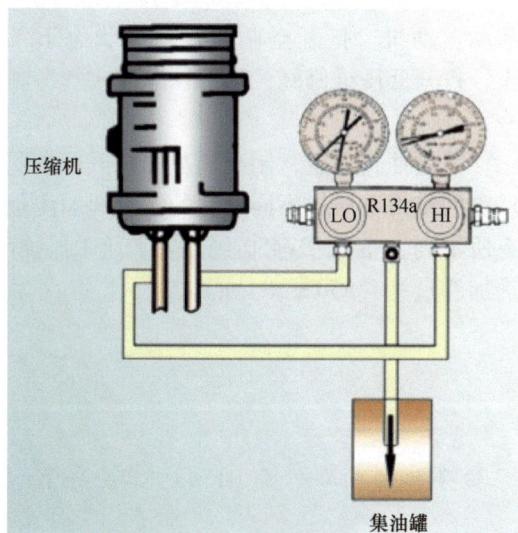

图 1-3-22　制冷剂的传统排空法

② 起动发动机并使转速维持在 1000 ~ 1200r/min 运行 10 ~ 15min。

③ 将风扇调至高速，将控制开关置于最冷位置，使系统达到稳定状态。

④ 使发动机恢复正常怠速。

⑤ 关闭空调的控制开关，关闭发动机。

⑥ 慢慢打开歧管压力表上的高压手动阀，让制冷剂缓缓从中间软管流入回收装置（集油罐）中。等高压侧压力下降到 0.35MPa 以下时，慢慢拧开低压维修阀，以防止冷冻机油被带出。

⑦ 歧管压力表的高、低压力表指示为零，说明系统内制冷剂已排空。

2）回收排空法。为了防止制冷剂排入大气，造成经济损失和环境污染，在规范的维修站中都配有制冷剂加注、回收多功能机，在排空制冷剂的同时可以对制冷剂进行回收和净化，并循环使用。使用制冷剂加注、回收多功能机要按照厂家规定进行。

注意：

① 制冷剂排空场地应通风良好，不要使排出的制冷剂靠近明火，以免产生有毒气体。

② 制冷剂排出而冷冻机油并非全部排出，因此应测定排出的油量，以便补充。

（2）抽真空　在维修中，一旦制冷系统暴露于空气中或更换了系统的部件，在充注制冷剂前，必须进行抽真空，以排除制冷系统内残留的空气和水分。

（3）充注制冷剂　在制冷系统经过抽真空并确认没有泄漏后，可采用高压端充注法和高、低压端综合充注法对系统充注制冷剂。

1）高压端充注法。高压端充注法就是从高压端充注液态制冷剂，制冷剂罐倒立，压缩机停转，靠制冷剂罐内与系统之间的压差进行充注。这种方法适合于系统内抽过真空而无制冷剂的情况，其特点是速度快。高压端充注法的管路连接如图 1-3-23 所示。具体操作步骤如下：

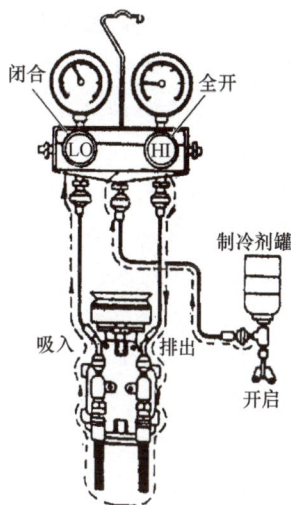

图 1-3-23　高压端充注法的管路连接

① 关闭歧管压力表高、低压维修阀，将歧管压力表与系统维修阀、制冷剂罐连接好，将注入阀与制冷剂罐连接好。

② 用制冷剂排除连接软管内的空气。打开制冷剂罐上的注入阀，再拧松中间软管

压力表一端的软管接头，经 3～5s，当软管排出制冷剂气体后，迅速拧紧软管接头。

③ 将制冷剂罐倾斜倒置于磅秤上，并记录起始质量。如果使用小罐，则记录小罐瓶数。

④ 缓慢打开高压维修阀，制冷剂注入系统内，当磅秤指示到达规定质量时，迅速关闭制冷剂阀门。

⑤ 关闭高压维修阀，卸下歧管压力表，充注结束。

2）高、低压端综合充注法。在实际充注中，经常采用高、低压端综合充注的方法。先从高压端气门阀充注一定量液态制冷剂后，关闭高压维修阀，将制冷剂罐直立，起动发动机，打开空调并在最冷状态下工作，打开低压维修阀，从低压端注入气态制冷剂。

系统抽真空后，制冷剂加注量可以参照厂家的维修手册；不同车型的制冷剂加注量有所不同，帝豪 EV450 纯电动汽车的制冷剂加注量为（550 ±25）g。

学习小结

1. 帝豪 EV450 纯电动汽车电动空调制冷系统使用的制冷剂是 R134a，其分子式为 CH_2FCF。

2. 氟利昂的代号是 R（$m-1$）（$n+1$）（x）B（z），其中，m 表示分子中 C 的个数，n 表示分子中 H 的个数，x 表示分子中 F 的个数，z 表示分子中溴的个数，Cl 原子个数不体现在代号中，由其补充为饱和。如果 $m-1=0$，则第 1 项可以省略，如果 $z=0$，则 B 可以省略。

3. 冷冻机油是制冷压缩机的专用机油，它保证压缩机正常运转、可靠工作和延长使用寿命。其在空调制冷系统中的作用有：润滑作用、密封作用、冷却作用和减小压缩机噪声。帝豪 EV450 纯电动汽车电动空调压缩机采用的冷冻机油型号是 MA68EV，是 POE 型冷冻机油。

4. 歧管压力表外接 3 根橡胶软管：低压软管（蓝色）、高压软管（红色）和维修软管（黄色、绿色或白色）。低压表与低压软管相通，高压表与高压软管相通。低压维修阀控制维修软管与低压软管的通断，高压维修阀控制维修软管与高压软管的通断。

5. 汽车空调制冷系统在正常情况下，低压管路呈低温状态，高压管路呈高温状态。低温区是从膨胀阀出口→蒸发器→压缩机进口处，这些部件表面应该由凉到冷再到凉，连接部分有水露，但不应有霜冻。高温区是从压缩机的出口→冷凝器→储液干燥器→膨胀阀的入口处，这些部件表面温度为 40～65℃，手感热而不烫。

学习单元 1.4　空调制冷不良的诊断与修复

情境导入

一辆帝豪 EV450 纯电动汽车，装备电动空调系统，用户反映空调不制冷。检查发现电动压缩机不工作，经检查发现电动压缩机高压熔丝断路，更换电动压缩机高压熔丝后故障现象消失。

理论知识

1.4.1　传统汽车空调控制系统

传统汽车压缩机控制系统的执行器是压缩机电磁离合器，即通过控制电磁离合器的接合与断开来控制压缩机的工作，而压缩机的转速是没有办法改变的。为了在一定转速下控制制冷剂流量，压缩机必须要设计成可变容积的。

1. 汽车自动空调控制系统的组成

以内燃机汽车常用的自动空调控制系统为例，其组成如图 1-4-1 所示，包括信号输入元件、执行元件和空调 ECU。信号输入元件包括车内温度传感器、车外温度传感器、阳光传感器、蒸发器温度传感器、空调压缩机转速传感器、加热器温度传感器、空气质量传感器、空调压力传感器或开关、发动机转速传感器、压缩机转速传感器、各风门电机的位置传感器或开关以及空调控制键等。执行元件包括混合门电动机、模式门电动机、进气门电动机、鼓风机电动机、压缩机离合器、压缩机电磁阀、冷凝器散热风扇和各种空调状态指示灯等。

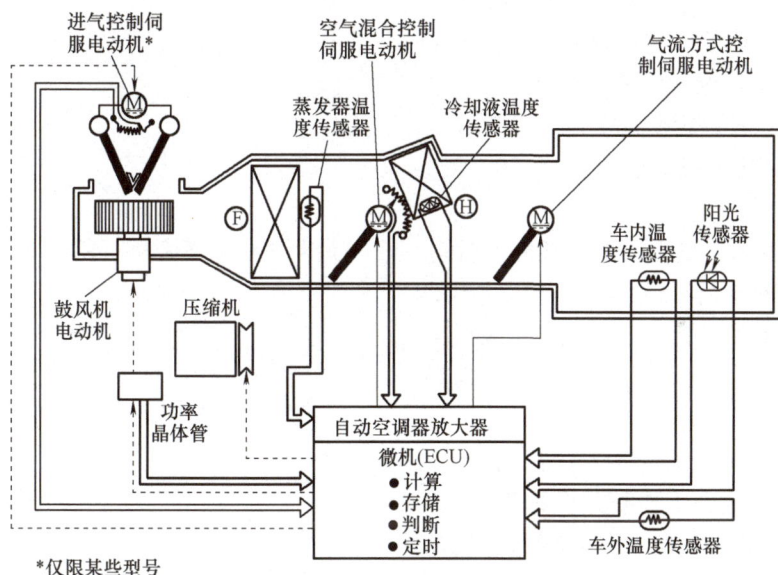

图 1-4-1　汽车自动空调控制系统的组成

2. 汽车自动空调控制系统的工作原理

空调 ECU 根据各种输入信号，按照预先编制的程序，控制执行元件动作，完成空气的调节。自动空调一般具有送风温度控制、送风速度控制、送风方向控制、进气模式控制、压缩机控制和自诊断功能等。

（1）送风温度控制　送风温度控制是通过调节混合门的位置，调节出风口的空气温度。ECU 根据设定温度、车内温度传感器、车外温度传感器、阳光传感器、蒸发器温度传感器、空气混合门电动机位置传感器等信号，自动调节混合门的位置。一般来说，设定温度越低，车内温度越高，车外温度越高，阳光越强，蒸发器温度越高，混合门越接近"全冷"位置。

（2）送风速度控制　送风速度控制是通过调节鼓风机转速控制送风速度，调节室内空气降温或升温速度，可以实现自动控制、预热控制、时滞控制、鼓风机起动控制、车速补偿、极速控制和手动控制等功能。

1）自动控制。当接通 AUTO 开关时，空调 ECU 进行鼓风机转速自动控制。一般来说，设定温度降低，车内温度越高，车外温度越高，阳光越强，蒸发器温度越高，鼓风机转速越高。

2）预热控制。冬天，车辆长时间停放后，若马上打开鼓风机，此时吹出的是冷空气而不是想要的暖风。因此，鼓风机要在冷却液温度升高时，才能逐步转向正常工作。

鼓风机预热控制时，控制面板 AUTO 开关接通，工作模式设为 FOOT（吹脚）或 BI-LEVEL（双通道：吹脚和吹脸），ECU 根据发动机冷却液温度传感器检测发动机冷却液的温度。当冷却液温度低于 30℃ 时，鼓风机停转；当冷却液温度高于 30℃ 时，鼓风机正常运转。

3）时滞控制。夏天，汽车长时间停驻在炎日下，若马上打开鼓风机，此时吹出的是热风而不是想要的冷风。因此，鼓风机不能马上工作，而是滞后一段时间，蒸发器温度降低后才工作。

当发动机运转，压缩机已工作，控制面板 AUTO 开关接通，工作模式设置为 FACE（吹脸）或 BI-LEVEL 时，ECU 对鼓风机的时滞控制过程如下：

① 当蒸发器温度高于 30℃ 时，压缩机接通后，ECU 控制鼓风机电机断开 4s，等待冷风装置内的空气冷却降温。此后 ECU 控制鼓风机低速运转 5s，使冷却的空气送至乘员舱，如图 1-4-2 所示。

② 当蒸发器温度低于 30℃ 时，压缩机接通后，ECU 控制鼓风机低速运转 5s，如图 1-4-3 所示。

4）鼓风机起动控制。鼓风机在起动时，工作电流会比稳定工作时大很多，为了防止烧坏鼓风机控制装置，不论鼓风机目标

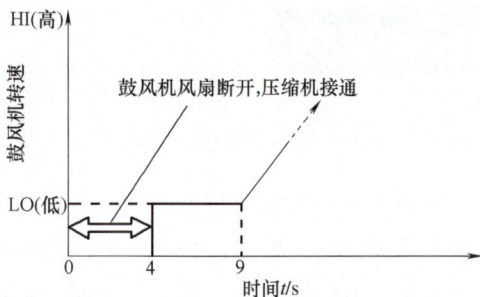

图 1-4-2　时滞控制（蒸发器温度高于 30℃）

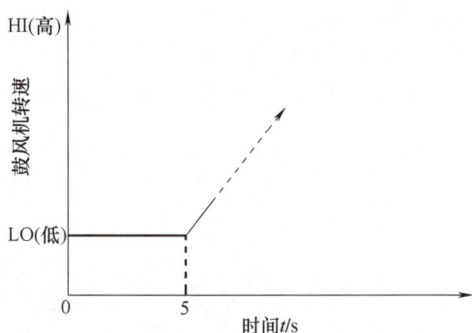

图 1-4-3　时滞控制（蒸发器温度低于 30℃）

转速多少，在鼓风机起动时为低速运转，然后才逐步升高，直至目标转速。

5）车速补偿。车速高时，迎面风冷却强度大，鼓风机的转速可适当降低，使之与汽车低速行驶时具有一样的感觉。

6）极速控制。有些车型，当设定温度处于最低（18℃）或最高（32℃）时，鼓风机转速会固定为高速运转。

7）手动控制。ECU 根据控制面板手动开关的操纵信号，将鼓风机驱动信号送至功率晶体管，相应控制鼓风机的转速。

（3）送风方向控制　送风方向控制就是通过调节模式风门来改变送风方向，提高舒适性。在手动模式中，模式风门有吹脸、双通道、吹脚、吹脚/除雾、除雾 5 个位置；在自动模式中，模式风门一般有吹脸、吹脚、双通道 3 个位置。ECU 根据传感器信号按照"头冷脚热"的原则自动调节模式

风门的位置。一般来说，随着设定温度降低、车内温度升高、车外温度升高或阳光增强，模式风门就由吹脚位置、双通道向吹脸位置转动，同时控制面板上相应的吹脚指示灯、双通道指示灯、吹脸指示灯亮起。

（4）进气模式控制　进气模式控制就是通过调节进气风门来调节进入车厢的新鲜空气量，使车内空气温度和质量达到最佳。在自动模式中，ECU 根据传感器信号自动调节进气风门的位置。一般来说，随着设定温度降低、车内温度升高、车外温度升高、阳光增强，进气风门就由 FRESH 位移至 RECIRC 位；反之，就由 RECIRC 位移至 FRESH。同时，控制面板上相应的 RECIRC 指示灯和 FRESH 指示灯亮起。

该控制系统还有一种新鲜空气强制进气控制功能：当手动按下 DEF 开关时，将进气方式强制转变为 FRESH 方式，以清除风窗玻璃上的雾气。除此之外，有些进气模式控制还可改变新鲜空气与循环空气的混合比例。

（5）压缩机控制

1）基本控制。ECU 根据车内温度、车外温度、蒸发器温度和设定温度等参数，自动控制压缩机的通断，调节蒸发器表面温度，并防止蒸发器表面结冰。

2）低温保护。当车外环境温度低于某值（3℃或 8℃）时，压缩机停止工作，防止压缩机的损耗。

3）高速控制。当发动机转速超过某转速时，压缩机停止工作，防止压缩机转速过高而造成损坏。

4）加速切断。当发动机处于急加速工况时，为了保证发动机有足够的动力，压缩机暂时停止工作。

5）高温控制。当发动机冷却液超过某值（109℃）时，压缩机停止工作，防止发动机冷却液进一步上升。

6）打滑保护。当压缩机卡死导致传动带打滑时，压缩机停止工作，防止传动带负荷过大而断裂，进而影响水泵、发电机等的工作。

7）低速控制。当发动机转速低于某转速（600r/min）时，压缩机停止工作，防止发动机失速。

8）低压保护。当制冷系统压力低于某值（500kPa）时，压缩机停止工作，防止压缩机在系统制冷剂不足条件下工作，造成压缩机损坏。

9）高压保护。当系统压力超过某值（2800kPa）时，压缩机停止工作，防止空调系统瘫痪。

10）可变排量压缩机的控制。空调 ECU 根据空调管路高压侧压力、低压侧压力、蒸发器表面温度、发动机冷却液温度或发动机转速等信号改变压缩机容量。

1.4.2　帝豪 EV450 纯电动汽车制冷控制系统

帝豪 EV450 纯电动汽车制冷控制系统如图 1-4-4 所示，其组成包括信号输入元件、执行元件和空调 ECU。信号输入元件包括阳光传感器、车外温度传感器、蒸发器温度传感器、空调压缩机转速传感器、空调压力开关、各风门电机的位置传感器或开关以及空调控制键等。执行元件包括电动压缩机、鼓风电动机、风向调节电动机、冷暖风调节电动机、内外循环电动机、冷凝器散热风扇、空调开关电磁阀和各种空调状态指示灯等。

帝豪 EV450 纯电动汽车电动压缩机控制系统电路如图 1-4-5 所示。电动压缩机控制模块通过 LIN 总线与自动空调控制面板、空调面板开关相连。空调控制面板根据面板开关信号和其他传感器信号控制电动压缩机的起停与转速。

帝豪 EV450 纯电动汽车电动压缩机的供电电路如图 1-4-6 所示。电动压缩机通过安装在车载充电机总成内的熔丝及分流排与动力蓄电池相连。压缩机与动力蓄电池直接相连，其工作转速不受汽车工况的限制，压缩机转速只取决于压缩机电动机的转速。空调控制系统没有电磁离合器，因此控制系统相对于内燃机汽车变得简单得多。

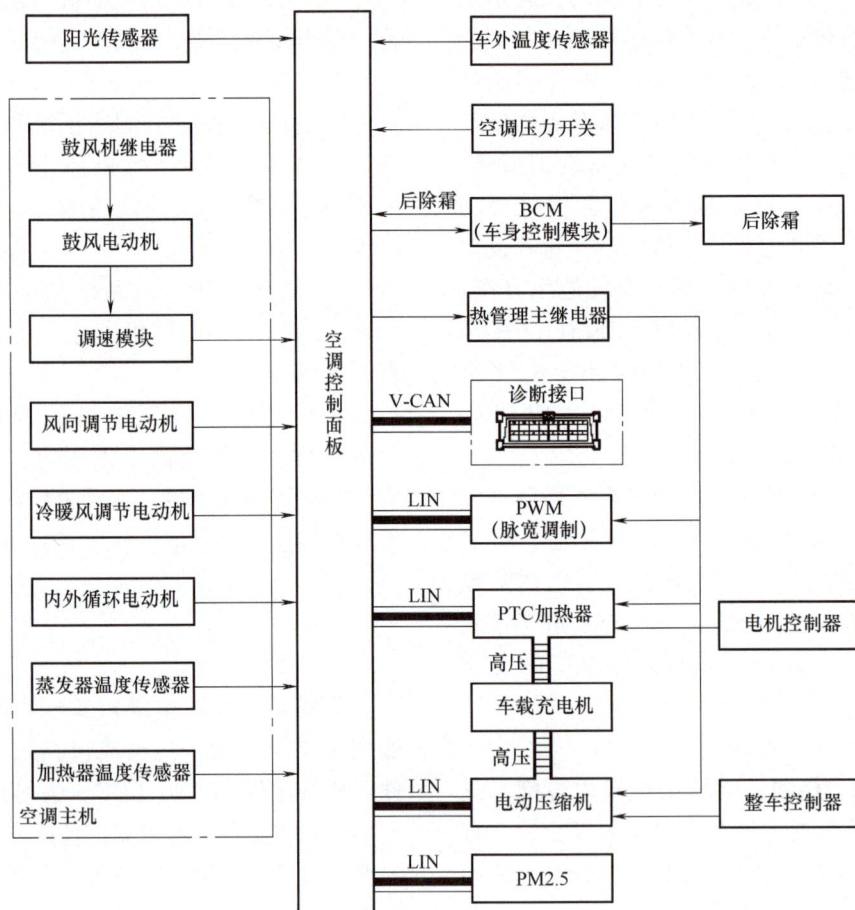

图 1-4-4　帝豪 EV450 纯电动汽车制冷控制系统

1. 压缩机控制

（1）占空比控制　电动空调压缩机占空比控制原理如图 1-4-7 所示。

自动空调控制面板根据控制开关传来的 A/C 信号、冷暖选择信号、鼓风机信号以及各传感器传来的车内温度、车外温度、蒸发器温度等参数，自动控制压缩机电动机的起停与转速，调节蒸发器表面温度，并防止蒸发器表面结冰，从而达到调节空调制冷量的目的。

（2）低温保护　当车外温度传感器检测到车外环境温度低于某值（3℃或8℃）时，压缩机停止工作，防止压缩机的损耗。

（3）低压保护　当压力开关检测到制冷系统压力低于设定值时，压缩机停止工作，防止压缩机在系统制冷剂不足条件下工作，造成压缩机损坏。

（4）高压保护　当压力开关检测系统压力高于设定值时，压缩机停止工作，防止空调系统瘫痪。

2. 冷凝器风扇转速控制

图 1-4-8 所示为帝豪 EV450 纯电动汽

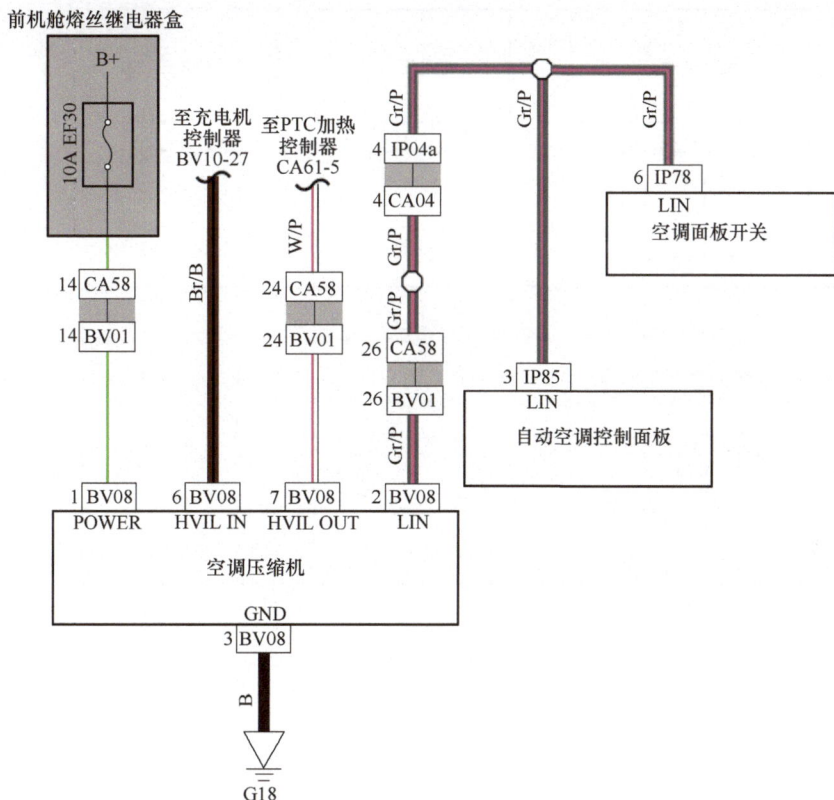

图 1-4-5　帝豪 EV450 纯电动汽车电动压缩机控制系统电路

车冷却风扇控制电路，整车控制器根据 CAN 总线传递的 A/C 信号、冷暖选择信号、制冷系统压力信号等来控制冷凝器风扇转速，防止制冷系统压力过高，保证达到用户要求制冷量的目的。

3. 送风速度控制

自动空调控制面板通过调节鼓风机转速控制送风速度，调整风速从而调节室内空气降温或升温速度。

（1）预热控制　冬天，打开暖风时若马上打开鼓风机，此时吹出的是冷空气而不是想要的暖风。因此，鼓风机要在冷却液温度达到一定值时，才能逐步转向正常工作。

（2）时滞控制　夏天，车内温度较高，若打开空调制冷系统就马上打开鼓风机，则此时吹出的是热风而不是想要的冷风。因此，鼓风机不能马上工作，而是滞后一段时间，等蒸发器温度降低后才工作。

1.4.3　信号输入元件

1. 车内温度传感器

车内温度传感器的作用是检测车内空气温度，空调 ECU 根据其信号进行送风温度控制、鼓风机转速控制、工作模式控制、进气模式控制等。

车内温度传感器采用负温度系数的热敏电阻，一般安装在仪表板后面。帝豪 EV450 纯电动汽车车内温度传感器的安装位置如图 1-2-25 所示。由于车内温度传感器安装位置较封闭，为了准确及时地测量车内平均温度，必须采用强制通风装置将车内空气强制导向车内温度传感器。按强制导向气流方式的不同，车内温度传感器可分为吸气器型车内温度传感器和电机型车内温度传感器。

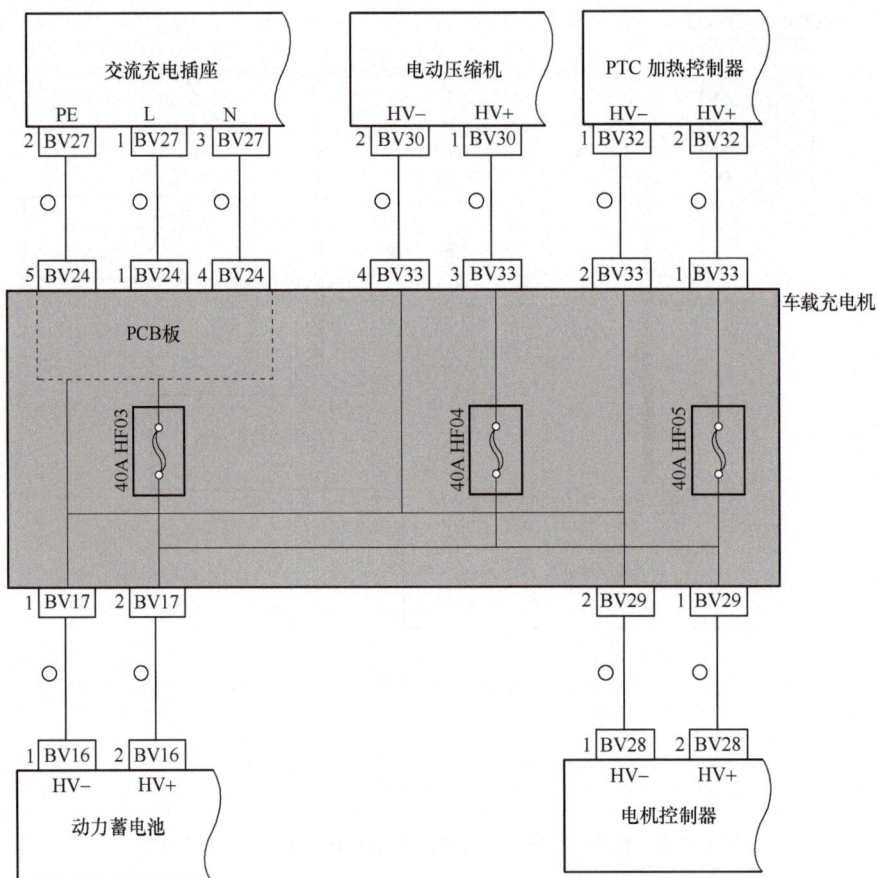

图 1-4-6　帝豪 EV450 纯电动汽车电动压缩机的供电电路

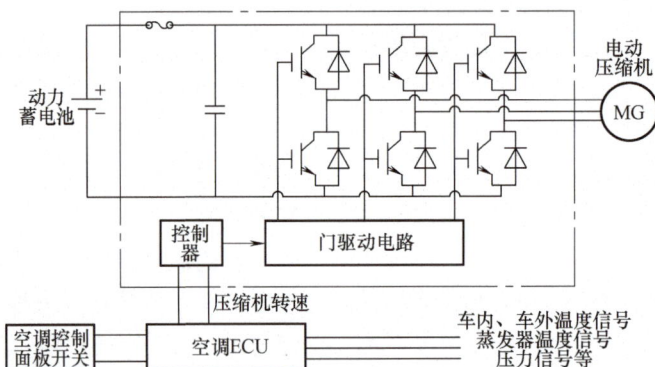

图 1-4-7　电动空调压缩机占空比控制原理

吸气器型车内温度传感器的结构如图 1-4-9所示，它用一根抽风管连接车内温度传感器与空调管道，连接处空调管道上有一喉管。鼓风机工作时，空气快速流过喉管，产生负压，将车内空气吸入，流过车内温度传感器。

电机型车内温度传感器的结构如图 1-4-10所示，它的强制通风装置是由电

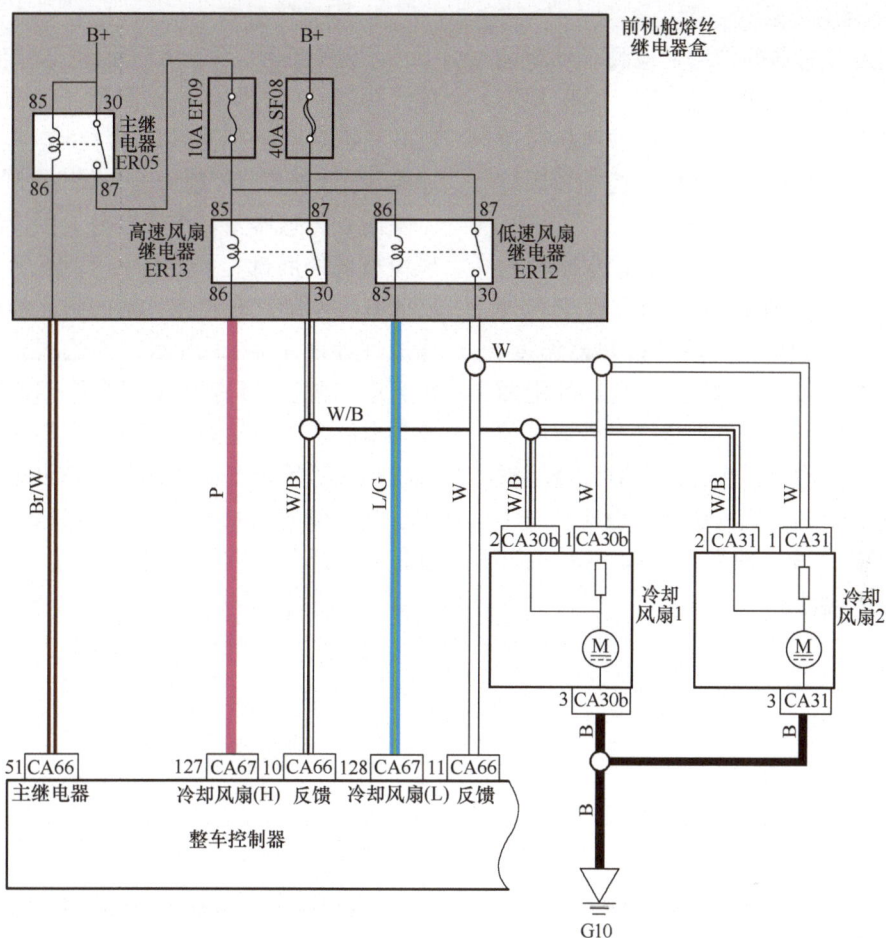

图 1-4-8 帝豪 EV450 纯电动汽车冷却风扇控制电路

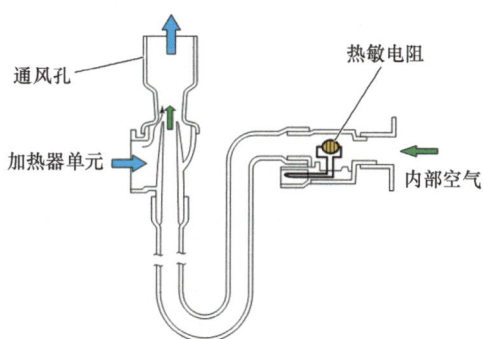

图 1-4-9 吸气器型车内温度传感器的结构

动机带动一个小风扇，风扇旋转产生吸力，使车内空气流过传感器。电动机一般由空调 ECU 来控制，在空调系统工作或点火开关打开时，电动机就运转。

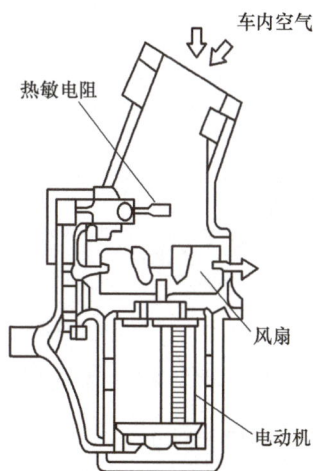

图 1-4-10 电机型车内温度传感器的结构

2. 车外温度传感器

车外温度传感器的作用是检测车外环境温度，又称为环境温度传感器。空调 ECU 根据其信号进行送风温度控制、鼓风机转速控制、工作模式控制、进气模式控制和压缩机控制等。

车外温度传感器一般安装在前保险杠内或散热器之前，如图 1-4-11 示。由于车外温度传感器极容易受到环境（散热器温度、前面车辆的排气等）影响，为此，可用两种方法消除环境影响，一种是将车外温度传感器包在一个注塑料树脂壳内，避免环境温度突然变化的影响，使其能准确地检测到车外的平均气温，另一种是在空调 ECU 内部设置防假输入电路。

3. 阳光传感器

阳光传感器也称为太阳能传感器、光照强度传感器，它的作用是检测阳光强弱。空调 ECU 根据其信号进行送风温度控制、鼓风机转速控制、工作模式控制和进气模式控制等。

阳光传感器安装在仪表台上面，靠近前风窗玻璃的底部，如图 1-4-12 所示。帝豪 EV450 纯电动汽车空调系统的阳光传感器工作原理如图 1-4-13 所示；传感器内含有 1 个光电二极管、1 条用于阳光传感器的放大驱动电路和 1 条检测比较电路；根据经过内置光电二极管电流的变化检测来自车头方向左、右两侧的日照量变化，并将这些日照强度信号发送到空调控制面板。

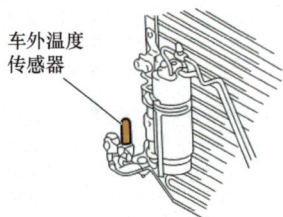

图 1-4-11　车外温度传感器的安装位置

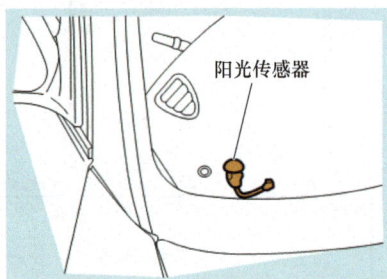

图 1-4-12　阳光传感器的安装位置

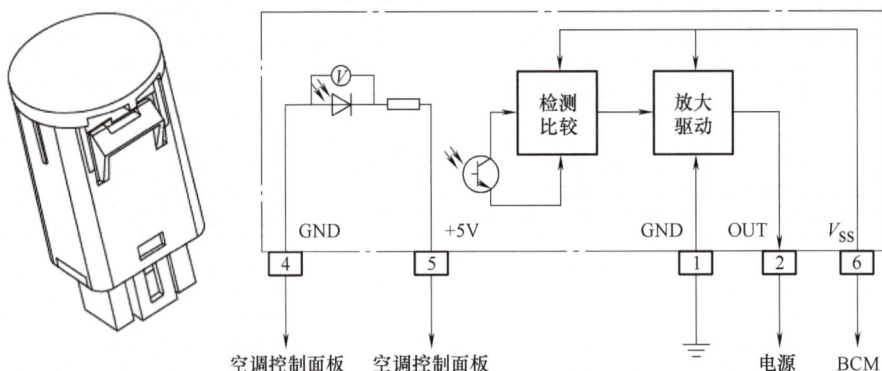

图 1-4-13　帝豪 EV450 纯电动汽车空调系统的阳光传感器工作原理

4. 蒸发器温度传感器

蒸发器温度传感器安装在蒸发器的表面，帝豪 EV450 纯电动汽车蒸发器温度传感器的安装位置如图 1-4-14 所示。其作用是检测蒸发器表面的温度，修正混合门位置，调节车内温度；控制压缩机，防止蒸发器表面结冰。有些车型有两个蒸发器温度传感器，一个用来修正混合门位置，另一个用来防止蒸发器表面结冰。

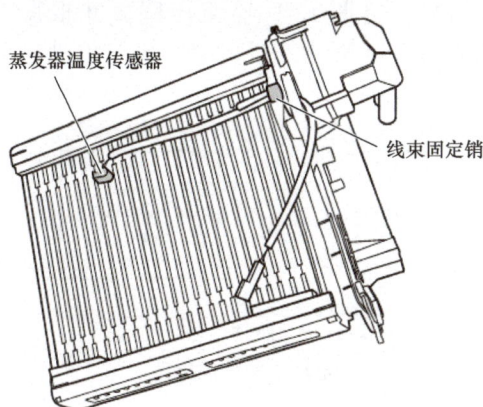

图 1-4-14　帝豪 EV450 纯电动汽车蒸发器
温度传感器的安装位置

5. 空气质量传感器

空气质量传感器安装在车辆前面部分，如图 1-4-15 所示。其作用是检测一氧化碳、碳氢化合物和氮氧化物的含量，以便控制进气风门在 FRESH 和 RECIRC 之间切换。

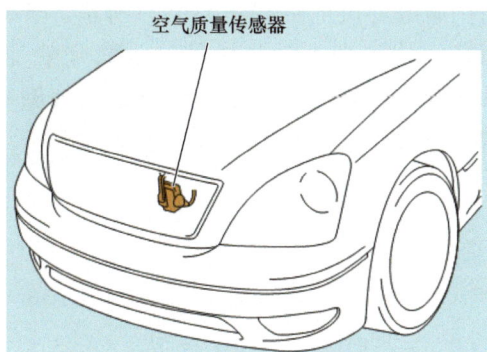

图 1-4-15　空气质量传感器

帝豪 EV450 纯电动汽车的空气质量传感器安装在空调箱总成上，位于右侧吹脚风道内，如图 1-4-16所示。

6. 空调压力传感器

空调压力传感器安装在高压管路上，如图 1-4-17所示。其作用是检测制冷管路系统压力，当压力过低或过高时，空调 ECU 控制压缩机停转；当处于中等压力时，冷凝器散热风扇高速旋转。

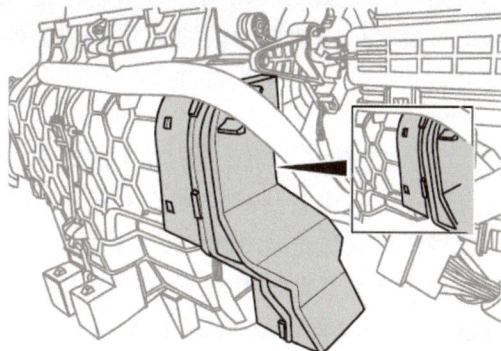

图 1-4-16　帝豪 EV450 纯电动汽车右侧吹脚风道

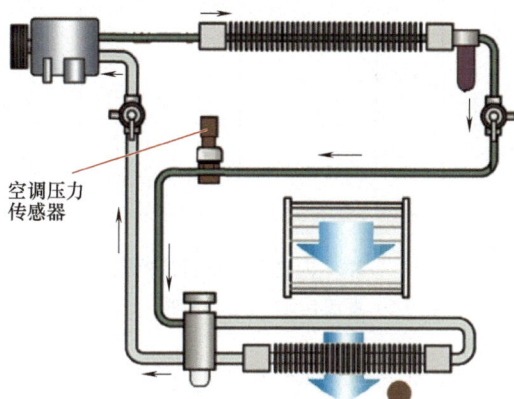

图 1-4-17　空调压力传感器

7. 空调压缩机转速传感器

空调压缩机转速传感器的作用是检测压缩机的转速并转换成电信号送到空调 ECU。空调 ECU 将压缩机转速和发动机转速进行比较，判断压缩机传动带是否打滑或断裂。当压缩机传动带打滑或断裂时，空调 ECU 或空调控制器控制压缩机停转，防止损坏压缩机。

电动压缩机的转速可以通过传感器（霍尔式传感器）检测，也可以通过反电动势来检测。

1.4.4　执行元件

1. 混合门电动机

混合门电动机驱动混合门，改变进入

53

车内的冷气和热气的比例，调节车内空气温度。混合门电机可分为直流电动机、步进电动机、内含微芯片的伺服电动机3种。

（1）直流电动机 混合门直流电动机有内置电机位置传感器直流电动机和脉冲信号定位直流电动机两种。内置电机位置传感器直流电动机控制电路如图1-4-18所示，电机位置传感器位于直流电动机内部。

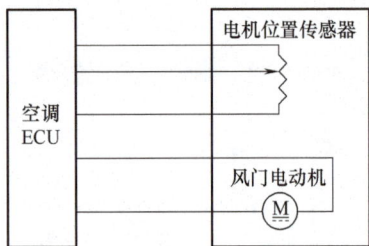

图1-4-18 内置电机位置传感器的直流电动机控制电路

脉冲信号定位直流电动机的控制电路如图1-4-19所示，空调ECU通过计算风门控制回路的脉冲确定风门位置。风门电动机转动时，电刷会在两个换向器接触时短路，由此产生的电压波动会引起脉冲信号。空调ECU监测压降，并根据内部电阻检测脉冲，以此确定风门电动机的位置。

图1-4-19 脉冲信号定位直流电动机的控制电路

（2）步进电动机 混合门步进电动机的控制电路如图1-4-20所示，由于步进电动机具有自定位的功能，无混合门电机位置传感器。

（3）内含微芯片的伺服电动机 按照电动机与空调ECU连接方式的不同，内含微芯片的伺服电动机分为总线连接型和无总线连接型。总线连接型内含微芯片的风门伺服电动机电路如图1-4-21所示，普遍用在新款车型上，如风度、新款奔驰等。无总线连接型内含微芯片的混合门伺服电动机电路如图1-4-22所示，主要用在通用车系上。

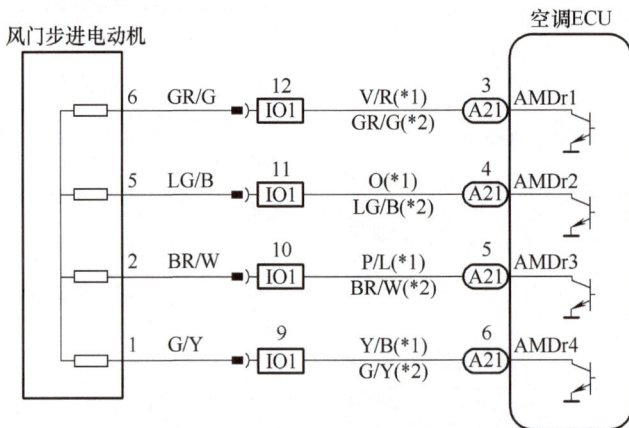

图1-4-20 混合门步进电动机的控制电路

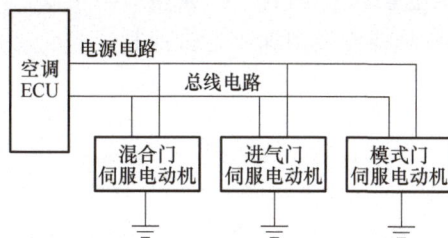

图 1-4-21　总线连接型内含微芯片的风门伺服电动机电路

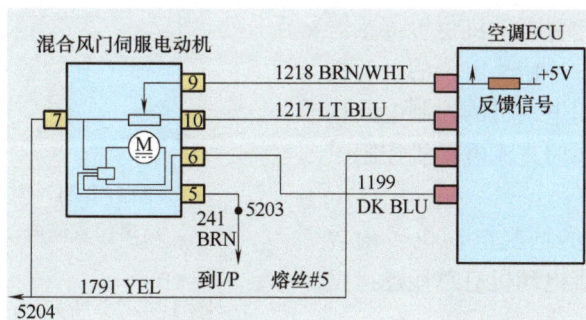

图 1-4-22　无总线连接型内含微芯片的混合门伺服电动机电路

2. 模式门电动机

模式门电动机用于驱动模式门，调节出风口出风方式，可以组织吹脸、双层、吹脚、吹脚/除雾、除雾 5 种出风类型。常用的模式门电动机有直流电动机和内含微芯片的伺服电动机。

（1）直流电动机　模式门直流电动机有内置电动机位置传感器、内置电动机位置开关和脉冲信号定位 3 种。内置电机位置传感器的电动机控制电路和脉冲信号定位的电动机控制电路分别与混合门电动机的控制电路相似。内置电动机位置开关的模式门直流电动机应用于本田、马自达、日产等，其控制电路如图 1-4-23 所示。

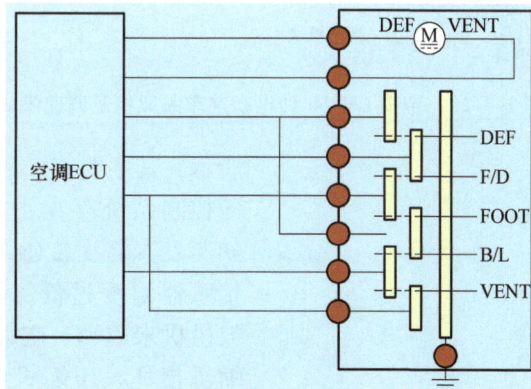

图 1-4-23　内置电动机位置开关的模式门直流电动机电路

（2）内含微芯片的伺服电动机　内含微芯片的模式门伺服电动机有总线连接型和无总线连接型两种。

3. 进气门电动机

进气门电动机驱动进气门，调节新鲜空气循环量。常用的进气门电动机有直流电动机和内含微芯片的伺服电动机两种。

（1）直流电动机　进气门直流电动机有内置电动机位置传感器、内置限位开关和脉冲信号定位 3 种。内置电动机位置传感器的电动机控制电路和脉冲信号定位的电动机控制电路分别与混合门电动机的控制电路相似。内置限位开关的风门直流电动机控制电路如图 1-4-24 所示。

（2）内含微芯片的伺服电动机　内含微芯片的进气风门伺服电动机有总线连接型和无总线连接型两种。

4. 鼓风机电动机

汽车鼓风机电动机通常由永磁电动机、笼型风扇组成，鼓风机转速通过调速模块进行控制。

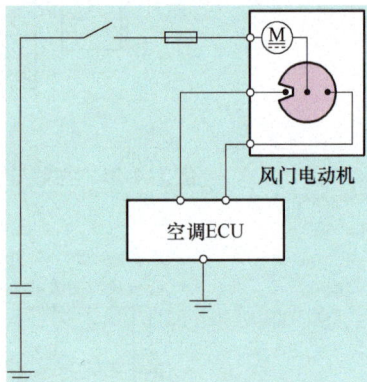

图 1-4-24　内置限位开关的风门直流电动机控制电路

图 1-4-25 所示为帝豪 EV450 纯电动汽车鼓风机及调速模块，根据风量调节旋钮的位置有 7 个档位。

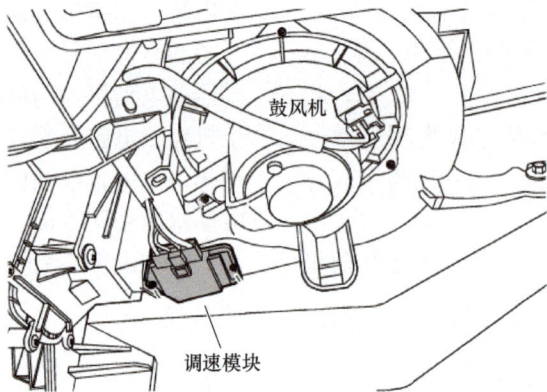

图 1-4-25　帝豪 EV450 纯电动汽车鼓风机及调速模块

【⚠ **实践技能**】

1.4.5　电动压缩机不工作的诊断与修复

1. 故障点分析

电动压缩机不工作的原因如图 1-4-26 所示，其主要有：制冷系统压力过低；制冷控制系统存在不能起动压缩机的信号，如蒸发器温度传感器温度过低、车外温度传感器温度过低、阳光传感器温度过低、鼓风机未起动、空调压力开关故障等；压缩机损坏、压缩机电动机高压供电异常、压缩机控制系统故障；空调 ECU 故障。另外，空调设置温度高于环境温度时，压缩机也不会起动，这是正常现象不是故障。

2. 检修流程

空调压缩机不工作的检修流程如图 1-4-27 所示。

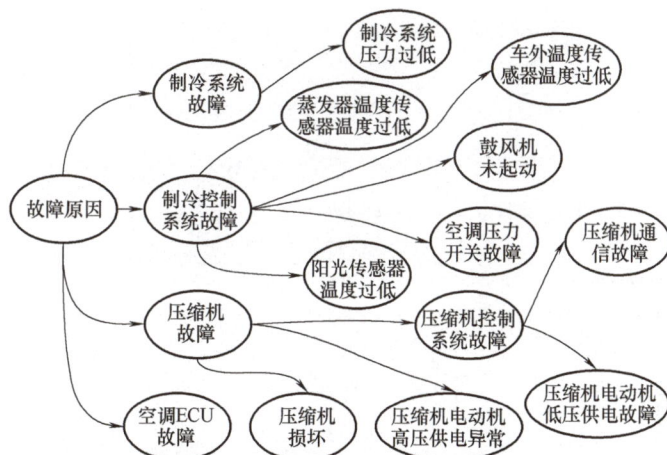

图 1-4-26 电动压缩机不工作的原因

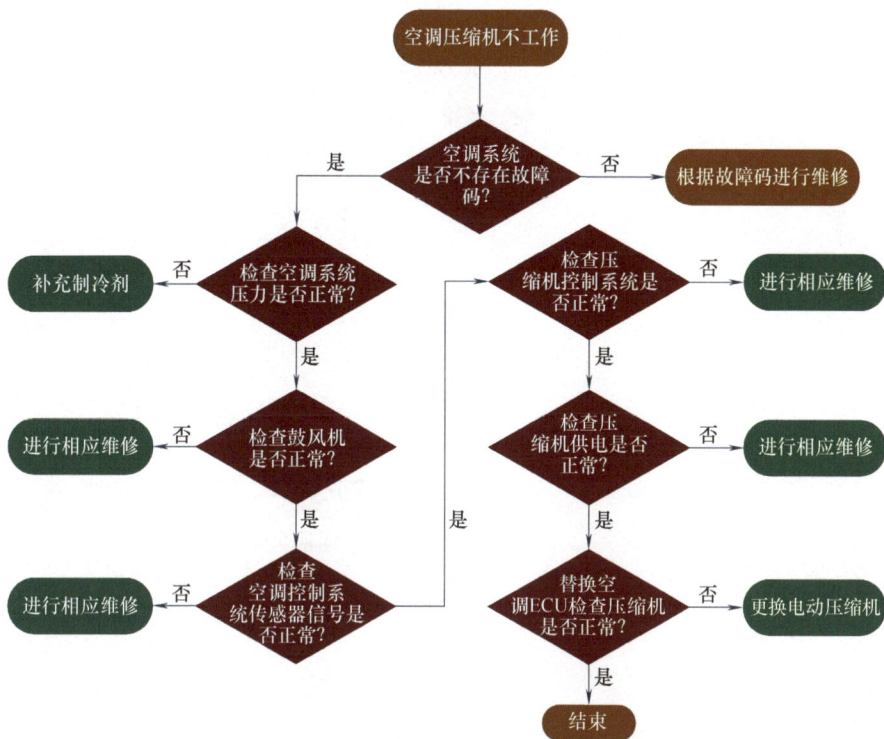

图 1-4-27 空调压缩机不工作的检修流程

（1）读取故障码

1）操作启动开关使电源模式至 ON 状态。

2）连接故障诊断仪，读取空调系统故

障码。若存在故障码，则优先排除故障码指示的故障。

（2）检查空调制冷系统压力　连接歧管压力表，检查制冷系统压力是否正常。若压力过低，则进行相应处理。空调压力开关电路如图 1-4-28 所示。

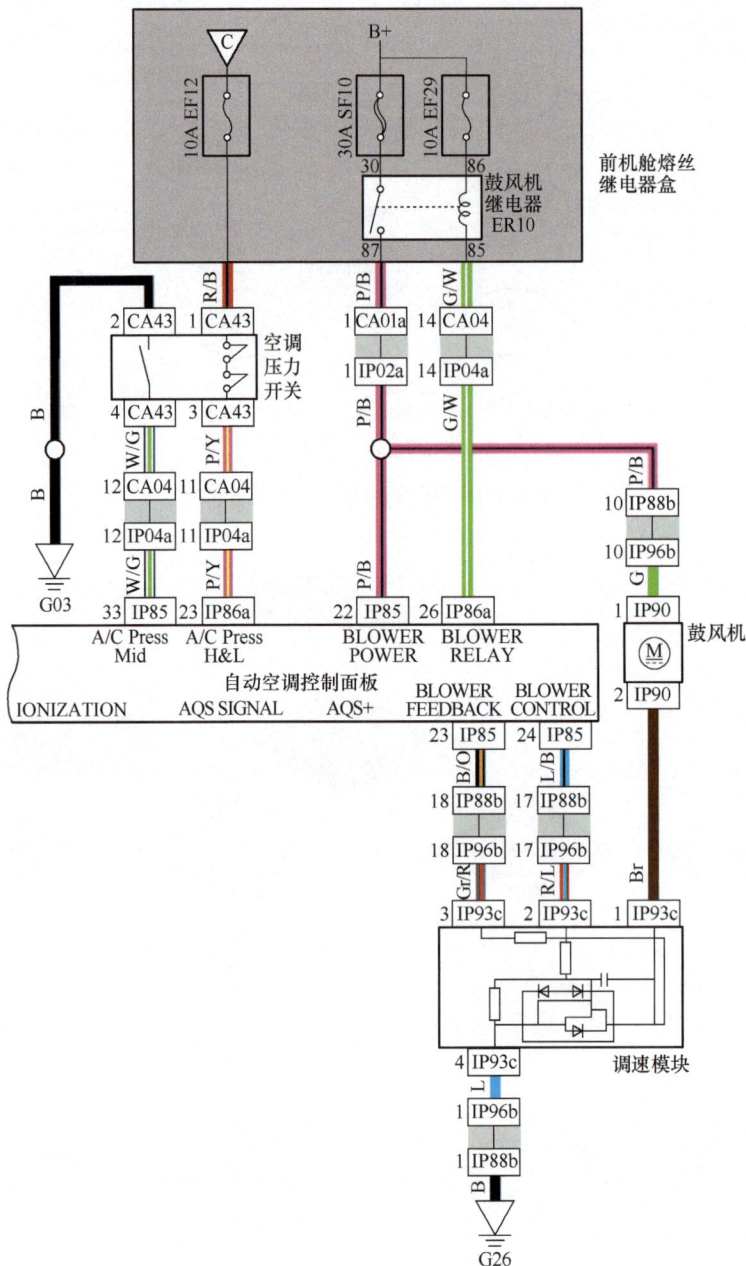

图 1-4-28　鼓风机、空调压力开关电路

（3）检查鼓风机是否工作

1）操作启动开关使电源模式至 ON 状态。

2）打开鼓风机，检查出风口是否有风。若鼓风机不工作，则优先排除鼓风机故障。

（4）检查空调控制系统传感器信号

1）操作启动开关使电源模式至 ON 状态。

2）连接故障诊断仪，读取蒸发器温度、车外温度和阳光传感器信号，电路如图 1-4-29 所示。

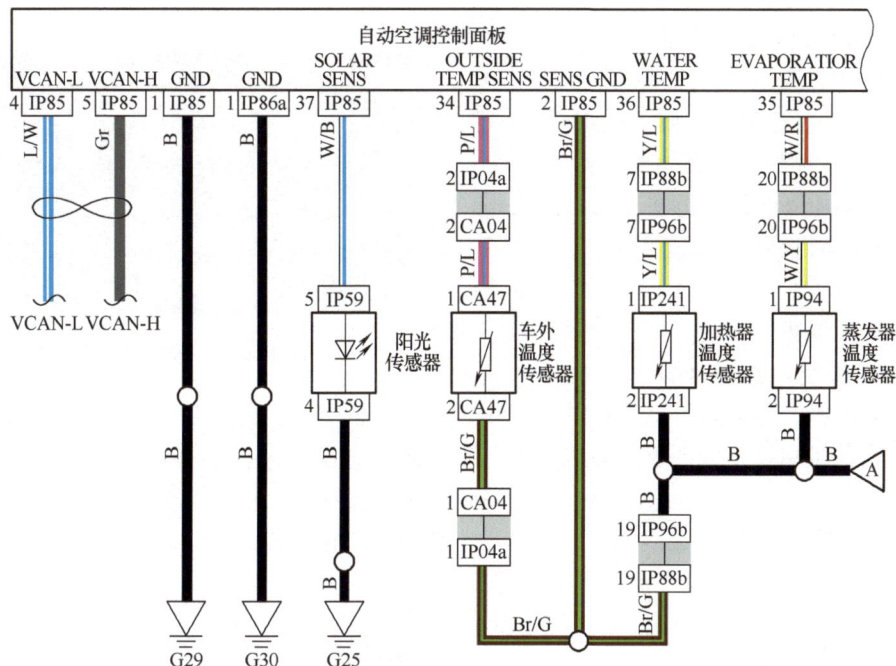

图 1-4-29　自动空调蒸发器温度、车外温度和阳光传感器信号电路

3）读取蒸发器温度传感器信号并判断是否正常。当蒸发器温度传感器信号温度低于 2℃时，不接通压缩机。若显示异常，则更换蒸发器温度传感器。

4）读取车外温度传感器显示温度是否低于 4℃。当车外温度传感器信号温度低于 4℃时，不接通压缩机。若显示异常，则更换车外温度传感器。

5）读取阳光传感器显示温度是否低于 4℃。当阳光传感器信号温度低于 4℃时，不接通压缩机。若显示异常，则更换阳光传感器。

6）断开空调压力开关插头（CA43）端子，分别测量空调压力开关端子 2 与搭铁、端子 4 与空调控制器插头（IP85）端子 33 之间的电阻，均应小于 1Ω。若异常，则更换压力开关电路。测量空调压力开关端子

2 与端子 4 之间的电阻，应大于 10kΩ 或更大。若异常，则更换压力开关。

（5）检查电动压缩机控制

1）操作启动开关使电源模式至 OFF 状态并断开蓄电池负极连接。

2）拔下电动压缩机低压供电熔丝 EF30，检查电阻是否小于 1Ω。若异常，则更换熔丝。

3）断开压缩机低压线束插接器 BV08。

4）连接蓄电池负极并操作启动开关使电源模式至 ON 状态。

5）测量压缩机低压线束插接器 BV08 的端子 1、3 之间的电压，正常应在 11 ~ 14V 范围内。若异常，则更换线束。

6）检查端子 2 与空调控制器插头（IP85）端子 3 之间的电阻，应小于 1Ω。若异常，则更换压缩机低压线束。

（6）检查压缩机高压供电

1）操作启动开关使电源模式至 OFF 状态并断开蓄电池负极连接。

2）断开车载充电机直流母线。

3）拆卸车载充电机上盖。

4）测量空调压缩机高压熔丝两端电阻，应小于 1Ω。若异常，则更换熔丝。

5）断开压缩机高压线束插接器 BV30。

6）分别测量车载充电机 BV33 插头端子 3、4 与压缩机高压线束插接器端子 1、2 之间的电阻，均应小于 1Ω。若异常，则更换压缩机高压线束。

（7）更换空调控制面板　更换一个新的空调控制面板，然后检查空调系统是否正常。若异常，则更换空调压缩机总成。

1.4.6　更换电动压缩机高压熔丝

帝豪 EV450 纯电动汽车电动压缩机高压熔丝位于车载充电机总成内，进行更换时要先下电，以保证作业安全。

（1）下电操作

1）操作启动开关使其处于 OFF 位置。

2）拆卸辅助蓄电池负极电缆。

3）佩戴绝缘手套，拔下车载充电机端直流母线插头，如图 1-4-30 所示。

图 1-4-30　拔下车载充电机端直流母线插头

（2）拆卸电动压缩机高压熔丝

1）拆卸车载充电机总成上盖 14 个紧固螺栓。

2）取下车载充电机总成上盖。取下上盖时要注意密封圈。

3）剪断高压配电板绝缘隔片及扎带（图 1-4-31），打开绝缘隔片并用绝缘胶带固定。

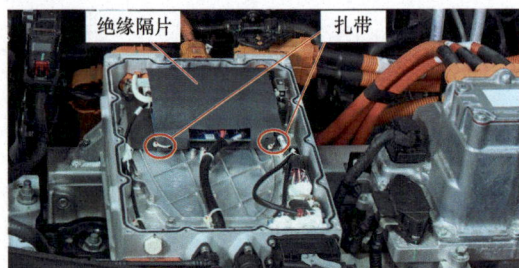

图 1-4-31　绝缘隔片及扎带

4）拆卸高压熔丝两个紧固螺栓，如图 1-4-32 所示：从上往下依次是 PTC 加热器高压熔丝、电动压缩机高压熔丝、车载充电机高压熔丝。

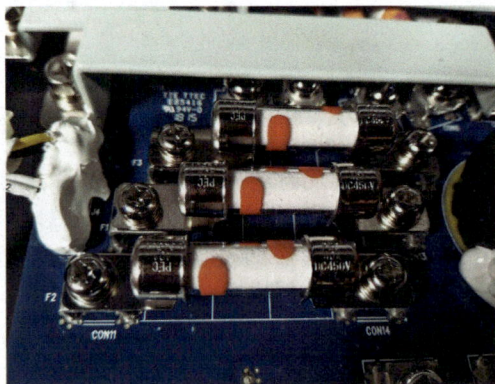

图 1-4-32　帝豪 EV450 纯电动汽车高压熔丝

5）取下电动压缩机高压熔丝。

（3）更换新熔丝　更换一个同样容量的高压熔丝，并按照与拆卸顺序相反的步骤进行安装。

（4）上电检查

1）按照与下电顺序相反的步骤进行上电操作。

2）打开空调，进行制冷操作。

3）检查电动压缩机是否正常工作。

学习小结

1. 传统汽车压缩机控制系统的执行器是压缩机电磁离合器，即通过控制电磁离合器的接合与断开，来控制压缩机的工作，而压缩机的转速是没有办法改变的。

2. 帝豪 EV450 纯电动汽车电动空调系统压缩机与动力蓄电池直接相连，其工作转速不受汽车工况的限制，压缩机转速只取决于压缩机电动机的转速。

3. 自动空调系统信号输入元件包括车内温度传感器、车外温度传感器、阳光传感器、蒸发器温度传感器、空调压缩机转速传感器、加热器温度传感器、空气质量传感器、空调压力传感器或开关、发动机转速传感器、压缩机转速传感器、各风门电机的位置传感器或开关以及空调控制键等。

4. 执行元件包括混合门电动机、模式门电动机、进气门电动机、鼓风机电动机、压缩机离合器、压缩机电磁阀、冷凝器散热风扇和各种空调状态指示灯等。

学习单元 1.5   暖风系统故障诊断与修复

情境导入

一辆帝豪 EV450 纯电动汽车，用户反映暖风不热。经检查发现 PTC 加热器总成损坏，更换 PTC 加热器总成后故障现象消失。

理论知识

汽车空调暖风系统是汽车冬季运行时供车内取暖的设备总称。它可将新鲜空气或液体介质送入换热器，吸收其中某种热源的热量，从而提高空气或液体介质的温度，并将热空气或被加热的液体送入车内，直接或通过换热器，提高车内环境温度；当车上玻璃结霜和结雾时，可以输送热风用来除霜和除雾，达到舒适性和安全性的要求。

1.5.1   汽车空调暖风系统

1. 汽车空调暖风系统的主要作用

汽车空调暖风系统的主要作用如下：

1）加热器和蒸发器一起将冷热空气调节到人所需要的舒适温度和湿度。现代汽车空调为冷暖一体化的水平，可以全年对车厢内的空气温度进行调节。

2）冬季供暖。冬天由于天气寒冷，人在运动的汽车内会感到更寒冷。这时，汽车空调可以向车内提供暖气，以提高车厢内的温度，使乘员感觉到舒适。

3）车上玻璃除霜。冬季或者春秋季，室内外温差较大，车上玻璃会结霜或起雾，影响驾驶人和乘员的视线，这样不利于行车安全，这时可以用热风除霜和除雾。

2. 内燃机汽车空调暖风系统的分类

内燃机汽车空调暖风系统的种类很多，根据热源不同，汽车暖风装置可分为如下几种形式：

1）水暖式暖风装置，利用发动机冷却液的热量供暖，这种形式多用在轿车、大型载货汽车及供暖要求不高的大客车上。

2）气暖式暖风装置，利用发动机排气系统的热量供暖，这种形式多用在风冷式发动机汽车和有特殊要求的汽车上。

3）独立燃烧式暖风装置，装有专门燃烧的机构供暖，这种形式多用在大客车上。

4）综合预热式暖风装置，既利用发动机冷却液的热量，又装有燃烧预热器供暖，这种形式多用于豪华大客车上。

根据空气循环方式，汽车暖风系统可分为以下几种：

1）内气式（又称为内循环式）：利用车内空气循环，将车厢内部空气（用过的）作为载热体，让其通过换热器升温，使升温后的空气进入车厢内供暖。这种方式消耗热源少，升温快，但从卫生标准看，是最不理想的。

2）外气式（又称为外循环式）：利用车外空气循环，全部使用车外新鲜空气作为载热体，让其通过换热器升温，使升温后的空气进入车厢内供暖。从卫生标准看，外气式是最理想的，但消耗热源最大，初始升温慢，经济性较差。

3）内外气并用式（又称为内外混合式）：既引进车外新鲜空气，又利用部分车内的原有余气，以新旧空气的混合体作为载热体，通过换热器，向车厢里供暖。从卫生标准和热源消耗看，介于内气式和外气式之间，但此种方式控制比较复杂，多应用在高档轿车自动空调系统中。

不论是利用何种热源，热量都是通过热交换装置传递给空气，并通过风机把热空气送入车厢的。

1.5.2 电动汽车空调系统暖风常用方案

1. 热泵式

电动汽车热泵式空调系统如图1-5-1所示，它主要由电动压缩机、单向阀、四通换向阀、节流装置（双向热力膨胀阀）、室内换热器、室外换热器和气液分离器等组成。

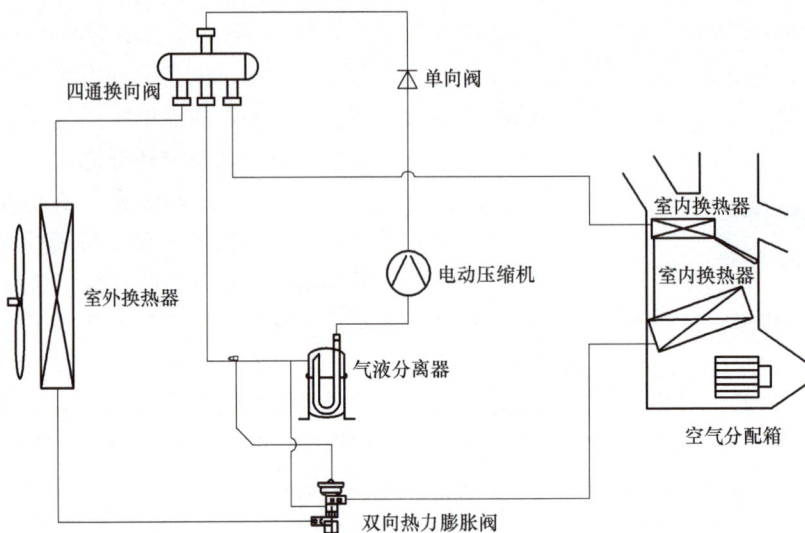

图1-5-1 电动汽车热泵式空调系统

制冷模式下制冷剂的循环流动路线如图1-5-2所示，压缩机出口排出的高温高压制冷剂气体经单向阀、四通换向阀进入室外换热器，在室外换热器内向外界空气放热冷凝为高温高压的制冷剂液体，流经双向热力膨胀阀进行节流降压，节流后制冷剂变为低温低压的制冷剂蒸气进入室内换热器，吸收室内空气热量，以达到降低车厢内温度的目的，最后从室内换热器排出的低温低压制冷剂经四通换向阀、气液分离器被压缩机吸入气缸进行下一个制冷循环。

制热模式下制冷剂的循环流动路线如图1-5-3所示，从压缩机出口排出的高温高压制冷剂气体经单向阀、四通换向阀进入室内换热器，向车内空气放热，以达到提升车厢内温度的目的，制冷剂放热后冷凝为低温高压的制冷剂液体流经双向热力膨胀阀进行节流降压，节流后的制冷剂蒸气进入室外换热器与室外空气进行热交换，吸热后从室外换热器排出的低温低压制冷剂经四通换向阀、气液分离器被压缩机吸入气缸，进行下一个制热循环。

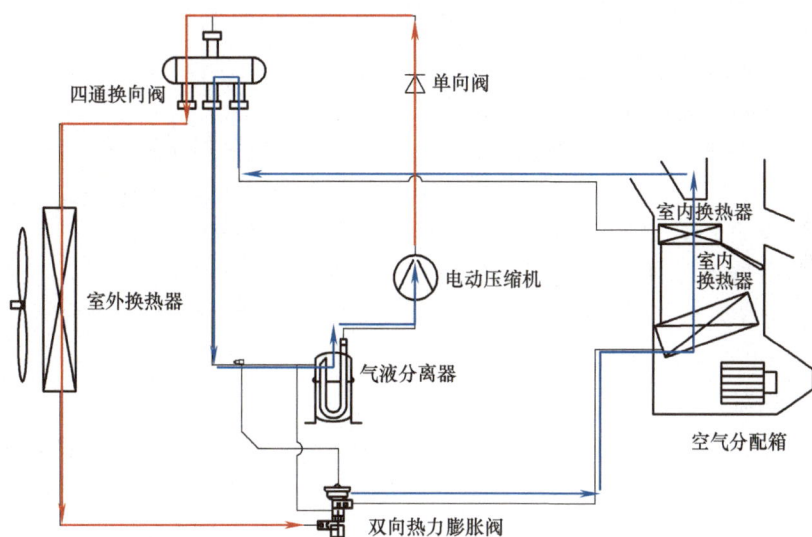

图 1-5-2　制冷模式下制冷剂的循环流动路线

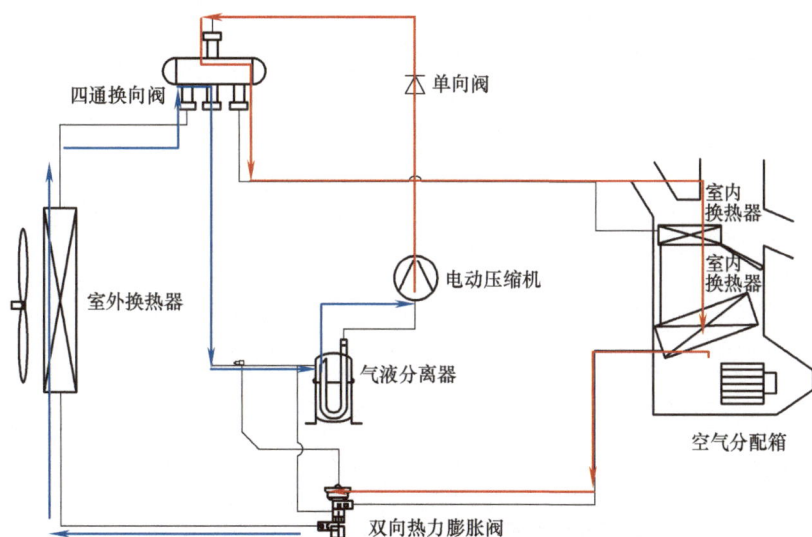

图 1-5-3　制热模式下制冷剂的循环流动路线

2. PTC 加热器式

PTC 加热器是采用 PTC 热敏电阻元件为发热源的一种加热器。PTC 热敏电阻通常是用半导体材料制成的,它的电阻随温度变化而急剧变化,当外界温度降低时,PTC 电阻值随之减小,发热量反而会相应增加。PTC 热敏电阻元件因具有阻值随环境温度高低的变化而变化的特性,所以PTC 加热器具有节能、恒温、安全和使用寿命长等特点。常见的 PTC 加热器式暖风系统有 PTC 气暖式(PTC 加热器直接加热空气)和 PTC 水暖式(PTC 加热器加热冷却液)。

3. 余热 + 辅助 PTC 式

利用大功率器件(功率变换器、驱动电机、电机控制器等)工作时产生的热量,对车内环境进行热交换。当热量不足时,启用辅助 PTC 加热器。

1.5.3 PTC 加热器特性

1. 电阻-温度特性(R-T 曲线)

PTC 元件的电阻-温度特性,指在规定的测量电压下,额定零功率电阻 R_{25}(指环境温度 25℃ 条件下测得的零功率电阻值)与电阻自身温度之间的关系。图 1-5-4 所示为 PTC 元件电阻-温度特性图,图中 T_c-T_p 的红色部分为工作区间。

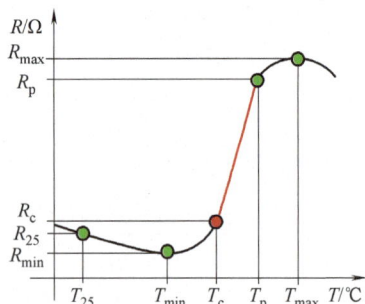

图 1-5-4　PTC 元件电阻-温度特性图

2. 电流-时间特性(I-T 特性)

PTC 元件的电流-时间特性,指当 PTC

元件两端加上额定工作电压时,其电流与时间的关系如图 1-5-5 所示。开始加电瞬间的电流称为起始电流,达到热平衡时的电流称为残余电流。

在一定环境温度下,给 PTC 热敏电阻加一个起始电流(保证是动作电流),通过 PTC 热敏电阻的电流降低到起始电流的 50% 时经历的时间就是动作时间。

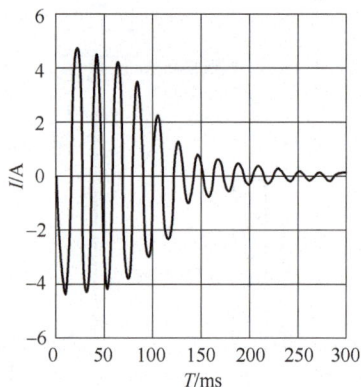

图 1-5-5　PTC 元件电流-时间特性图

3. 电压-电流特性(U-I 特性)

PTC 元件的电压-电流特性,又称为伏安特性,指常温下,PTC 热敏电阻在加电气负载达到热平衡的情况下,电压与电流的相互依赖关系如图 1-5-6 所示。

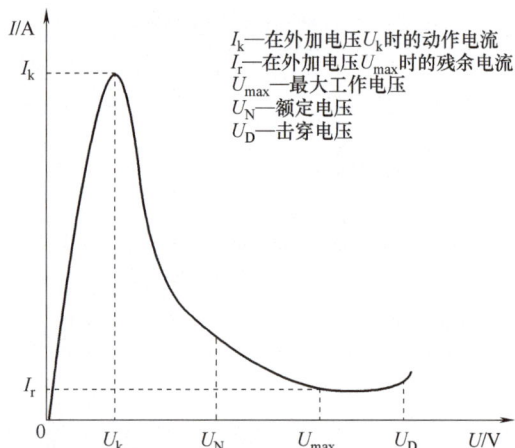

I_k—在外加电压 U_k 时的动作电流
I_r—在外加电压 U_{max} 时的残余电流
U_{max}—最大工作电压
U_N—额定电压
U_D—击穿电压

图 1-5-6　PTC 元件电压-电流特性图

PTC 热敏电阻的电压-电流特性大致可

分为 3 个区域：

在 $0 \sim U_\mathrm{k}$ 之间的区域称为线性区，此区间的电压和电流的关系基本符合欧姆定律，不产生明显的非线性变化，也称为不动作区。

在 $U_\mathrm{k} - U_{\max}$ 之间的区域称为跃变区，由于 PTC 热敏电阻的自热升温，电阻值产生跃变，电流随着电压的上升而下降，所以此区也称为动作区。

在 U_D 以上的区域称为击穿区，电流随着电压的上升而上升，PTC 热敏电阻的阻值呈指数型下降，于是电压越高，电流越大，PTC 热敏电阻的温度越高，阻值反而越低，很快就导致 PTC 热敏电阻的热击穿。电压-电流特性是过载保护 PTC 热敏电阻的重要参考特性。

4. 调温特性

PTC 加热器的输出功率会随环境温度的升高而明显降低。从另一方面来讲，可以理解为室温越低，PTC 输出功率越大，加温越迅速；随着室温升高，PTC 输出功率逐步下降，升温效果就越趋缓慢。在风量不变情况下，当环境温度上升时，PTC 功率下降，这一特征在一定程度上起到了功率自动调节的作用。

1.5.4　PTC 加热器的分类及传热方式

1. 空调 PTC 加热器的分类

空调 PTC 加热器可以分为粘接式陶瓷 PTC 加热器和金属 PTC 管状加热器。

（1）粘接式陶瓷 PTC 加热器　粘接式陶瓷 PTC 加热器是将多个陶瓷 PTC 芯片及铝波纹散热片用耐高温树脂胶粘接在一起的加热器，其散热性好，电气性能稳定。粘接式陶瓷 PTC 加热器可分为加热器表面带电型和加热器表面不带电型。采用 PTC 陶瓷发热体制造的暖风机具有优异的调温与节能特性、极低的热惯性和无明火、无辐射的安全性，良好的抗振性等优点。丰田卡罗拉、凯美瑞等很多车型装备了粘接式陶瓷 PTC 加热器辅助加热暖风装置，北汽 EV160 纯电动汽车空调暖风系统采用的也是陶瓷 PTC 加热器。

（2）金属 PTC 管状加热器　金属 PTC 管状加热器采用镍铁合金丝作为发热材料，发热管外镶铝散热片，其散热效果非常好。加热器配用温度控制器和热熔断器，使产品更安全可靠。

2. PTC 加热器的传热方式

（1）热传导　以热传导为主的 PTC 加热器，其特点是通过 PTC 发热元件表面安装的电极板（导电兼传热）绝缘层（隔电兼传热）导热蓄热板（有的附加有导热胶）等多层传热结构，把 PTC 元件发出的热量传到被加热的物体上。

（2）对流　以所形成的热风进行对流式传热，常见的是各种 PTC 加热式热风器，其特点是输出功率大，并能自动调节吹出风温和输出热量。

（3）热辐射　红外线辐射加热器，其特点是利用 PTC 元件或导热板表面迅速发出的热量直接或间接地激发接触其表面的远红外涂料或远红外材料，使之辐射出红外线。

PTC 气暖式的主要传热方式是热传导，PTC 加热器芯的热量通过热传导的方式传递到 PTC 加热器表面的金属翅片上，鼓风机产生的流动空气通过金属翅片并被其加热，加热后的空气被送入车厢从而产生供暖效果。PTC 水暖式的主要传热方式是热传导，PTC 加热器芯的热量通过热传导的方式传递到 PTC 加热器表面的金属片上，通过金属片加热冷却液；加热后的冷却液进入散热器，鼓风机产生的流动空气通过散热器并被其加热，加热后的空气被送入车厢从而产生供暖效果。

1.5.5 帝豪 EV450 纯电动汽车空调暖风系统

帝豪 EV450 纯电动汽车空调暖风系统是 PTC 水暖式，主要由 PTC 加热器总成、水泵、储液罐和暖风散热器及暖风水管组成，系统连接如图 1-5-7 所示。

PTC 加热器总成是一个高压部件，位于机舱后部、车载充电机总成的后方，其位置如图 1-5-8 所示；加热器总成是一个高压部件，其上有高、低压线束插头和冷却液进、出水管。

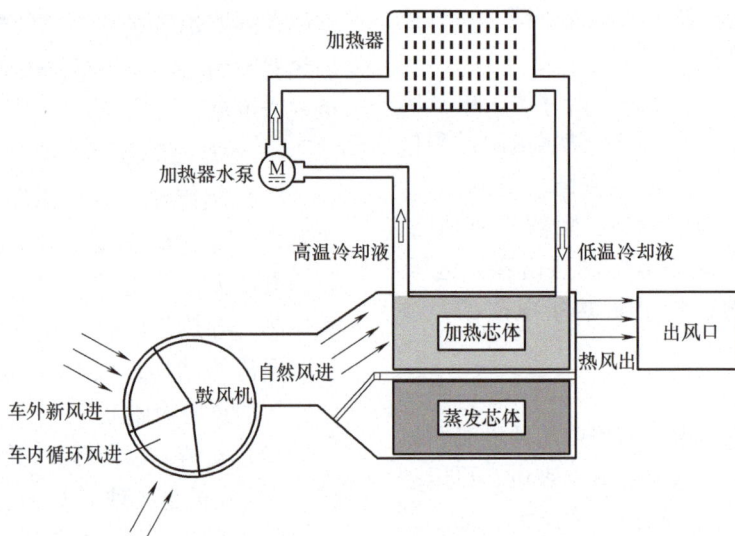

图 1-5-7 帝豪 EV450 纯电动汽车空调暖风系统管路连接

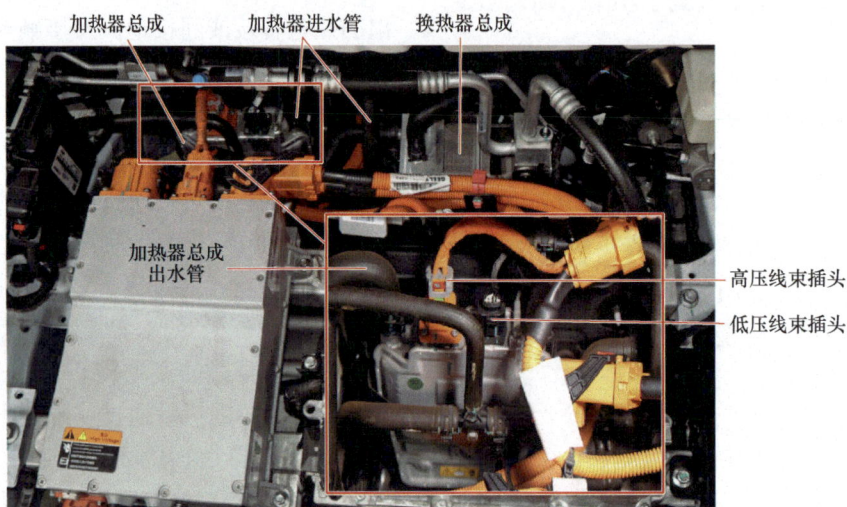

图 1-5-8 帝豪 EV450 纯电动汽车 PTC 加热器总成

帝豪 EV450 纯电动汽车 PTC 加热器的供电电路如图 1-5-9 所示，PTC 加热器通过安装在车载充电机总成内的熔丝及分流排与动力蓄电池相连。PTC 加热器与动力蓄电池直接相连，与内燃机汽车相比其暖风冷却液温度不受发动机工况的限制，在冬天能快速地为车厢提供暖风，舒适性上比发动机预热供暖要好一些。

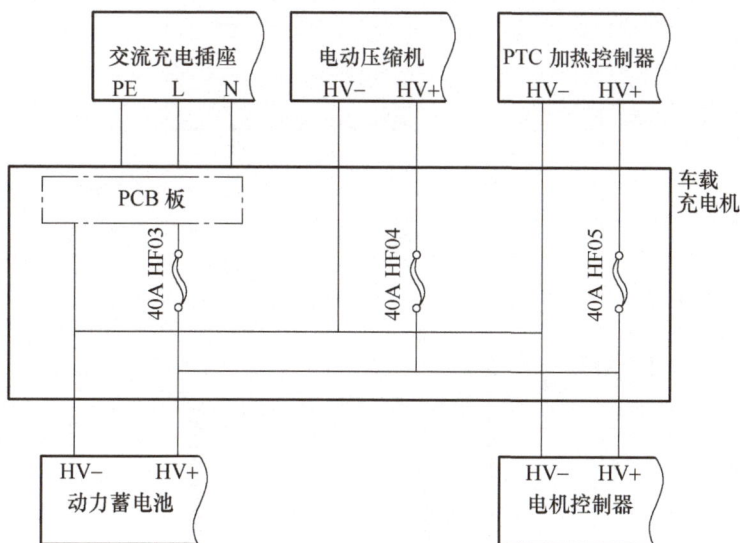

图 1-5-9　帝豪 EV450 纯电动汽车 PTC 加热器的供电电路

暖风水泵安装在车身变速驱动器总成上，靠近 PTC 加热器总成，如图 1-5-10 所示。

暖风水泵和 PTC 加热器由热管理控制继电器和空调控制面板总成控制，其控制电路如图 1-5-11 所示，通过 LIN 总线进行控制信号传输。暖风控制 LIN 总线连接如图 1-5-12 所示。

图 1-5-10　帝豪 EV450 纯电动汽车暖风水泵

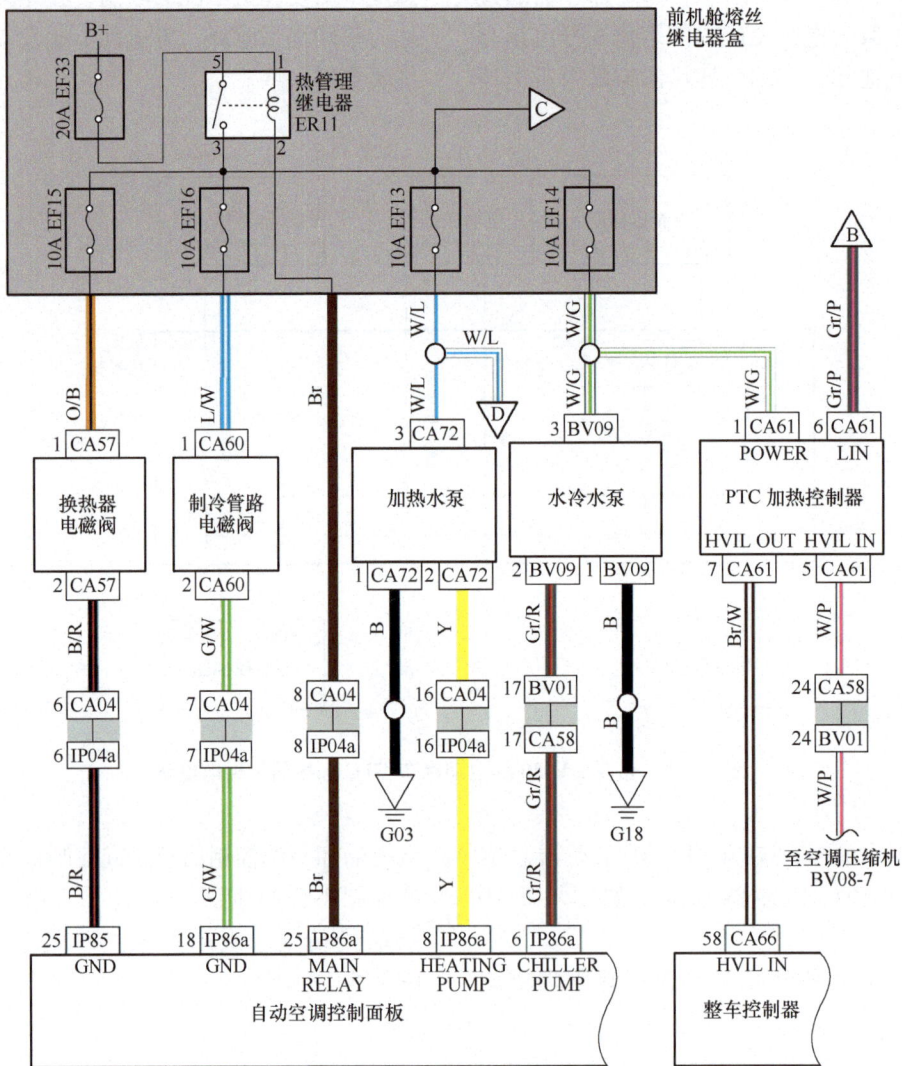

图 1-5-11　暖风水泵和鼓风机控制电路

图 1-5-12　暖风控制 LIN 总线连接

实践技能

1.5.6　帝豪 EV450 纯电动汽车空调无暖风故障诊断

1. 故障点分析

帝豪 EV450 纯电动汽车无暖风故障的原因主要有鼓风机未起动、PTC 加热器未工作、暖风水泵未工作、暖风管路三通电磁阀损坏。

（1）鼓风机未起动　鼓风机未起动导致的无暖风表现形式为空调各出风口均无风吹出，可以通过空调控制面板进行风量调整等操作进行检查。鼓风机未起动的故障点有鼓风机供电故障、鼓风机信号故障和鼓风机损坏。

（2）PTC 加热器未工作　PTC 加热器未工作导致的无暖风表现形式为空调出风口有风吹出，但温度为室温。可以用手触摸 PTC 加热器外壳来判断 PTC 是否工作，在操作过程中要注意高压防护。PTC 加热器未工作的故障点有 PTC 加热控制器供电故障、PTC 加热控制器信号故障、PTC 加热器高压供电故障和 PTC 加热器损坏。

（3）暖风水泵未工作　暖风水泵未工作导致的无暖风表现形式为空调出风口有风吹出，但温度为室温。暖风水泵工作时能听到水泵电机的声音，可以通过听来判断水泵是否工作。暖风水泵未工作的故障点有水泵供电故障、水泵信号故障和水泵损坏。

2. 检修流程

空调无暖风的检修流程为：

（1）读取故障码

1）操作启动开关使电源模式至 ON 状态。

2）连接故障诊断仪，读取空调系统故障码；若存在故障码，则优先排除故障码指示故障。

（2）检查鼓风机是否工作

1）操作启动开关使电源模式至 ON 状态。

2）打开鼓风机，检查出风口是否有风；若鼓风机不工作，则优先排除鼓风机故障。

（3）检查暖风水泵　当暖风水泵不工作时，应检查水泵供电及控制线束，电路如图 1-5-13 所示。检查暖风水泵供电的方法为：

1）检查熔丝 EF13 是否损坏。若损坏，则，检查电路是否存在短路，维修后更换额定值为 10A 的熔丝。

2）操作启动开关使电源模式至 OFF 状态，然后断开蓄电池负极连接。

3）断开暖风水泵线束插头 CA72。

4）连接蓄电池负极，操作启动开关使电源模式至 ON 状态。

5）测量 PTC 加热器低压线束插头 CA72 的端子 3 与车身搭铁之间的电压，正常应为 11～14V。若异常，则更换或维修线束。

6）测量 PTC 加热器低压线束插头 CA72 的端子 1 与车身搭铁之间的电阻；正常应小于 1Ω。若异常，则维修或更换线束。

如果熔丝 EF33、热管理继电器 ER11 存在故障，则表现形式不仅仅是暖风不热，可以通过空调控制面板验证，在此不再赘述。

检查暖风水泵控制的方法为：

1）操作启动开关使电源模式至 OFF 状态，然后断开蓄电池负极连接。

2）断开 PTC 加热器低压线束插头 CA72，断开空调控制连接线束 IP80。

3）测量 PTC 加热器低压线束插头 CA72 的端子 2 与空调控制连接线束 IP80 的端子 8 之间的电阻，正常应小于 1Ω。若异常，则维修或更换线束。

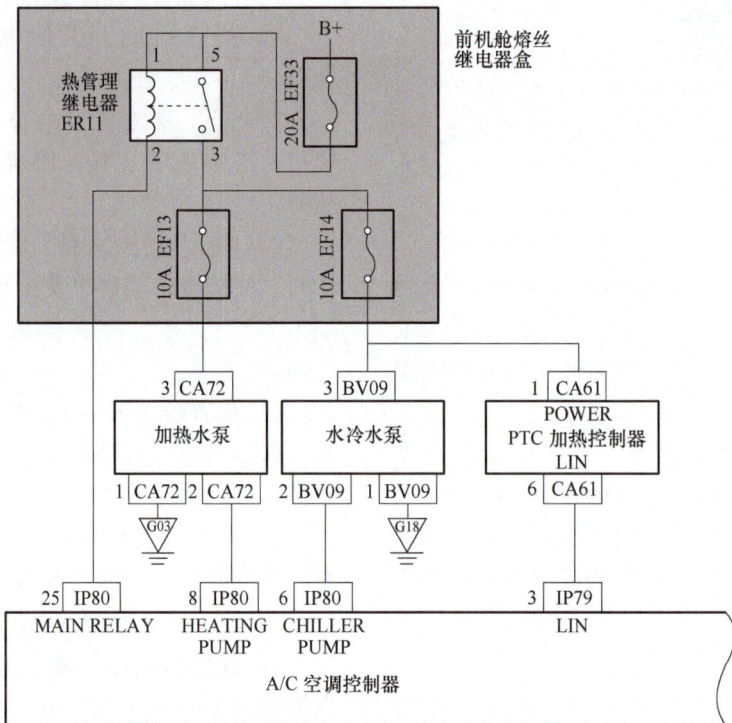

图 1-5-13　帝豪 EV450 纯电动汽车暖风电路简图

若进行维修后暖风水泵仍然不工作，则更换水泵后进行后续检查。

（4）检查 PTC 加热器　当 PTC 加热器不工作时，应检查 PTC 加热器低压供电及控制线束、高压供电。帝豪 EV450 纯电动汽车 PTC 加热器低压供电及控制如图 1-5-13 所示，低压供电的检查方法为：

1）检查熔丝 EF14 是否损坏。若损坏，则检查电路是否存在短路，维修后更换额定值为 10A 的熔丝。

2）操作启动开关使电源模式至 OFF 状态，然后断开蓄电池负极连接。

3）断开 PTC 加热器低压线束插头CA61。

4）连接蓄电池负极，操作启动开关使电源模式至 ON 状态。

5）测量 PTC 加热器低压线束插头CA61 的端子 1 与车身搭铁之间的电压，正常应为 11～14V。若异常，则更换或维修

线束。

PTC 加热器与空调控制面板信息传递通过 LIN 总线进行，LIN 总线连接如图 1-5-13 所示。检查方法为：

1）操作启动开关使电源模式至 OFF 状态，然后断开蓄电池负极连接。

2）断开 PTC 加热器低压线束插头CA61，断开空调控制连接线束 IP79。

3）测量 PTC 加热器低压线束插头CA61 的端子 6 与空调控制连接线束 IP79 的端子 3 之间的电阻，正常应小于 1Ω。若异常，则维修或更换线束。

帝豪 EV450 纯电动汽车 PTC 加热器高压供电电路如图 1-5-14 所示，检查方法为：

1）操作启动开关使电源模式至于 OFF 状态并断开蓄电池负极连接。

2）断开车载充电机直流母线插头BV17。

3）拆卸车载充电机上盖。

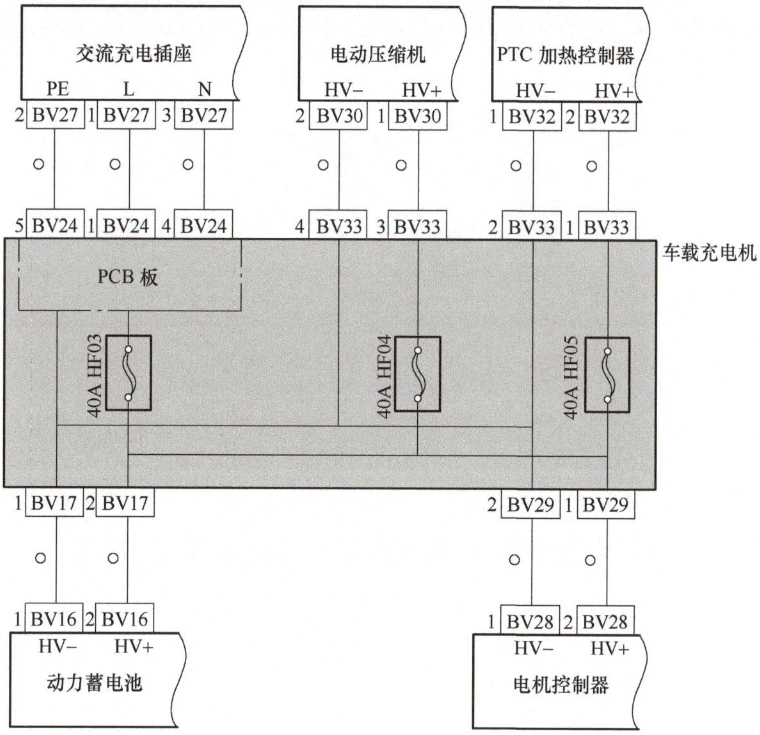

图 1-5-14　帝豪 EV450 纯电动汽车 PTC 加热器高压供电电路

4）测量 PTC 加热器高压熔丝两端电阻，应小于 1Ω。若异常，则更换熔丝。

5）断开 PTC 加热器高压线束插接器 BV32。

6）分别测量 PTC 加热器 BV30 插头端子 1、2 与车载充电机 BV17 插头的端子 2、1 之间的电阻，均应小于 1Ω。若异常，则更换相应高压线束。

若进行维修后 PTC 加热器仍然不工作，则更换空调控制器。

1.5.7　加热器总成更换

1. 准备工作

PTC 加热器总成是高压部件，其上既有高压供电线束，又有低压控制线束，因此在更换之前要先进行断电操作。

1）关闭点火开关。

2）打开前机舱盖并拆下蓄电池负极电缆。

3）等待一段时间后（约 5min）断开车载充电机处直流母线。

4）戴上绝缘手套并用万用表测量直流母线端正、负极电压，正常应低于 1V。

5）做好标识，标明正在维修高压、禁止连接 12V 蓄电池等。

2. 拆卸加热器总成

（1）断开高低压线束

1）断开加热器总成低压线束插接器、高压线束插接器，如图 1-5-15 所示。

2）拆卸加热器搭铁线固定螺母，并取下搭铁线。

（2）拆下水管

1）在车辆底部放置容器，用以接取冷却液。

2）松开加热器进出水管环箍，然后脱开加热器进出水管，如图 1-5-16 所示。

（3）拆下加热器　拆卸加热器支架左、右各两个固定螺母（图 1-5-17），然后取下加热器总成。

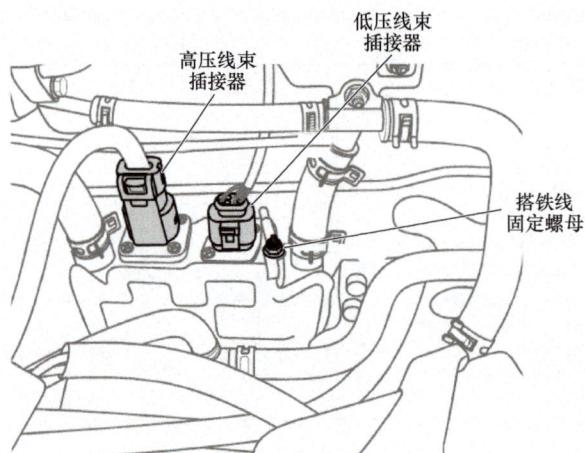

图 1-5-15   加热器总成高、低压连接

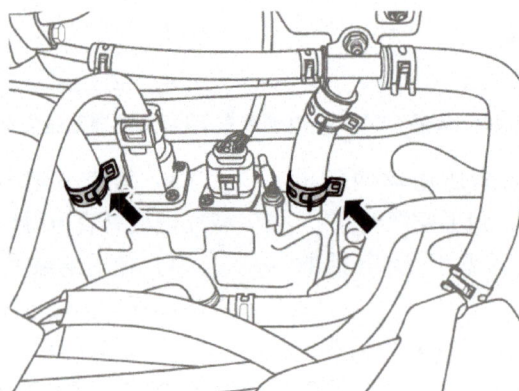

图 1-5-16   加热器总成进、出水管及环箍

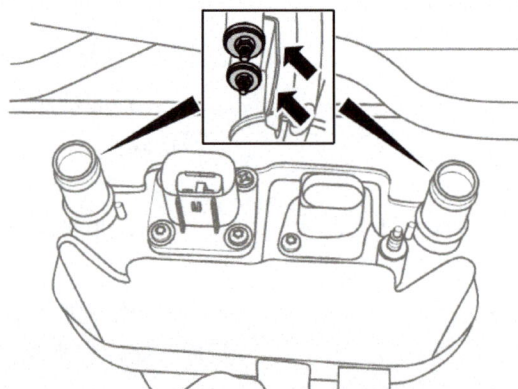

图 1-5-17   加热器总成支架固定螺母

3. 安装新的加热器总成

安装步骤与拆卸步骤相反，不再赘述。安装过程需要注意以下几点：

1）加热器总成支架固定螺母安装力矩为 8N·m。

2）连接加热器总成进、出水管时，水管上箭头的方向应该与加热器外壳上箭头的方向保持一致。

3）搭铁线固定螺母的安装力矩为 9N·m。

4. 恢复工作

1）连接车载充电机端直流母线插接器插件。直流母线插头垂直对准插座向前按，然后使把手卡口卡到位或听到轻微的"咔嗒"声。

2）连接蓄电池负极。

5. 加注冷却液

打开暖风膨胀水箱盖（图 1-5-18），加注适当冷却液并进行排气。反复若干次后加注冷却液到合适位置。

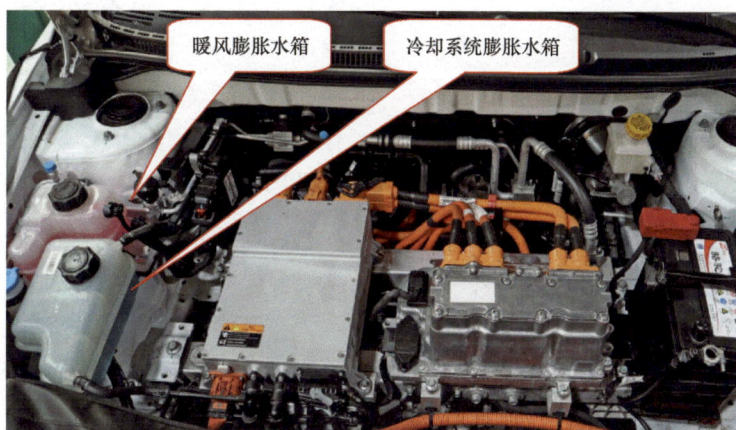

图 1-5-18　暖风膨胀水箱盖

学习小结

1. 汽车空调暖风系统的主要作用有：加热器和蒸发器一起将冷热空气调节到人所需要的舒适温度和湿度、冬季供暖和车上玻璃除霜。

2. 电动汽车空调暖风系统方案主要有热泵式、PTC 加热器式和余热 + 辅助 PTC 式。

3. PTC 加热器的特性主要有电阻-温度特性、电流-时间特性、电压-电流特性和调温特性。

4. PTC 加热器的输出功率会随环境温度的升高而明显降低。从另一方面来讲，可以理解为室温越低，PTC 输出功率越大，加温越迅速；随着室温升高，PTC 输出功率逐步下降，升温效果越趋缓慢。在风量不变情况下，当环境温度上升时，PTC 功率下降，这一特征在一定程度上起到了功率自动调节的作用。

5. 帝豪 EV450 纯电动汽车空调暖风系统是 PTC 水暖式，主要由 PTC 加热器总成、水泵、储液罐和暖风散热器及暖风水管组成；PTC 加热器总成是一个高压部件，位于机舱后部、车载充电机总成的后方。

学习单元 1.6　电动汽车热管理系统认知

情境导入

一辆帝豪 EV450 纯电动汽车，用户反映漏水。经检查发现是换热器总成损坏，回收制冷剂，更换换热器总成，重新加注制冷剂和动力蓄电池冷却液后试车，故障现象消失。

理论知识

整车热管理系统是整车不可或缺的一部分，它不仅为驾乘人员提供舒适的驾乘环境，更要有效保证某些零部件正常、高效工作。其主要功能是对整车内部温度及部件工作环境温度进行控制和调节，以保证部件能正常工作，给乘员提供舒适的乘坐环境。

对于传统汽油机汽车而言，整车热管理系统主要包含空调系统和发动机冷却系统，两个系统相对独立。对于电动汽车而言，整车热管理系统一般会有空调制冷系统、暖风系统、驱动冷却系统和蓄电池温度控制系统，各个系统可以相互独立，也可以协调工作。典型电动汽车与内燃机汽车的热管理系统如图 1-6-1 所示。

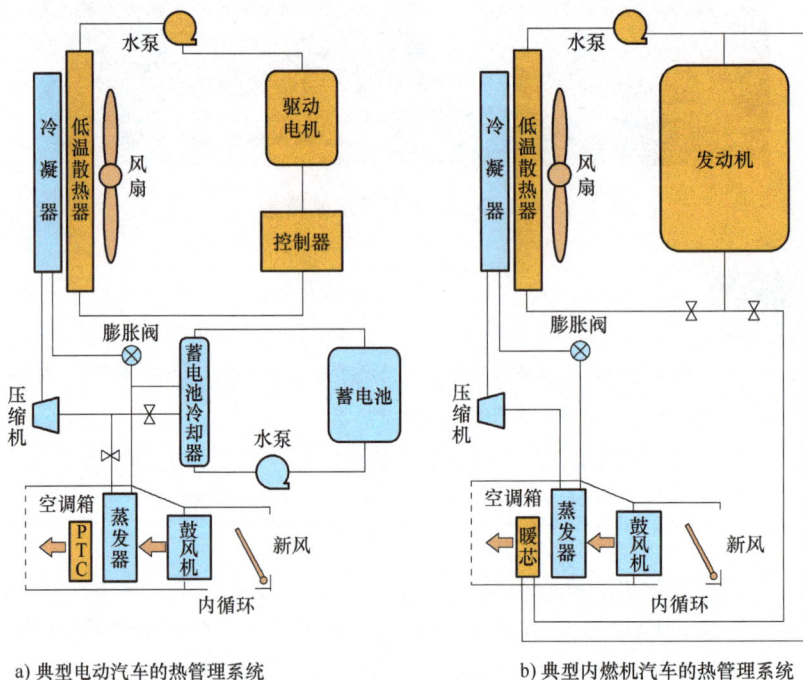

a) 典型电动汽车的热管理系统　　　　b) 典型内燃机汽车的热管理系统

图 1-6-1　典型电动汽车与内燃机汽车的热管理系统

1.6.1　电动汽车整车热管理系统的特点

随着新能源汽车的发展，尤其纯电动汽车，其续驶里程从某种程度上是客户选择是否购买的重要因素之一。有数据统计，一辆电动汽车在较恶劣工况下（尤其冬季）开空调将影响整车续驶里程 40% 以上。所以相对于传统燃油汽车，纯电动汽车如何综合管理能量显得尤为重要。因此要求电动汽车的热管理必须统筹规划整车上的"冷"与"热"，提高能源利用率，保证整车续驶里程。

1. 系统复杂

新能源汽车热管理系统相对于传统汽车，一般新增了动力蓄电池、电机及电子部件等多部件多领域的冷却需求，且蓄电池热管理系统不仅要防止蓄电池过热，还要在蓄电池过冷时进行保温，因此涉及冷却回路更多、结构更复杂。同时由于各部件的最佳温度区域不重合：锂离子蓄电池的最佳工作温度为 15～35℃，小于驱动电机及其控制系统的工作温度 50～65℃，因此结构复杂程度及温度控制难度增大。

2. 动力类型的变化

传统汽车的空调系统和发动机冷却系统的动力源都是发动机，空调供暖的热源也是发动机。电动汽车（包括纯电动汽车和混合动力汽车）由于不存在发动机或发动机不是持续工作，因此无法作为热管理系统的动力源。

3. 动力蓄电池热管理的核心地位

过低或过高的温度均会影响锂离子蓄电池的性能和使用寿命，因而必须配备热管理系统。目前，动力蓄电池热管理已经处于电动汽车热管理的核心地位。动力蓄电池热管理主要实现 3 方面的功能：

（1）散热冷却　动力蓄电池温度过高时：蓄电池容量会衰减，从而缩短使用寿命；蓄电池热失控风险增加，从而影响使用安全。因此，蓄电池温度过高时要散热冷却。

（2）加热及保温　动力蓄电池温度过低时：蓄电池容量会衰减，从而缩短使用寿命；蓄电池性能会衰减，从而缩短续驶里程；若此时充电，还容易在负极表面形成锂沉积，金属锂在负极表面积累会刺穿隔膜造成蓄电池正、负极短路，从而影响使用安全。电动汽车蓄电池系统低温充电安全问题和低温续驶里程严重下降问题极大地制约了电动汽车在寒冷地区的推广，因此蓄电池温度过低时要加热和保温。

（3）温度一致性　动力蓄电池加热系统要尽可能地降低单体蓄电池温度在空间上的差异性，尽量保证电芯温度均匀一致。

根据结构的不同，蓄电池热管理系统可以分为：冷却与加热各自独立的，冷却与加热结合的两种，如图 1-6-2 所示。根据传热介质的不同，蓄电池热管理系统可以分为风冷、直冷与液冷，液冷相对直冷成本更低，冷却效果也优于风冷，具备主流应用趋势。

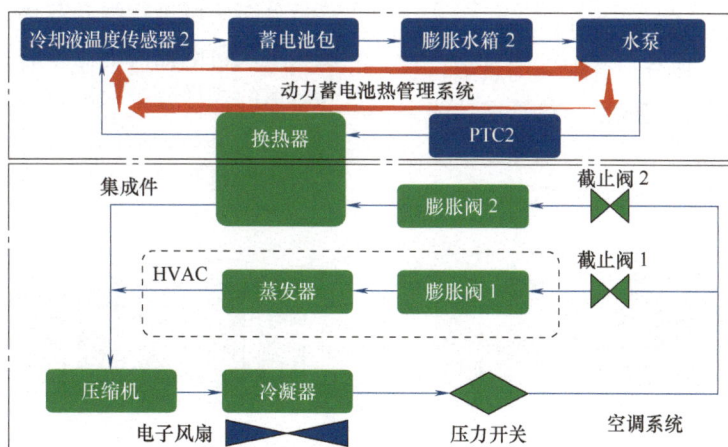

图 1-6-2　冷却、加热结合的液冷动力蓄电池热管理系统

4. 空调系统的全面参与

汽车空调系统既能制冷又能供暖，而且制冷时的温度（蒸发器的温度一般低于4℃）远低于驱动冷却系统、蓄电池冷却系统的温度需求，而且供暖时的温度（供暖时冷却液的温度通常高于80℃）远高于驱动冷却系统、蓄电池冷却系统的温度需求，也就意味着其既能成为热管理系统的冷源，也能成为热管理系统的热源。

目前，电动汽车通常将空调制冷系统引入热管理系统，当冷却系统热负荷很高时，用于强制冷却（加强冷却），如图1-6-2所示。也有部分车型将空调暖风系统引入动力蓄电池热管理系统，当冷却系统温度过低时，用于强制加热。

1.6.2 纯电动汽车热管理系统的主要功能及类型

1. 组成及功能

纯电动汽车热管理系统主要包括空调制冷系统、空调暖风系统、驱动冷却系统和动力蓄电池热管理系统4部分。

空调系统主要用于车厢内空气的调节，如果有必要，还可以辅助蓄电池热管理系统；驱动冷却系统主要用于冷却驱动电机、电机控制器等发热部件，还可以辅助空调系统和动力蓄电池热管理系统；动力蓄电池热管理系统通常用于动力蓄电池的加热、保温与冷却。三者相互配合、合理利用热源，尽量提高能量利用率，完成整车热管理功能。

驾驶室温控部分由电动压缩机、冷凝器、蒸发器和空气加热器（PTC加热器或

水暖的散热器）等组成。由于热泵技术还多处于研发阶段，驾驶室温控系统和传统空调系统差异不大。

驱动冷却系统由电子水泵、低温散热器、膨胀水箱、电机控制冷却模块和驱动电机冷却模块组成。该系统的温控对象为纯电动汽车的电机控制器和驱动电机。这两个温控对象的发热功率，较传统汽车散热量小，且合适的工作温度相近，因此采用串联连接。

动力蓄电池热管理系统种类较多，常见的液冷式系统通常由蓄电池水冷模块、电子水泵、换热器、水加热器和制冷剂制冷回路等构成。

2. 类型

（1）各自独立型　早期的纯电动汽车续驶里程要求不高（一般＜200km），蓄电池能量密度低，蓄电池温控系统采用自然风冷或主动风冷技术；加热通常采用动力蓄电池自热或PTC加热膜直接加热的方式。在这一阶段，电动汽车各系统的温度控制通常是相互独立的。

动力蓄电池自然风冷是通过外界空气与蓄电池壳体进行换热完成蓄电池包的温度控制，这种冷却方式对蓄电池包的安装位置有要求，一般安装在地板等通风位置。强制风冷系统根据热流体仿真分析的结果对蓄电池热量分布区域进行强制散热，考虑到蓄电池发热量及蓄电池内部温差的要求，蓄电池内部风道的式样分串联风道和并联风道两种类型，如图1-6-3所示，并联风道利用动力蓄电池的散热和温度均匀一致而设计。

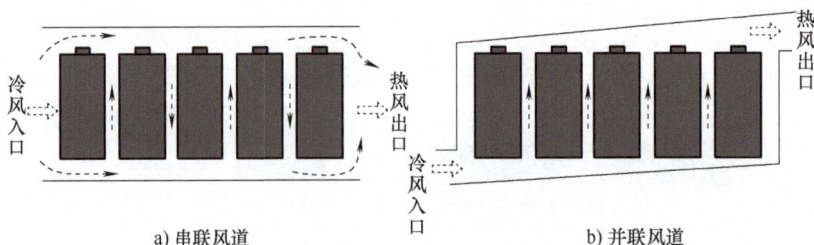

a) 串联风道　　　　　　　　　b) 并联风道

图1-6-3　动力蓄电池风冷的串联风道和并联风道

北汽 EV160 纯电动汽车动力蓄电池系统采用自然风冷、PTC 直接加热的方式（图 1-6-4）进行温度控制。

驱动冷却系统没有与其他热管理系统耦合，主要冷却驱动电机及电机控制器，如图 1-6-5 所示。

PTC加热膜

北汽EV160纯电动汽车动力蓄电池加热PTC

PTC供电线束

图 1-6-4　PTC 加热膜及北汽 EV160 纯电动汽车动力蓄电池加热器

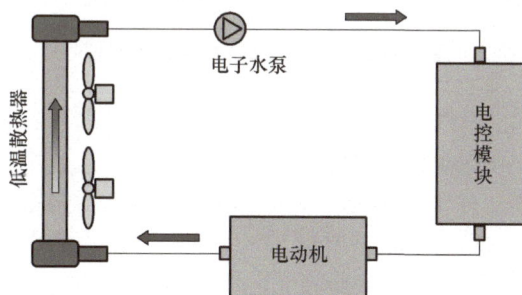

电子水泵

低温散热器

电控模块

电动机

图 1-6-5　独立型热管理系统下的驱动冷却系统连接

独立型热管理各系统间相互独立，控制简单，但是汽车对环境和使用条件的适应性一般；对整车能源的利用率也不高。

（2）半耦合型　半耦合型中最常见的是动力蓄电池温度控制系统与空调制冷系统进行耦合，协同控制动力蓄电池的温度。

随着蓄电池容量和蓄电池能量密度的增加，蓄电池在充放电过程中产生的热能增加（蓄电池整体最大发热量大于 5kW），传统的风冷技术已经不能满足蓄电池散热需求。同时伴随着使用环境和使用区域的不断扩大（早期纯电动汽车的地域性非常明显），市

场对电动汽车驱动单元、动力单元性能提出了更高的要求。与此同时，电动汽车整车热管理在考虑达成整车性能的基础上更需要考虑系统节能、高效，从而减小对整车续驶里程的影响。

典型的热管理系统将空调制冷系统与动力蓄电池温度控制系统进行耦合，如图 1-6-6 所示。在这种类型中，驱动冷却系统变化不大。空调系统新增一条制冷的低压管路，通过控制电子膨胀阀的开度进行制冷量控制。蓄电池温度控制系统具有制冷和加热功能，制冷采用引入电池冷却器 Chiller

（板状换热器）来实现，制冷剂在冷却器里蒸发使其内部的翅片变冷，翅片与蓄电池内部热交换后的高温冷却液进行热交换，热交换后的低温冷却液通过电子水泵再次流入蓄电池内部水冷板完成动力蓄电池冷却循环。

针对蓄电池低温下的供暖需求，系统设定单独的水暖PTC，通过加热冷却液给动力蓄电池输送热量。采用这种整车温度控制系统方案的国内车型有荣威E50、景逸S50EV等。

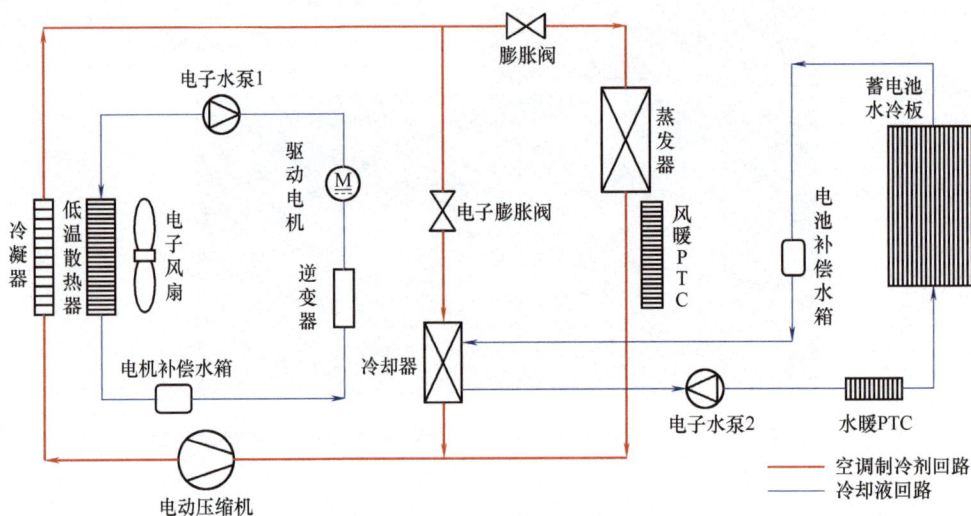

图 1-6-6　半耦合型整车热管理系统

半耦合型热管理系统可以把动力蓄电池控制在合适的工作温度，有利于提高蓄电池的稳定性和延长使用寿命，对环境的适应性较好。但是蓄电池的制冷和供暖分别需要起动压缩机和PTC加热器，影响整车的续驶里程；尤其是在北方低温环境下蓄电池充放电时的供暖和驾驶室的加热需求会占用大量的能耗，对充电效率和续驶里程的影响较大。

（3）3/4 耦合型　3/4 耦合型常见的有两种：一种是将蓄电池温度控制与空调加热、制冷进行耦合；另一种是将空调制冷系统、驱动冷却系统和动力蓄电池管理系统进行耦合。

将蓄电池温度控制与空调加热、制冷进行耦合的系统，如图1-6-7所示。其特点是针对蓄电池供暖与空调加热共用热源的方案。共用的 PTC 加热器功率较大（一般在7kW 以上），用作暖风热源时进入暖风芯体

的冷却液温度要求较高（一般高于80℃）；如此高的温度不能直接用于蓄电池加热，即暖风水路与动力蓄电池水路不能直接连通，为此在两条水路之间设计一个换热器，进行不同水路间的热交换。通过控制电子水阀的开度可以控制进入换热器的高温冷却液量，从而控制动力蓄电池冷却液的温度。也有部分车型采用四通阀替代换热器，此时需要对流进蓄电池供暖部分的高温冷却液的量进行控制。

这种 3/4 耦合型热管理系统可以把动力蓄电池控制在合适的工作温度，有利于提高蓄电池的稳定性和延长使用寿命，对环境的适应性较好。但是蓄电池的制冷和供暖分别需要起动压缩机和 PTC 加热器，影响整车的续驶里程；尤其是在北方低温环境下，蓄电池充放电时的供暖和驾驶室的加热需求会占用大量的能耗，对续驶里程的影响较大。

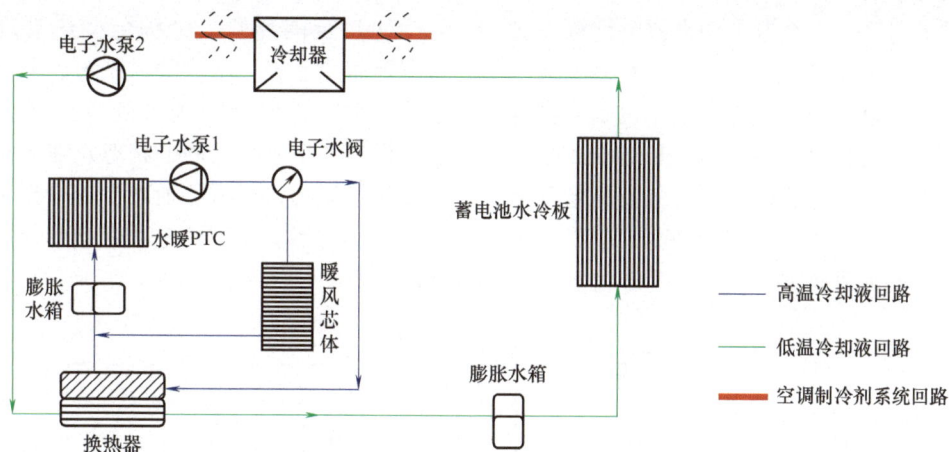

图 1-6-7 3/4 耦合型整车热管理系统 1

还有一种 3/4 耦合型热管理系统是将空调制冷系统、驱动冷却系统和动力蓄电池管理系统有机结合在一起，如图 1-6-8 所示。

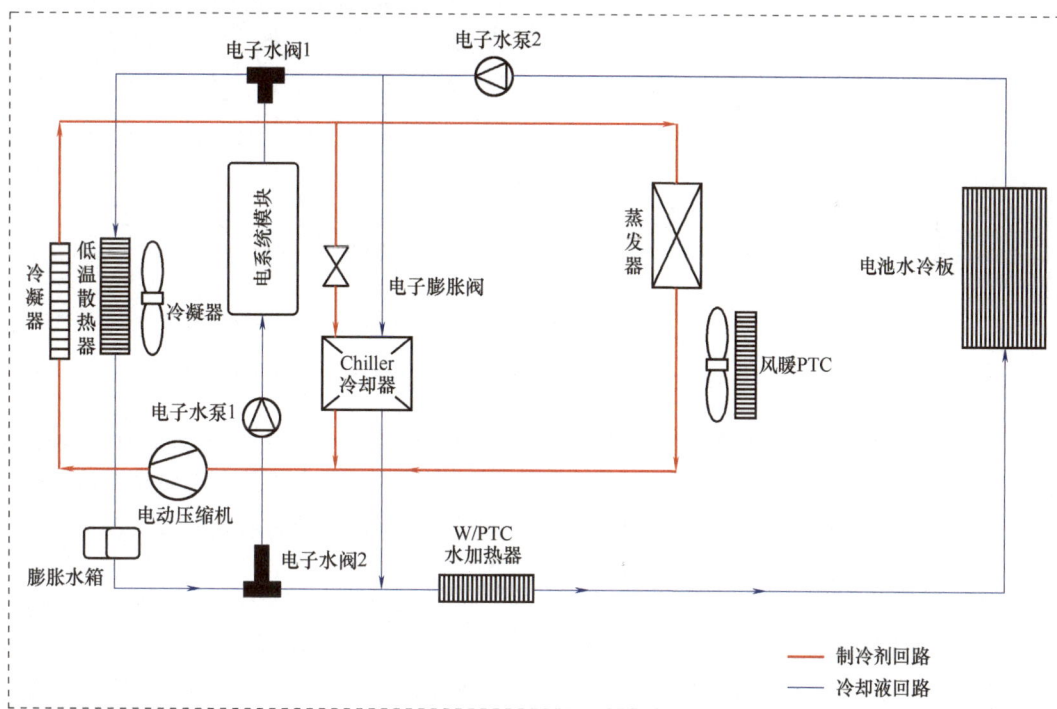

图 1-6-8 3/4 耦合型整车热管理系统 2

这种 3/4 耦合型热管理系统将驱动冷却系统引入动力蓄电池热管理系统，利用驱动冷却系统的发热量和热交换能力。当动力蓄电池需要加热量不大时，用驱动系统的余热给动力蓄电池冷却液升温减少动力蓄电池水加热 PTC 的能量消耗；当动力蓄电池需要的冷却强度不大而且驱动冷却系统温度较低时（通常为充电工况），动力蓄电池冷却液通过低温散热器加强冷却，减少了空调压缩机的能量消耗；当充电且动力蓄电池温度过低、需要强制加热时，可以只打开蓄电池水加热 PTC 且功率与图 1-6-7 所示的 3/4 耦合型热管理系统的水暖 PTC 相比较小，减少了功率损耗。因此这种 3/4 耦合型热管理系统能量利用率很高，但需要两个 PTC 加热器，而且采用风暖 PTC，供暖时舒适度上较

水暖 PTC 略差。

（4）全耦合型 全耦合型热管理系统将空调制冷系统、空调暖风系统、驱动冷却系统和动力蓄电池管理系统有机结合在一起。根据各个系统之间的状态及需求合理地设计热量流动，尽可能地减少热量损失，提高能量利用率。典型的全耦合型热管理系统如图 1-6-9 所示。

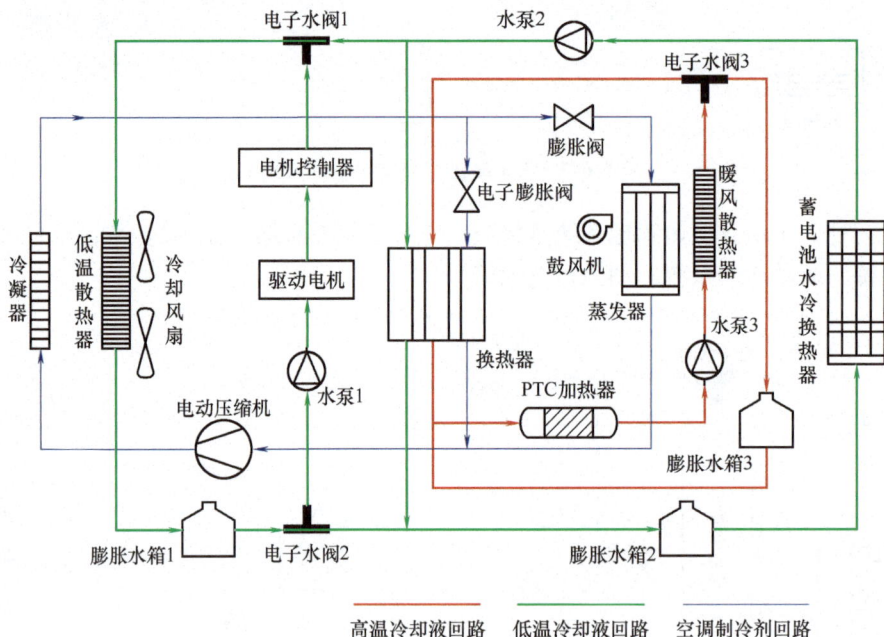

图 1-6-9 典型的全耦合型热管理系统

当动力蓄电池温度较低，且低温散热器出口温度也较低时，PTC 加热器工作；动力蓄电池低温冷却液在换热器与空调系统高温冷却液进行热交换，吸收热量后到蓄电池水冷换热器放热，加热动力蓄电池。

当动力蓄电池温度较低而低温散热器出口温度较高时，驱动电机系统的冷却液可以流入蓄电池水冷换热器给蓄电池包保暖。

当动力蓄电池温度较高而低温散热器出口温度较低时，驱动电机系统的冷却液可以流入蓄电池水冷换热器对蓄电池包进行冷却。

当动力蓄电池温度较高且低温散热器出

口温度也较高时，电动压缩机工作；动力蓄电池高温冷却液在换热器与空调制冷系统进行热交换，放出热量后到蓄电池水冷换热器吸热，冷却动力蓄电池。

全耦合型热管理最大的优势在于利用了驱动冷却系统的热量/冷量，降低了压缩机和水加热器的开启频率，降低了整车能耗，增加了续驶里程，而且减少了高压部件。

1.6.3 帝豪 EV450 纯电动汽车热管理系统

帝豪 EV450 纯电动汽车整车热管理系统采用了全耦合型热管理系统。动力蓄电池

冷却系统与驱动冷却系统通过两个三通电磁阀控制冷却液的流通与切断；冷却液共用一个膨胀水箱，实现动力蓄电池冷却系统与驱动冷却系统的耦合，如图 1-6-10 所示。

动力蓄电池冷却系统的冷却液在换热器总成处与空调制冷系统或暖风系统进行热交换，冷却系统冷却液与制冷系统、暖风系统不直接连通，如图 1-6-11 所示。

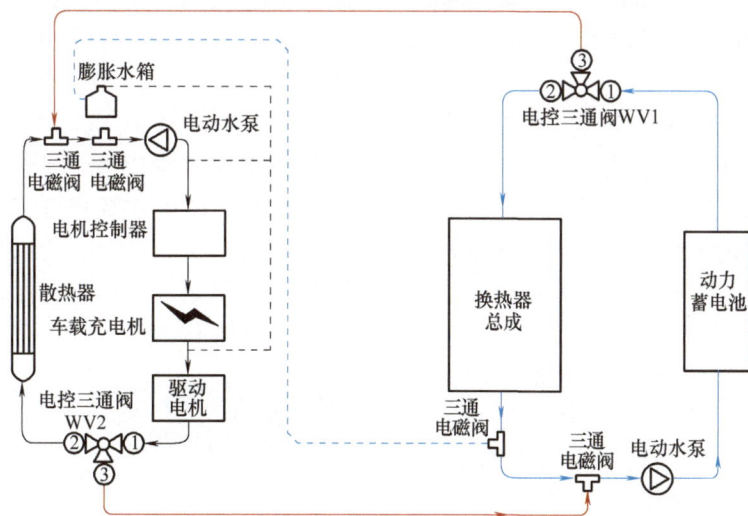

图 1-6-10　动力蓄电池冷却系统与驱动冷却系统的耦合

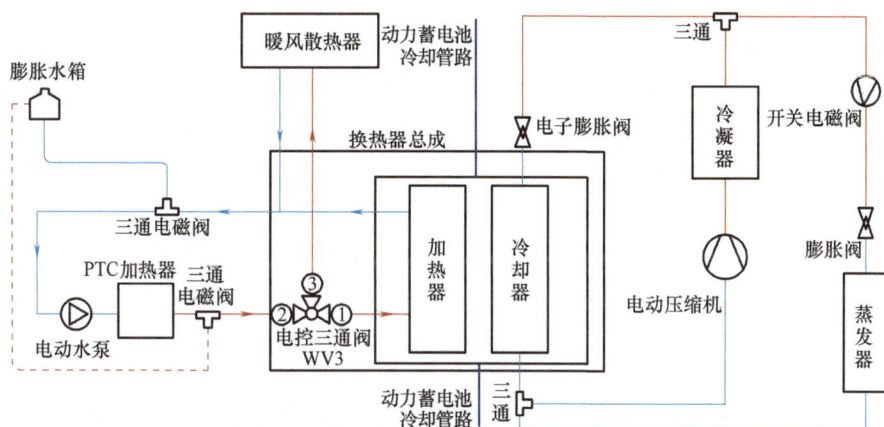

图 1-6-11　动力蓄电池冷却系统与空调系统（制冷、暖风）的耦合

当动力蓄电池冷却液温度较低时：电控三通阀 WV1 和电控三通阀 WV2 关闭，动力蓄电池冷却系统与驱动冷却系统隔离。暖风系统冷却液通过电控三通阀 WV3 进入加热器，如图 1-6-11 所示。动力蓄电池冷却液在换热器总成与加热器内的暖风系统冷却液进行热交换，吸热后被电动水泵泵入动力蓄

电池包进行加热。

当动力蓄电池冷却液温度稍低、驱动冷却系统冷却液温度稍高时：空调制冷系统电子膨胀阀关闭、暖风系统电控三通阀 WV3 关闭，既不冷却也不加热换热器内的动力蓄电池冷却液；电控三通阀 WV1 和电控三通阀 WV2 打开，动力蓄电池冷却系统与驱动

冷却系统连通，动力蓄电池冷却液通过电控三通阀 WV1 进入驱动冷却系统，分别流经驱动冷却系统电动水泵、电机控制器、车载充电机、驱动电机，吸收驱动冷却系统的热量，然后通过电控三通阀 WV2、电池冷却水泵回到蓄电池包，并给蓄电池包加热，如图 1-6-10 所示。

当动力蓄电池冷却液温度正常时：电控三通阀 WV1 和电控三通阀 WV2 关闭，动力蓄电池冷却系统与驱动冷却系统隔离；空调制冷系统电子膨胀阀关闭，暖风系统电控三通阀 WV3 关闭，既不冷却也不加热换热器内的动力蓄电池冷却液。

当动力蓄电池冷却液温度稍高、驱动冷却系统冷却液温度正常或稍低时（常见于充电）：空调制冷系统电子膨胀阀关闭，暖风系统电控三通阀 WV3 关闭，既不冷却也不加热换热器内的动力蓄电池冷却液；电控三通阀 WV1 和电控三通阀 WV2 打开，动力蓄电池冷却系统与驱动冷却系统连通，此时驱动冷却水泵关闭，动力蓄电池冷却液通过电控三通阀 WV1 进入驱动冷却系统，流经散热器加强散热效果，冷却后的动力冷却液通过电控三通阀 WV2、电池冷却水泵回到电池包，并给电池包降温，如图 1-6-10 所示。

当动力蓄电池冷却液温度较高时：电控三通阀 WV1 和电控三通阀 WV2 关闭，动力蓄电池冷却系统与驱动冷却系统隔离。空调制冷系统电子膨胀阀打开，强制冷却换热器内的动力蓄电池冷却液，如图 1-6-11 所示。动力蓄电池冷却液在换热器处与冷却器内制冷剂进行热交换，放热降温后被电动水泵泵入动力蓄电池包进行强制冷却。

帝豪 EV450 纯电动汽车热管理控制系统能够在环境温度 −30～55℃ 范围内，让电池包内的电芯及组件工作保持在平均 25℃ 的最佳工作温度，并且尽量少用空调进行强制制冷或加热，尽量提高动力蓄电池的能量利用率。

实践技能

1.6.4 帝豪 EV450 纯电动汽车热管理系统认知

1. 换热器总成

换热器总成位于前机舱内后部、在电机控制总成的后方，如图 1-6-12 所示；其上连接有暖风水管、制冷剂管路及电子膨胀阀和动力蓄电池冷却水管（连接在换热器总成下部，如图 1-6-13 所示）。

换热器总成的管路连接如图 1-6-14 和图 1-6-15 所示。

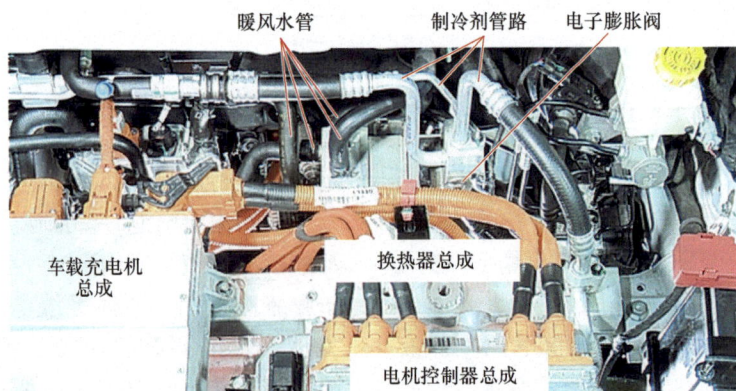

图 1-6-12　换热器总成 1

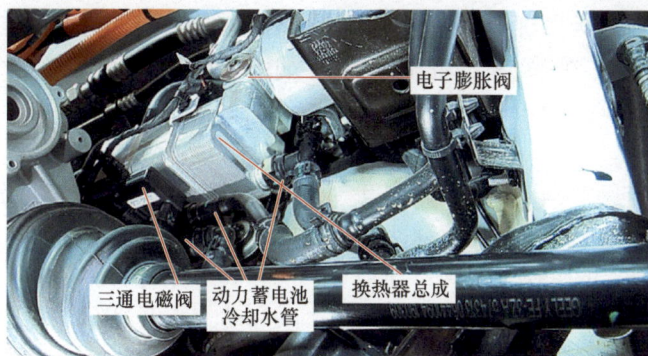

图 1-6-13　换热器总成 2

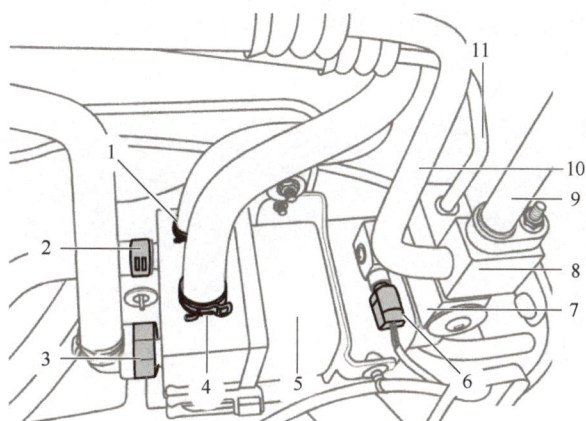

图 1-6-14　换热器总成的管路连接 1

1—暖风散热器进水管　2—加热器总成出水管　3—加热器总成进水管　4—暖风散热器出水管
5—换热器总成　6—电子膨胀阀线束插头　7—电子膨胀阀　8—制冷剂管路连接器（三通）
9—连接压缩机的制冷剂低压管路　10—连接蒸发器的制冷剂低压管路　11—制冷剂高压管路

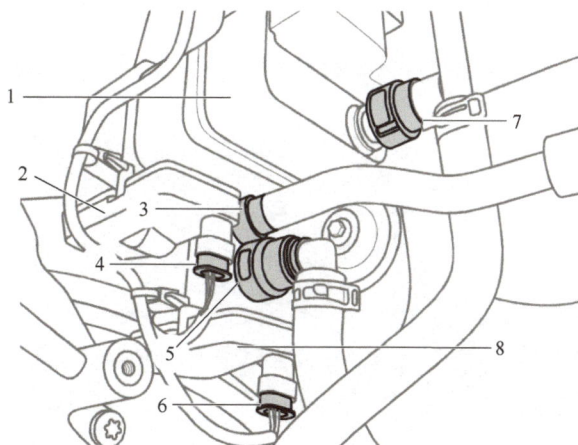

图 1-6-15　换热器总成的管路连接 2

1—换热器总成　2—暖风三通电磁阀　3—电控三通阀 WV1 出水管（连接驱动冷却系统）　4—暖风三通
电磁阀线束插头　5—电控三通阀 WV1 进水管（连接动力蓄电池）　6—电控三通阀 WV1 线束插头
7—换热器总成出水管（连接动力蓄电池冷却水泵）　8—电控三通阀 WV1

2. 电子膨胀阀及三通电磁阀

电子膨胀阀安装在换热器总成上（图1-6-14），负责开通或关闭制冷剂流经换热器总成。

帝豪EV450纯电动汽车热管理系统有两个负责动力蓄电池冷却液系统与驱动冷却系统冷却液流通与隔离的电控三通阀，分别安装在前机舱底部（图1-6-16）和换热器总成上（图1-6-17）。

帝豪EV450纯电动汽车热管理系统还有一个负责调节空调暖风冷却液能否进入换

热器总成的电磁阀，安装在换热器总成上，如图1-6-18所示。

3. LIN总线控制

热管理系统的主要执行部件有电动压缩机、PTC加热器、各回路上的三通电磁阀、用于车厢制冷的空调开关电磁阀、用于热交换总成冷却的电子膨胀阀、驱动冷却系统水泵和动力蓄电池冷却系统水泵等。这些执行器由热管理控制模块和空调控制面板总成通过LIN总线进行控制，LIN总线连接示意图如图1-6-18所示。

图1-6-16　电控三通阀WV2

图1-6-17　电控三通阀WV1和暖风系统三通电磁阀

1—动力蓄电池冷却水泵　2—电控三通阀WV1及其线束　3—暖风系统三通电磁阀及其线束
4—电控三通阀WV1出水管　5—电控三通阀WV1进水管（连接动力蓄电池）
6—换热器总成　7—换热器总成出水管（连接动力蓄电池冷却水泵）

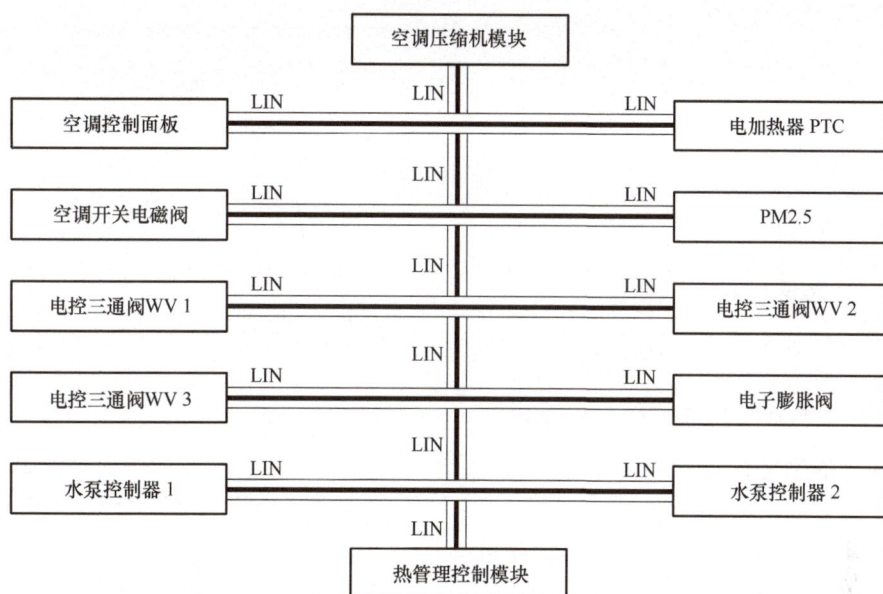

图 1-6-18 热管理系统 LIN 总线连接示意图

1.6.5 换热器总成的更换

1. 准备工作

换热器总成上连接有制冷剂管路，因此在更换之前要先进行制冷剂回收操作。换热器总成虽然不是高压部件，但是在进行更换时无法躲开高压部件与线束，必然有所接触，因此也要进行下电操作。

（1）回收制冷剂 使用制冷剂加注一体机进行制冷剂回收作业。

（2）下电作业

1）关闭点火开关。

2）打开前机舱盖并拆下蓄电池负极电缆。

3）等待一段时间后（约 5min）断开车载充电机处直流母线。

4）戴上绝缘手套并用万用表测量直流母线端正、负极电压，正常应低于 1V。

5）做好标识，标明正在维修高压、禁止连接 12V 蓄电池等。

2. 拆卸换热器总成

1）拆卸制冷空调管路连接接口固定螺母（图 1-6-19 中 1）和制冷空调管路支架固定螺母（图 1-6-19 中 2）。取下制冷高、

低压管路并进行密封，防止灰尘进入。

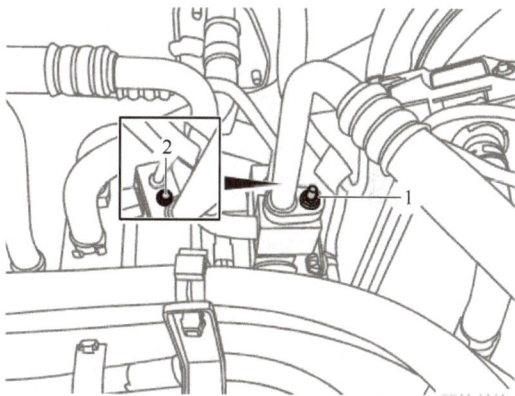

图 1-6-19 换热器总成空调管路连接接口固定螺母和制冷空调管路支架固定螺母

2）拆卸换热器总成与暖风散热器进出水管连接固定卡箍（图 1-6-20 中 1）、换热器进出水管连接固定卡箍（图 1-6-20 中 2）。

3）在车辆底部放置容器，然后脱开上述 4 根水管。

4）断开电子膨胀阀线束插头，如图 1-6-20 中 3 所示。

5）举升车辆，断开换热器与动力蓄电池冷却系统水管连接卡箍，如图 1-6-21 中 2 所示。

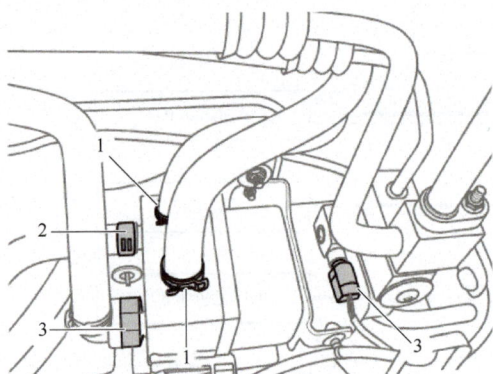

图1-6-20　换热器总成上部管路、电路连接

6）在车辆底部放置容器，然后脱开上述3根水管。

7）断开暖风水路、动力蓄电池水路电磁阀连接插头，如图1-6-21中1所示。

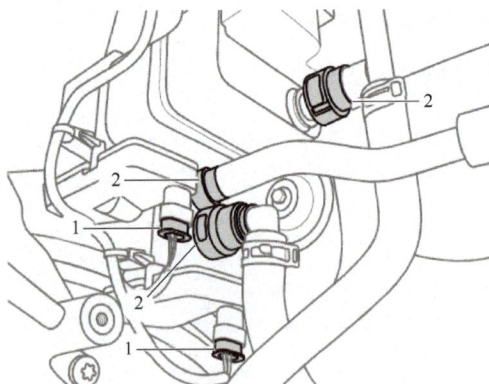

图1-6-21　换热器总成下部管路、电路连接

8）拆卸换热器总成3个固定螺母，如图1-6-22所示。

3. 安装换热器总成

安装过程与拆卸过程相反，在此不再赘述。需要注意的是：

1）换热器总成固定螺母紧固力矩为

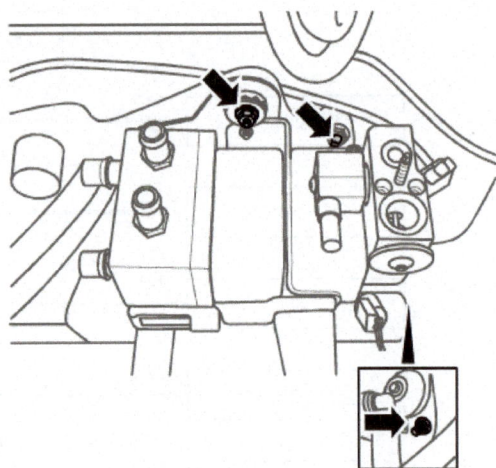

图1-6-22　换热器总成固定螺母

9N·m。

2）连接空调高低压管路时，要更换新的O形密封圈。

3）为防止冷却液进入线束插头，连接水管和线束插头时应先连接线束插头再连接水管。

4. 上电

1）连接充电机端直流母线插接器插件。直流母线插头垂直对准插座向前按，然后使把手卡口卡到位或听到轻微的"咔嗒"声。

2）连接蓄电池负极电缆。

5. 恢复作业

（1）加注冷却液　分别加注暖风系统冷却液、动力蓄电池冷却系统冷却液，然后进行排气。

（2）加注制冷剂　按照更换制冷部件后加注制冷剂的作业流程进行制冷剂加注。如有必要，需要加注适量冷冻机油。

⚠ 学习小结

1. 对于传统汽油机汽车而言，整车热管理系统主要包含空调系统和发动机冷却系统；对于电动汽车而言，整车热管理系统一般会有空调制冷系统、暖风系统、驱动冷却系统和蓄电池温度控制系统。

2. 动力蓄电池热管理是电动汽车热管理的核心，其主要功能有散热冷却、加热及保温、保证温度均匀一致。

学习情境 2

转向与制动系统故障诊断与修复

学习目标

➤ 能通过与客户交流、查阅相关维修技术资料等方式获取车辆信息；
➤ 能正确规范地使用车间及个人安全防护用具；
➤ 能正确规范地完成纯电动汽车下电、上电作业；
➤ 能正确对电动助力转向系统进行检测与维修；
➤ 能根据故障诊断仪的提示进行转向角标定；
➤ 能根据维修手册拆装电控制动系统；
➤ 能正确进行电动助力转向系统故障灯常亮的诊断与维修。

学习单元 2.1　电动助力转向系统检测与修复

情境导入

小王在某新能源汽车 4S 店工作，今天接了一辆帝豪 EV450 纯电动汽车，车主表示仪表盘上电动助力转向系统故障灯常亮。经检查确认电动助力转向系统控制器故障，更换电动助力转向系统控制器并进行转向角标定后试车，故障现象消失。

理论知识

2.1.1　电动助力转向系统的分类

电动助力转向（Electric Power Steering，

EPS）系统，是指利用电动助力转向电机提供转向动力，辅助驾驶人进行转向操作的转向系统。电动助力转向系统在传统机械转向系统的基础上，根据转向盘上的转矩信号和汽车的行驶车速信号，利用电子控制装置使电动机产生相应大小和方向的辅助动力，协助驾驶人进行转向操作。

电动助力转向系统按照助力电动机的布置方式可分为转向柱助力式（Column-assist type EPS）、小齿轮助力式（Pinion-assist type EPS）、齿条助力式（Rack-assist type EPS）和直接助力式（Direct-drive type EPS）4 种。

1. 转向柱助力式（C-EPS）

转向柱助力式转向系统的转矩传感器、电动机、离合器和转向助力机构组成一体，安装在转向柱上，如图 2-1-1 所示。

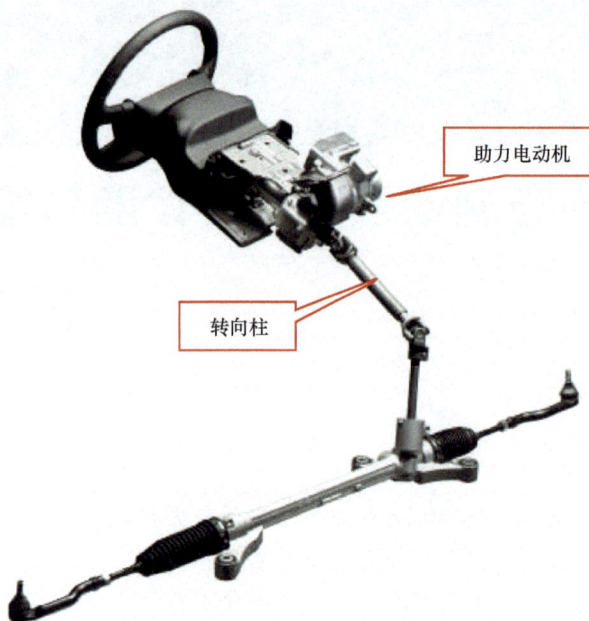

图 2-1-1　转向柱助力式转向系统

该方案的助力转矩经过了转向机放大，因此要求电动机的减速机构传动比较小；电动机布置在驾驶室内，工作环境较好，对电动机的密封要求低。但是，因电动机安装位置距驾驶人近，所以要求电动机的噪声要小；由于电动机距离转向盘较近，电动机的力矩波动容易直接传到转向盘上，导致转向盘振动，使驾驶人手感变差；由于助力转矩通过转向柱传递，因此要求转向柱有较大的刚度和强度。这种助力方式比较适合用于前轴负荷较小的微型轿车上。

2. 小齿轮助力式（P-EPS）

小齿轮助力式转向系统的转矩传感器、电动机、离合器和转向助力机构组成一体，整体安装在转向小齿轮处，直接给小齿轮助力，能够获得较大的转向力，如图 2-1-2 所示。

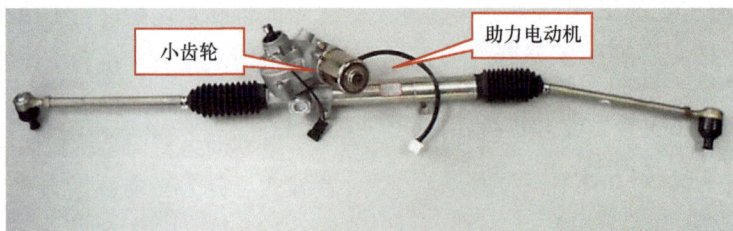

图 2-1-2　小齿轮助力式转向系统

该方案的助力转矩经过了转向机放大，因此要求电动机的减速机构传动比相对较小；电动机安装在前机舱内，工作环境较差，对电动机的密封要求较高；由于电动机的安装位置距离驾驶人有一定距离，对电动机的噪声要求不是太高；同时，电动机的力矩波动不太容易传到转向盘上，驾驶人手感适中；助力转矩不通过转向柱传递，因此对转向柱的刚度和强度要求较低。这种助力方式比较适合用于前轴负荷中等的轻型轿

车上。

3. 齿条助力式（R-EPS）

齿条助力式转向系统的转矩传感器单独安装在小齿轮处，电动机与转向助力机构一起安装在小齿轮另一端的齿条处，用以给齿条助力，如图2-1-3所示。

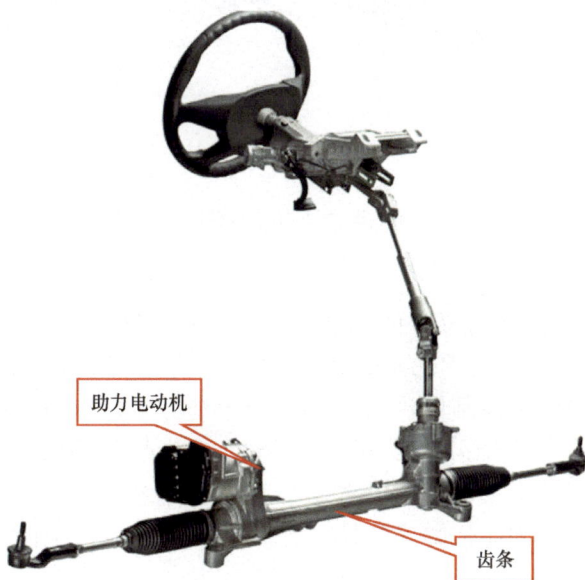

图2-1-3　齿条助力式转向系统

该方案的助力转矩作用在齿条上，助力转矩没有经过转向机的放大，因此要求电动机的减速机构具有较大的传动比，减速机构相对较大；电动机布置在前机舱内，工作环境差，对其密封要求较高；由于电动机的安装位置距离驾驶人较远，对电动机的噪声要求不高；同时，电动机力矩波动不易传到转向盘上，驾驶人具有良好的手感；助力转矩不通过转向柱传递，因此对转向柱的刚度和强度要求较低。这种助力方式比较适合用于前轴负荷较大的高级轿车和载货汽车上。

2.1.2　电动助力转向系统的结构

电动转向是一种简称，它有别于电动液压转向。前者指的是一种纯电机助力转向装置，后者指的是一种电控液压助力转向装置。

电动助力转向系统主要由转矩传感器、车速传感器、电动机、减速机构和电控单元（ECU）等组成，如图2-1-4所示。

通过传感器探测驾驶人在转向操作时转向盘产生的转矩或转角的大小和方向，并将所需信息转化成数字信号输入ECU，再由ECU对这些信号进行运算后得到一个与行驶工况相适应的力矩，最后发出指令驱动电动机工作，电动机的输出转矩通过传动装置的作用而产生助力。

转矩传感器是电动助力转向系统中最重要的器件之一。转矩传感器的种类有很多，主要有电位计式转矩传感器、金属电阻应变片式转矩传感器和非接触式转矩传感器等，随着技术的进步，将会有精度更高、成本更低的传感器出现。

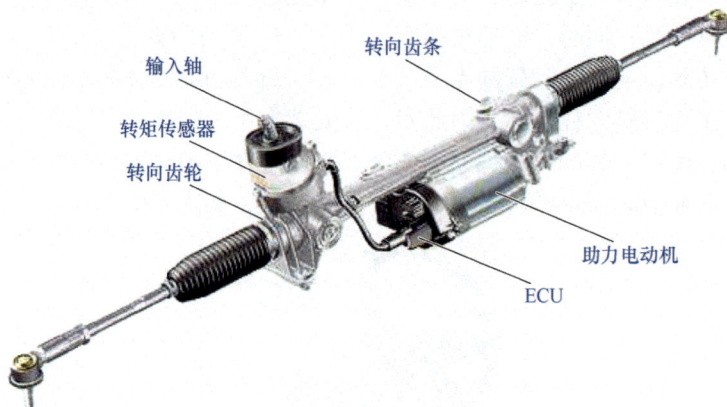

图 2-1-4　电动助力转向系统的结构

1. 转矩传感器

转矩传感器用来检测转向盘转矩的大小和方向，以及转向盘转角的大小和方向，其信号是电动助力转向系统的控制信号之一。精确、可靠、低成本的转矩传感器是决定电动助力转向系统能否占领市场的关键因素。转矩传感器主要有接触式和非接触式两种。常用的接触式（主要是电位计式）转矩传感器有摆臂式、双排行星齿轮式和扭杆式 3 种类型，非接触式转矩传感器主要有光电式和磁电式两种。前者的成本低，但受温度与磨损影响易发生漂移、使用寿命较短，需要对制造精度和扭杆刚度进行折中，难以实现绝对转角和角速度的测量。后者的体积小、精度高、抗干扰能力强、刚度相对较高，易实现绝对转角和角速度的测量，但是成本较高。因此，转矩传感器类型的选取应根据电动助力转向系统的性能要求综合考虑。转矩传感器常见故障与信号判别见表 2-1-1。

表 2-1-1　转矩传感器常见故障与信号判别

转矩传感器常见故障	输入 ECU 信号变化
主转矩电路断开或短路	$IN_+ = 0V$ 或 5 V
转矩传感器本身性能不良	$IN_+ + IN_- \neq 5V$
转矩传感器电源电压过高	$U_{CC} > 5V$
副转矩电路断开或短路	$IN_- = 0V$ 或 5 V

2. 电动机

电动机根据 ECU 的指令输出适宜的转矩，一般采用的是无刷永磁电动机。无刷永磁电动机具有无励磁损耗、效率较高、体积较小等特点。电动机是电动助力转向系统的关键部件之一，对电动助力转向系统的性能有很大的影响。由于控制系统需要根据不同的工况产生不同的助力转矩，具有良好的动态特性并容易控制，这些都要求助力电动机具有线性的机械特性和调速特性。此外，还要求电动机低转速大转矩、波动小、转动惯量小、尺寸小、重量轻、可靠性高、抗干扰能力强。

工作中，电动机电流随转向盘的转动和车速的变化频繁地改变，而且电动机电枢是非线性元件，存在感应电流和反电势，因此工作环境比较恶劣，故障情况也比较复杂。如工作时易出现发热，其运行后温升的大小直接影响其工作性能，特别是在电动机堵转，即车辆长时间原地转向时，电动机电流很大，而且不对外做功，电动机消耗的电能全部消耗在电阻发热上，短时间内就会出现很大的热量，严重时会烧坏电动机。此外，双向运转的电动机在突然反转时产生很大的电流，电枢反应瞬时变得很大，严重时会造成电动机的永久性退磁，且会导致其无法工作，因此必须要对运行时可能出现的最大电流进行限制。一般最大电流可规定为额定电流的 3 ~ 5 倍。

基于上述的分析，结合工作过程中可能出现的一些机械损伤和电路的断路或短路，总结出电动机可能出现的故障如下：

1）电动机与 ECU 间的接线出现断路或短路。

2）电刷与换向器接触不良。

3）电枢与定子磁极卡死，转子转不动。

4）电枢绕组开路。

5）电枢绕组受潮发热，而且散热不好。

6）电动机长时间过载运行，引起电动机壳体发热，以至于烧坏。

7）电枢绕组有部分线圈元件短路。

电动机一旦出现上述故障之一，会造成电动机两端的电压或电流的变化以及电动机发热。

3. 电磁离合器

电磁离合器的功能是保证电动助力只在预定的范围内起作用。当车速、电流超过限定的最大值或转向系统发生故障时，离合器便自动切断电动机的电源，恢复手动控制转向。此外，在不助力的情况下，离合器能消除电动机的惯性对转向的影响。为了减少与不加转向助力时驾驶车辆感觉的差别，离合器不仅具有滞后输出特性，还具有半离合器状态区域。

电磁离合器的工作情况比较简单，使用中可能出现的故障主要是离合器与 ECU 间接线的断路或短路。试验证明，在不转向时，只需要提供 0.3A 就可以保证离合器正常的接合；传递最大助力转矩时，需要 0.82A；而在电路出现短路或断路时，离合器电路电流将远远超过 0.82A 或接近 0A。因此可以通过实时监测离合器电路的电流来判断其是否正常。

4. 减速机构

减速机构用来增大电动机传递给转向机

的转矩。它主要有两种形式：双行星齿轮减速机构和蜗轮蜗杆减速机构。由于减速机构对系统工作性能的影响较大，因此，在减小噪声、提高效率和左右转向操作的对称性方面对其提出了较高的要求。

5. ECU

ECU 主要由硬件电路和软件程序组成，在电源、电动机等其他外围部件正常工作时，其本身的可靠性比较高，硬件本身不易出现故障。但是某些外围部件的短路将会对 ECU 造成致命的损伤。如果 CPU 稳压电源的 12V 电源输入端与其输出端（直接连接 CPU）出现短接，将会烧坏 CPU；不小心或接线盒不良导致电动机的正、负极出现了短接，突然转向时将引起 MOSFET 击穿直通或相关电路损坏。这些损伤都具有瞬间性和致命性，因此，为了优先保护 ECU 不受损害，必须对稳压电源和电动机电流设立监测电路。

2.1.3　电动助力转向系统的工作原理

电动助力转向系统在不同车上的结构部件不一样，但是基本原理是一致的。它一般由转矩（转向）传感器、ECU、电动机、电磁离合器以及减速机构构成。

其基本工作原理是：当转向轴转动时，转矩传感器和车速传感器分别测出驾驶人施加在转向盘上的操纵力矩和车辆当前的行驶速度（回正时还要用到角度传感器），转矩传感器将检测到的转矩信号转化为电信号送至 ECU，ECU 接收转矩信号、车速信号等，根据内置的控制策略和算法，计算出此时需要的理想助力力矩，再换算为相应的电流，驱动助力电动机按该电流运行；该电动机产生的助力力矩经过蜗轮蜗杆减速机构减速增矩后传送到机械式转向系统，和驾驶人的操纵力矩叠加在一起去克服转向阻力矩，实现车辆的最终转向。当汽车点火开关闭合时，

ECU 开始对电动助力转向系统进行自检，自检通过后，闭合继电器和离合器，电动助力转向系统便开始工作。当转向盘转动时，位于转向轴上的转角传感器和转矩传感器把测得转向盘上的角位移和作用于其上的力矩传递给 ECU，ECU 根据这两个信号并结合车速等信息控制电动机产生相应的助力，实现在全速范围内的最佳控制：在低速行驶时，减轻转向力，保证汽车转向灵活、轻便；在高速行驶时，适当增加阻尼控制，保证转向盘操作稳重、可靠。电动助力转向系统的工作原理图如图 2-1-5 所示。

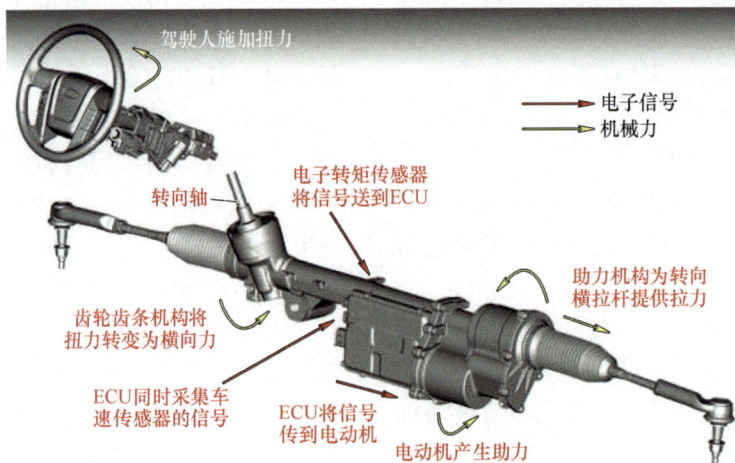

图 2-1-5　电动助力转向系统的工作原理图

2.1.4　电动助力转向系统的优缺点

随着汽车电子技术的日益发展，对汽车设计的要求以及对汽车控制水平的要求越来越高，尤其对汽车的节能和环保特性的要求也越来越高。电动助力转向系统将最新的电力电子技术和高性能的电动机控制技术应用于汽车转向系统，能明显改善车辆的静态性能和动态性能，有效提高行驶中驾驶人的轻便性和安全性，同时更加节能和环保。

对于纯电动汽车而言，采用电动助力转向系统是必然选择，因为它本身不用内燃机，助力转向系统动力的来源只有电动机，所以纯电动汽车动力转向系统的选择只能是电动助力转向系统或者 EHPS（电控液压助力转向）系统，一般来讲，设计者都是趋向于选择电动助力转向系统。

在未来的转向系统中，电动助力转向系统将成为汽车动力转向系统的主流。与其他助力转向系统相比，该系统突出的优点体现在：

1. 降低燃油消耗

传统的液压助力转向系统由发动机带动转向油泵，不管转向或者不转向都要消耗发动机部分动力，而电动助力转向系统只是在转向时才由电动机提供助力，不转向时不消耗能量。因此，电动助力转向系统可以降低车辆的燃油消耗。与液压助力转向系统对比试验表明：在不转向时，电动助力转向可以降低燃油消耗 2.5%；在转向时，可以降低燃油消耗 5.5%。

2. 增强转向跟随性

电动助力机与助力机构相连将能量直接用于车轮的转向。该系统利用惯性减振器的作用，使车轮的反转和转向前轮摆振大大减小，因此转向系统的抗扰动能力大大增强。和液压助力转向系统相比，增强了转向车轮对转向盘的跟随性能。

3. 改善转向回正特性

在一定的车速下，当驾驶人转动转向盘一个角度后松开，车辆本身具有使车辆回到直线行驶方向的能力，这是车辆固有结构所决定的。电动助力转向系统可以对该回正过程进行控制，利用软件在最大限度内调整设计参数，以使车辆获得最佳的回正特性，从最低车速到最高车速，可得到一簇回正特性曲线。电动助力转向系统可以施加一定的附加回正力矩或阻尼力矩，使低速时转向盘能够精确地回到中间位置，而且可以抑制高速回正过程中转向盘的振荡和超调，兼顾了车辆高、低速时的回正性能。而在传统的液压控制系统中，汽车设计一旦完成，其回正特性就不能再改变，否则必须改造底盘的机械结构，实现起来有较大困难。

4. 提高操纵稳定性

电动助力转向系统可以针对车辆行驶的各种工况，通过优化助力特性曲线，使助力更加精确，助力效果更加理想。另外，可以采用阻尼控制减小由路面不平产生的对转向系统的干扰，保障汽车低速行驶时的转向轻便性，提高汽车高速行驶时的转向稳定性，进而提高汽车的主动安全性，使驾驶人有更舒适的感觉。

5. 提供可变的转向助力

传统的液压助力转向系统提供的转向助力的大小不能随车速的提高而改变，这样就使得车辆虽然在低速时具有良好的转向轻便性，但是在高速行驶时转向盘太轻，产生转向"发飘"的现象，使驾驶人缺少显著的"路感"，降低了高速行驶时的车辆稳定性和驾驶人的安全感。

电动助力转向系统的转向力来自电动机。通过软件编程和硬件控制，可得到覆盖整个车速的可变转向力。可变转向力的大小取决于转向力矩和车速。无论是停车、低速或高速行驶时，它都能提供可靠的、可控性

好的感觉，而且更易于操作。

在低速时，电动助力转向系统可以提供较大的转向助力，提高车辆的转向轻便性；随着车速的提高，电动助力转向系统提供的转向助力可以逐渐减小，转向时驾驶人所需提供的转向力将逐渐增大，这样驾驶人就感受到明显的"路感"，提高了车辆稳定性。

6. 节能与环保

电动助力转向系统应用"最干净"的电力作为能源，完全取缔了液压装置，不存在传统液压助力转向系统中液压油的泄漏问题，从而避免了环境污染，顺应了环保的时代要求。

7. 生产和开发周期短

由于该系统具有良好的模块化设计，所以不需要对不同的系统重新进行设计、试验和加工等，就可以通过修改相应的程序，快速实现与特定车型的匹配，不但节省了费用，也为设计不同的系统提供了极大的灵活性，因而能大大减少针对不同车型的研发时间和开发的周期。

8. 生产线装配性好

电动助力转向系统取消了液压转向油泵、油缸、液压管路和油罐等部件，而且电动机及减速机构可以和转向柱、转向机做成一个整体，使得整个转向系统结构紧凑，零件数目大大减少，减少了装配的工作量，节省了装配时间，提高了装配效率，也易于维护。

电动助力转向系统的缺点主要体现在：

1. 可靠性差

虽然现在电动助力转向技术已经非常成熟，但是电子系统还是要比纯机械结构"娇气"一些。尤其是在激烈驾驶情况下，助力电动机容易出现过载，影响助力系统工作，所以很多考虑激烈驾驶工况的性能车型还在使用液压助力转向系统。

2. 功率小

对于目前的大多数车辆来说，使用的都是 12V 的电源系统，能够带动的助力电动机功率有限，虽然可以通过搭配不同的减速机构改变助力电动机的承载能力，适应范围较电子液压助力更广，但是改变范围有限，对于转向负荷较大的大型车辆来说，电动助力仍然有些力不从心。

2.1.5 帝豪 EV450 纯电动汽车电动助力转向系统的组成及工作原理

帝豪 EV450 纯电动汽车的电动助力转向系统是 C-EPS 系统，结构如图 2-1-6 所示。

汽车转向时，转矩及转角传感器把检测到的转矩及角度信号的大小、方向经处理后通过 CAN 总线传给电动助力转向系统控制器，电动助力转向系统 ECU 同时接收 ESC（电子稳定控制系统）控制器传来的车速信号，然后根据车速信号和转矩及转角传感器的信号决定电动机的旋转方向和助力转矩的大小；电动助力转向系统控制器控制驱动电动机工作，实施助力转向。其工作原理如图 2-1-7 所示，网络连接如图 2-1-8 所示。

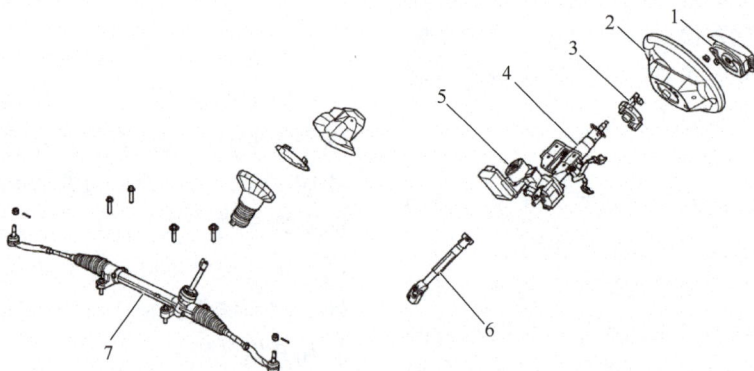

图 2-1-6　帝豪 EV450 纯电动汽车转向盘及转向柱总成

1—安全气囊　2—转向盘　3—时钟弹簧及转角传感器　4—转向柱　5—转向助力电动机总成
6—中间轴　7—机械转向机

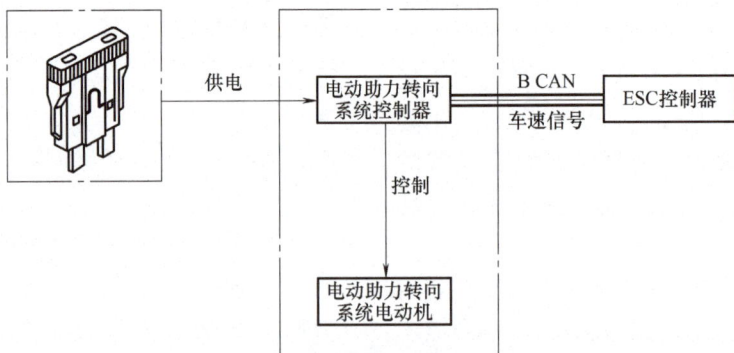

图 2-1-7　帝豪 EV450 纯电动汽车电动助力转向系统的工作原理

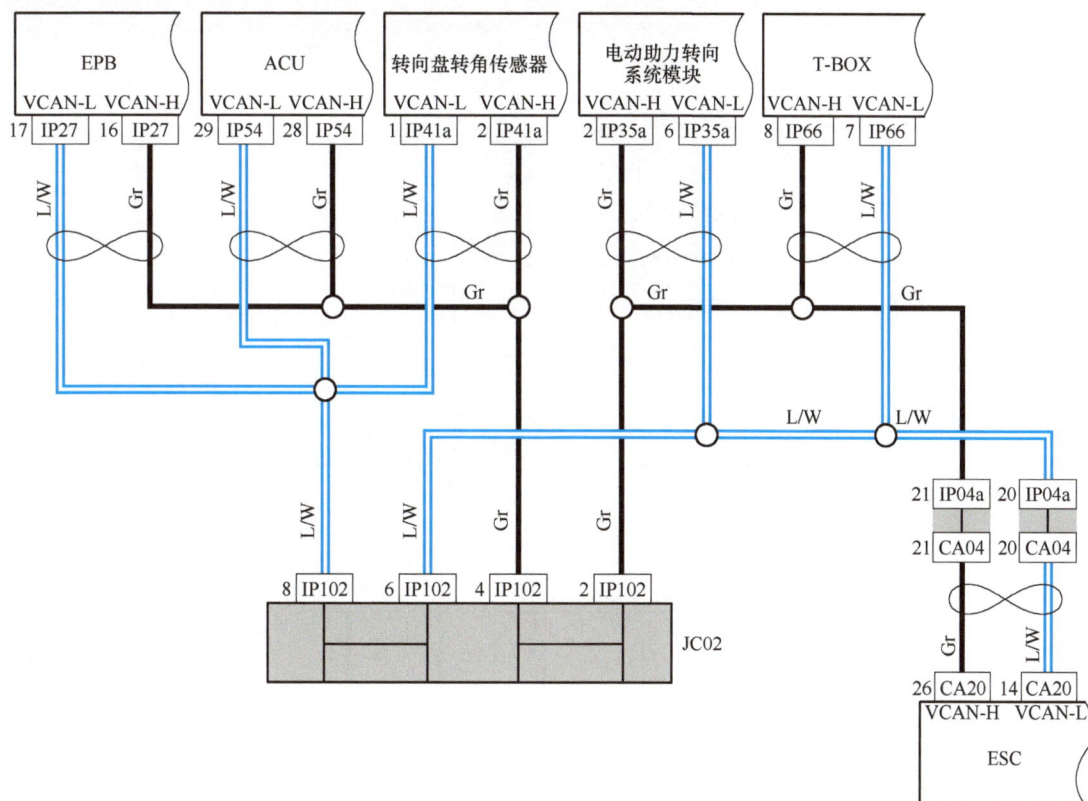

图 2-1-8　帝豪 EV450 纯电动汽车电动助力转向系统网络连接

2.1.6　帝豪 EV450 纯电动汽车电动助力转向系统电路

帝豪 EV450 纯电动汽车 C-EPS 模块与车辆外部电路连接如图 2-1-9 所示。

电动助力转向系统线束端子编号如图 2-1-10所示；电动助力转向系统线束端子定义及说明见表 2-1-2。

表 2-1-2　电动助力转向系统线束端子定义及说明

端　子　号	配线颜色	端子定义	端子说明
IP35a-1、3、4	—	—	V
IP35a-2	Gr	VCAN-H	车身 CAN-H
IP35a-5	W/G	KL15	IG 电
IP35a-6	L/W	VCAN-L	车身 CAN-L
IP36-1	R	—	电源正
IP37-1	B	—	接地

前机舱熔丝
继电器盒

室内熔丝
继电器盒

B+

IG1

AM01 80A

10A IF23

1 CA53

R

W/G

1 IP36

5 IP35a

B+

IG1

EPS模块

VCAN-H   VCAN-L   GND

2 IP35a   6 IP35a   1 IP37

Gr

L/W

B

VCAN-H   VCAN-L

G22

转向电动机

M

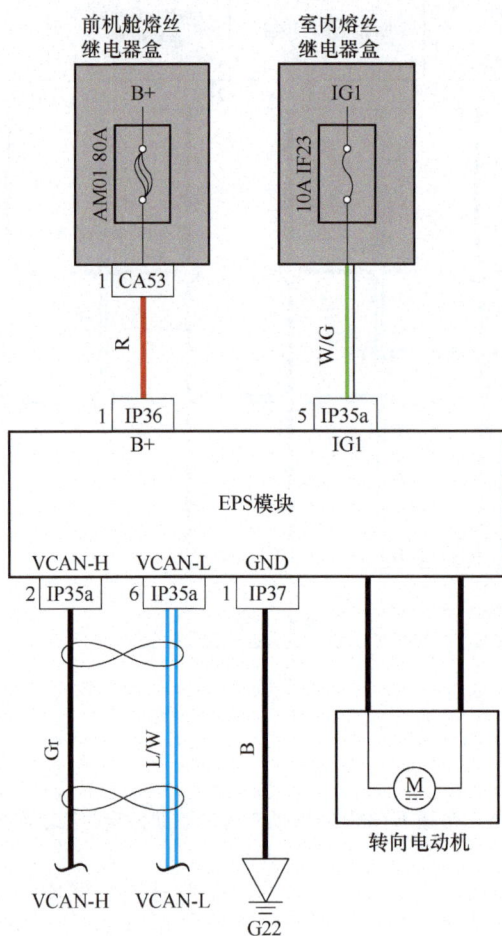

图 2-1-9   帝豪 EV450 纯电动汽车 C-EPS 模块与车辆外部电路连接

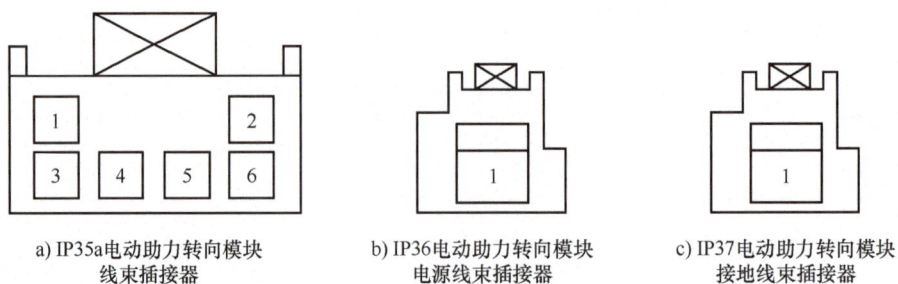

1   2

3   4   5   6

1

1

a) IP35a电动助力转向模块
线束插接器

b) IP36电动助力转向模块
电源线束插接器

c) IP37电动助力转向模块
接地线束插接器

图 2-1-10   电动助力转向系统线束端子编号

实践技能

2.1.7　电动助力转向系统常见故障诊断方法

1. 转向困难

（1）故障现象　汽车转向时，发生转向沉重、不灵敏等转向困难现象。

（2）故障原因

1）前轮胎充气不当、磨损不均匀。

2）前轮定位错误。

3）前悬架下球节磨损、松旷等。

4）转向机总成发生故障。

5）转矩传感器（内置于转向柱）发生故障。

6）动力转向电动机发生故障。

7）蓄电池和电源系统发生故障。

8）动力转向 ECU 电源电压异常和继电器发生故障。

9）动力转向 ECU 发生故障。

（3）诊断与排除

1）检查前轮气压是否正常，胎面磨损是否均匀。

2）检查前悬架下球节是否磨损、松旷，如果不能修复，进行更换。

3）检查前轮定位参数是否正确，如果不正常，调整前轮定位参数。

4）检查转向机总成，若不正常，进行修复或更换。

5）检查蓄电池和电源系统是否正常，若不正常，进行修复或更换。

6）检查动力转向 ECU 是否正常，若不正常，进行修复或更换。

7）检查转矩传感器和动力转向电动机是否正常，若不正常，进行修复或更换。

2. 左右转向力矩不同或转向力矩不均

（1）故障现象　汽车转向时，向左和向右转向操纵时，明显感觉沉重感不同。

（2）故障原因

1）前轮轮胎充气不当、磨损不均匀。

2）前轮定位错误。

3）前悬架下球节磨损、松旷等。

4）转向机总成发生故障。

5）转向中心点（零点）记录错误。

6）转矩传感器（内置于转向柱）发生故障。

7）转向柱总成发生故障。

8）动力转向电动机发生故障。

9）动力转向 ECU 发生故障。

（3）诊断与排除

1）检查前轮气压是否正常，胎面磨损是否均匀。

2）检查前悬架下球节是否磨损、松旷，如果不能修复，进行更换。

3）检查前轮定位参数是否正常，如果不正常，调整前轮定位参数。

4）检查转向机总成，若不正常，进行修复或更换。

5）检查转向中心点（零点）记录是否错误，若记录错误，重新进行校正。

6）检查动力转向 ECU 是否正常，若不正常，进行修复或更换。

7）检查转矩传感器和动力转向电动机是否正常，若不正常，进行修复或更换。

3. 行驶时转向力矩不随车速改变或转向盘不能正确回正

（1）故障现象　汽车行驶时，车速改变但转向力矩不能同步变化，转向盘不能正确回正。

（2）故障原因

1）前悬架下球节磨损、松旷等。

2）车速传感器发生故障。

3）防滑控制 ECU 发生故障。

4）转矩传感器（内置于转向柱）发生故障。

5）动力转向电动机发生故障。

6）动力转向 ECU 发生故障。

7）CAN 通信系统发生故障。

（3）诊断与排除

1）检查前悬架是否磨损、松旷，如果不能修复，进行更换。

2）检查车速传感器是否正常，若不正常，进行修复或更换。

3）检查防滑控制 ECU 是否正常，若不正常，进行修复或更换。

4）检查动力转向 ECU 是否正常，若不正常，进行修复或更换。

5）检查转矩传感器和动力转向电动机是否正常，若不正常，进行修复或更换。

6）检查 CAN 通信系统是否正常，若不正常，进行修复或更换。

4. 动力转向工作时转动转向盘出现敲击（或摇动）声

（1）故障现象　汽车转向时，转向盘出现敲击（或摇动）声。

（2）故障原因

1）前悬架下球节磨损、松旷等。

2）转向中间轴磨损、松旷等。

3）动力转向电动机发生故障。

4）动力转向 ECU 发生故障。

（3）诊断与排除

1）检查前悬架是否磨损、松旷，如果不能修复，进行更换。

2）检查转向中间轴是否磨损、松旷，如果不能修复，进行更换。

3）检查动力转向电动机是否正常，若不正常，进行修复或更换。

4）检查动力转向 ECU 是否正常，若不正常，进行修复或更换。

2.1.8 电动助力转向系统指示灯常亮的故障诊断

电动助力转向系统指示灯常亮的诊断流程如图 2-1-11 所示。

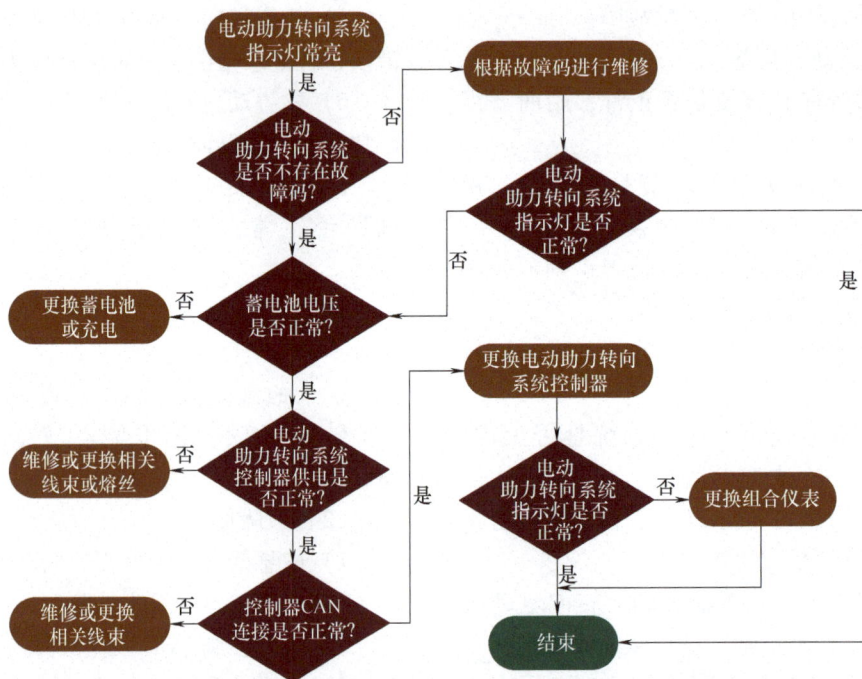

图 2-1-11　电动助力转向系统指示灯常亮的诊断流程

（1）读取故障码

1）操作启动开关使电源模式置于 ON 位。

2）连接故障诊断仪，读取系统故障码。若存在故障码，则按故障码的提示进行维修。

（2）检查蓄电池电压　测量蓄电池电压，正常应在 11～14V 范围内；若电压过低，则给蓄电池充电或更换蓄电池，同时检查充电系统（DC-DC）是否正常。

（3）检查电动助力转向系统控制器供电　电动助力转向系统控制器电路如图 2-1-12 所示，电动助力转向系统控制器供电电路检查的方法为：

1）操作启动开关使电源模式置于 OFF 位，并断开蓄电池负极连接。

2）拔下熔丝 AM01、IF23，检查熔丝

是否熔断。若熔丝熔断，则更换相应熔丝。

3）拔下电动助力转向系统控制器插头 IP35a、IP36 和 IP37。

4）测量端子 IP37-1 与车身搭铁之间的电阻，正常应小于 1Ω，异常则更换线束。

5）连接蓄电池负极，并测量端子 IP36-1 与车身搭铁之间的电压，正常应为 11～14V，异常则更换线束及插接器。

6）操作启动开关使电源模式置于 ON 位，测量端子 IP35a-5 与车身搭铁之间的电压，正常应为 11～14V，异常则更换线束及插接器。

（4）检查控制器的 CAN 连接　电动助力转向系统控制器与诊断接口、组合仪表的 CAN 连接如图 2-1-12 所示。

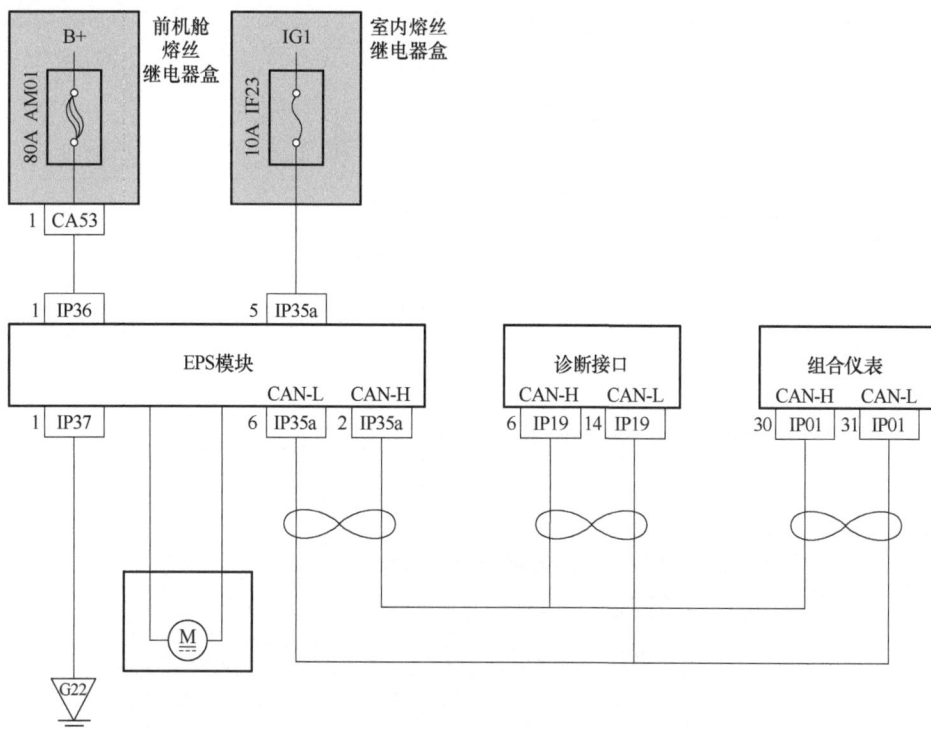

图 2-1-12　电动助力转向系统控制器电路及 CAN 连接

1）操作启动开关使电源模式置于 OFF 位。

2）用万用表测量电动助力转向系统控制器插接器端子 IP35a-6 与诊断接口端子 14、端子 IP35a-2 号与诊断接口端子 6 之间

的电阻，正常应均小于 1Ω，异常则更换相关线束。

3）拔下组合仪表线束插接器 IP01，用万用表测量电动助力转向系统控制器插接器

端子 IP01-31 与诊断接口端子 14、端子 IP01-30 与诊断接口端子 6 之间的电阻，正常应均小于 1Ω，异常则更换相关线束。

（5）更换电动助力转向系统控制器并检查电动助力转向系统指示灯是否正常

1）更换电动助力转向系统控制器。

2）操作启动开关使电源模式置于 ON 位，检查电动助力转向系统指示灯是否正常，异常则更换组合仪表。

2.1.9 转向角标定

在更换电动助力转向系统控制器或转向角传感器后要进行转向角标定，其标定流程如图 2-1-13 所示。

连接故障诊断仪后进入 ESC，选择标定，如图 2-1-14 所示。进入标定界面后可以进行转向角和摇摆角标定，如图 2-1-15 所示，根据故障诊断仪提示进行操作完成标定。

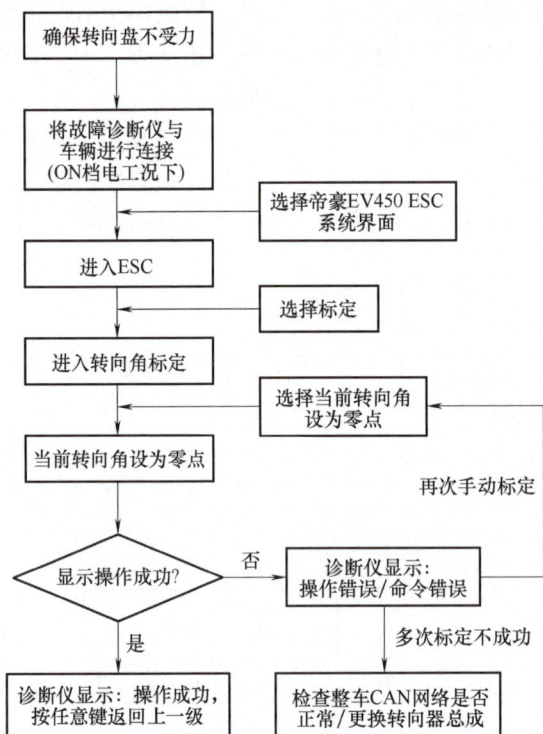

图 2-1-13 转向角标定流程

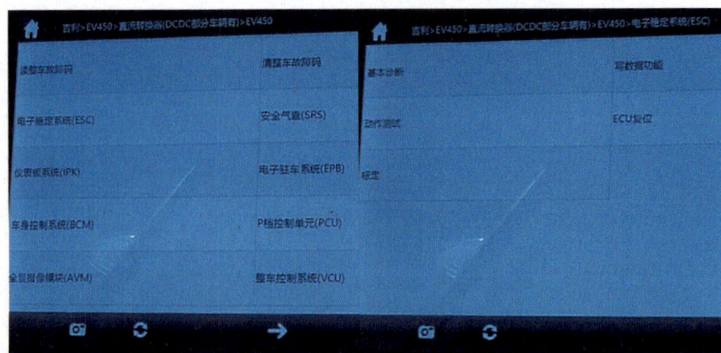

图 2-1-14 选择电子稳定控制系统（ESC）进行标定

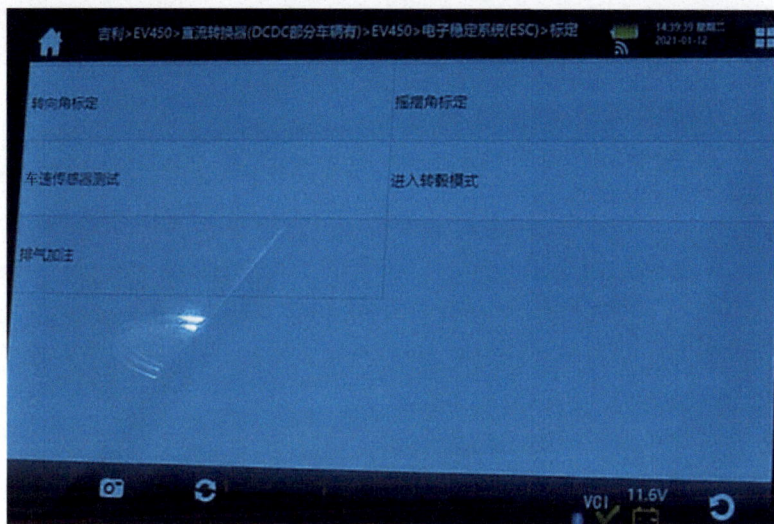

图 2-1-15 选择转向角标定

学习小结

1. 电动助力转向系统按照辅助电动机的布置方式可分为转向柱助力式（Column-assist type EPS）、小齿轮助力式（Pinion-assist type EPS）、齿条助力式（Rack-assist type EPS）和直接助力式（Direct-drive type EPS）4 种。

2. 电动助力转向系统主要由转矩传感器、车速传感器、电动机、减速机构和电控单元（ECU）等组成。

3. 帝豪 EV450 纯电动汽车采用了转向柱助力式（C-EPS）系统，转矩及转角传感器通过 CAN 总线与电动助力转向系统控制器连接。

学习单元 2.2　电控制动系统故障诊断与修复

情境导入

小王在某新能源汽车 4S 店工作，今天接了一辆帝豪 EV450 纯电动汽车，车主反映无法解除电子驻车制动。经检查发现 EPB 故障灯常亮，经诊断为 EPB 控制器故障，更换 EPB 控制器后故障现象消失。

理论知识

2.2.1　新能源汽车制动系统的概述

制动系统是汽车上依靠外界（主要是路面）在汽车某些部分（主要是车轮）施加一定的力，从而对其进行一定程度的强制制动的一系列专门装置。制动系统的作用是：使行驶中的汽车按照驾驶人的要求进行强制减速甚至停车，使已停驶的汽车状态保持静止稳定。

制动系统主要由供能装置、控制装置、传动装置和制动器组成。

1. 供能装置

供能装置包括供给、调节制动所需能量以及改善传动介质状态的各种部件。

汽车制动系统为伺服制动系统，是在人力液压制动系统的基础上加设一套动力伺服系统而成，即兼用人体和发动机作为制动能源的制动系统。在正常情况下，制动能量大部分由动力伺服系统供给，而在动力伺服系统失效时，可全靠驾驶人供给。按伺服系统的输出力作用部位和对其控制装置的操纵方式不同，伺服制动系统可分为助力式（直接操纵式）和增压式（间接操纵式）两类。前者中的伺服系统控制装置用制动踏板机构直接操纵，其输出力作用于液压主缸，以助踏板力的不足；后者中的伺服系统控制装置用制动踏板机构通过主缸输出的液压操纵，且伺服系统的输出力与主缸液压共同作用于一个中间传动液缸，使该液缸输出到轮缸的液压远高于主缸液压。伺服制动系统可按伺服能量的形式分为气压伺服式、真空伺服式和液压伺服式 3 种，其伺服能量分别为气压能、真空能（负气压能）和液压能。

汽车伺服制动系统主要采用真空助力式伺服制动系统。汽油发动机进气歧管能产生真空，真空助力器可以应用在采用汽油发动机的车上，而电动汽车没有发动机，没有现成的真空源，所以需要加装一个电动真空泵。电动真空泵按常用结构形式可分为叶片式、摇摆活塞式和膜片式；按使用功能可分为辅助电动真空泵和独立电动真空泵。

（1）叶片式电动真空泵　叶片式电动真空泵的外部结构如图 2-2-1 所示，内部结构如图 2-2-2 所示，它主要由泵体、转轴、偏心转子和叶片等组成。

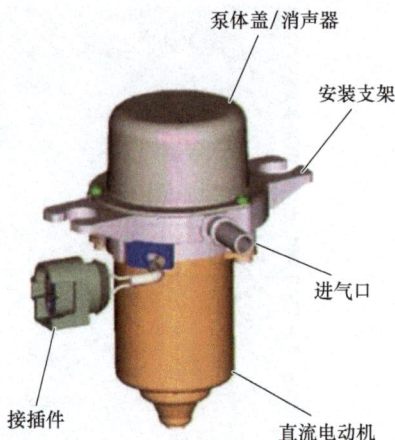

图 2-2-1　叶片式电动真空泵的外部结构

图 2-2-2　叶片式电动真空泵的内部结构

叶片式电动真空泵内转子在电动机的带动下旋转，转子上嵌入的叶片由于离心力被甩出，紧贴在泵体内壁上。转子在工作腔内偏心放置，转子转动过程中，由叶片、泵室、转子封闭的容积不断变化，产生进气和排气的效果。如图 2-2-3 所示，转子与叶片旋转过程中，左侧腔体空间逐渐增大，右侧腔体空间逐渐减小。空气由吸气侧吸入，从排气侧排出，从而达到抽真空的作用。

叶片式电动真空泵的优点为：

1）抽、排气的流量较为均匀，运转平稳，噪声小。

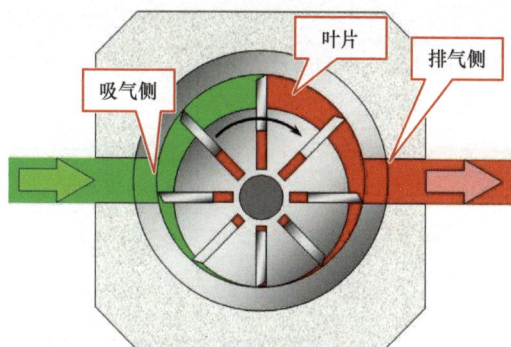

图 2-2-3　叶片式电动真空泵的工作状态

2）工作压力较高，容积效率较高。

3）易于实现流量调节，结构紧凑，轮廓尺寸小而流量大。

但是叶片式电动真空泵的自吸性较差；同时由于在转子转动过程中，叶片与缸体之间贴紧并相对转动，所以叶片泵温升很快，易磨损，易产生较大的噪声；叶片式电动真空泵对叶片的材料、耐温性和耐磨性等要求极高，因此制造成本较高。

（2）摇摆活塞式电动真空泵　摇摆活塞式电动真空泵的结构如图 2-2-4 所示，主要由电动机和泵组成。

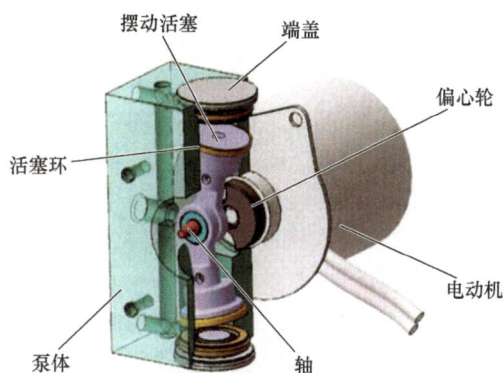

图 2-2-4　摇摆活塞式电动真空泵的结构

摇摆活塞式电动真空泵包含两个 180°角对置的工作腔。电动机主轴连接一个偏心机构，偏心机构驱动连杆及活塞做往复运动，在往复运动过程中，活塞会发生偏转摇摆。活塞的往复运动引起工作腔容积的变化，产生进气和排气的效果。

摇摆活塞式电动真空泵活塞和缸体之间相对滑动，工作时真空泵温度会升高，活塞上活塞环与缸体之间过盈量可以通过设计进行调整，其温升比叶片式电动真空泵低，磨损较慢，噪声相对较小。由于摇摆活塞式真空泵采用双腔对置结构，当一腔失效时，摇摆活塞式电动真空泵仍可有一定的抽取真空能力。

（3）膜片式电动真空泵　膜片式电动真空泵的结构如图 2-2-5 所示。

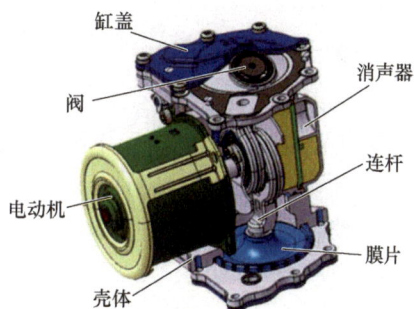

图 2-2-5　膜片式电动真空泵的结构

膜片式电动真空泵包含两个 180°角对置的工作腔，膜片由一个曲柄机构驱动，此曲柄机构包括一个偏心机构，上面装有两个偏心轴承，推动作用在膜片上的连杆，使膜片受到推力和拉力的作用引起变形。膜片的变形使工作腔容积发生变化，产生进气和排气的效果。

膜片式电动真空泵的特点为：

1）无须任何工作介质（无油），不产生污染。

2）由于膜片与腔体之间无相对运动，摩擦较小，温升速度慢，可以使真空泵有长的使用寿命且噪声较小。

3）可以空运行，不会产生危险，无须润滑，维修简便。

叶片式电动真空泵、摇摆活塞式电动真空泵和膜片式电动真空泵的特点及在汽车上的应用情况见表 2-2-1。

表 2-2-1　叶片式电动真空泵、摇摆活塞式电动真空泵和膜片式电动
真空泵的特点及在汽车上的应用情况

项　目	叶片式电动真空泵	摇摆活塞式电动真空泵	膜片式电动真空泵
摩擦及温升	高摩擦、温升速度快	温升速度一般	低摩擦、温升速度慢
持续工作时间	—	小于 15min	大于 200h
使用寿命	小于 400h 或 1200h	大于 400h	大于 1200h
噪声	小于 70dB	小于 60dB	小于 60dB
质量	—	小于 1.6kg	小于 2.5kg
应用领域	重量轻、噪声大，技术成熟，应用范围广，可做独立泵或辅助泵	质量较好，噪声小，可作为辅助泵	质量大、噪声小、工作时间长、价格高，主要作为独立泵使用
应用车型	奥迪 Q5、帝豪 EV450	北汽 EV160	比亚迪 E5

2. 控制装置

控制装置包括产生制动动作和控制制动效果的各种部件，如制动踏板、ABS 控制单元，如图 2-2-6 所示。

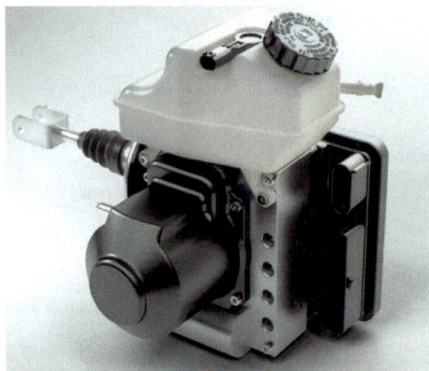

图 2-2-6　ABS 控制单元

ABS 通常由电动泵、储能器、主控制阀、电磁控制阀和一些控制开关等组成。实质上，ABS 就是通过电磁控制阀体上的控制阀控制分泵上的油压迅速变大或变小，从而实现了制动防抱死功能。

3. 传动装置

传动装置包括将制动能量传输到制动器的各个部件，如制动主缸、轮缸，如图 2-2-7 所示。

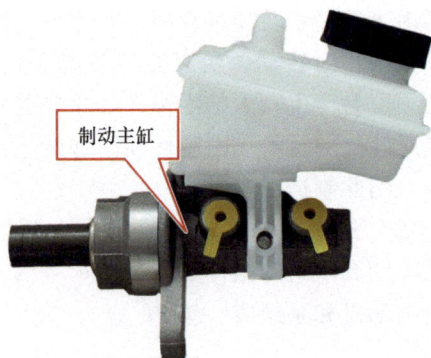

制动主缸

图 2-2-7　制动主缸

4. 制动器

制动器是指产生阻碍车辆运动或运动趋势的部件。

电动汽车所用的制动器一般为前盘后鼓，盘式制动器效率较高，散热和防水衰退性好，但价格较贵。现在使用的盘式制动器，主要是浮动钳式盘式制动器，制动钳体是浮动的，如图 2-2-8 所示。制动油缸均为单侧，且与油缸同侧的制动块总成是活动的，另一侧的制动块总成固定在钳体上。制动时，在油液压力的作用下，活塞推动活动制动块总成压靠在制动盘上，而反作用力推动制动钳体连同固定制动块

总成压向制动盘另一侧，直到两制动块总成受力均等为止。

图 2-2-8　盘式制动器

2.2.2　帝豪 EV450 纯电动汽车制动系统

帝豪 EV450 纯电动汽车液压制动系统的结构如图 2-2-9 所示，它与传统汽车相比，主要区别在于真空的获取上。由于没有发动机作为真空源，因此设计了电动真空泵来产生真空。帝豪 EV450 纯电动汽车制动系统采用叶片式真空泵，安装在驱动电机上，如图 2-2-10 所示。

帝豪 EV450 纯电动汽车标配了 ESC，采用博世的 ESC9 + RBS 系统，主要传感器有四轮车速传感器、转角传感器（转向角和摇摆角），如图 2-2-11 所示。可实现电子制动力分配（EBD）、制动防抱死（ABS）、牵引力控制（TCS）和车辆动态稳定性控制（VDC）等基本功能以及坡道起步（HHC）、紧急制动辅助（HBA）、液压助力辅助（HBB）等增值功能。除此之外，ESC 控制器还具有电动真空泵控制（VAM），与电机控制器协同进行制动能量回收控制（RBS）的功能。

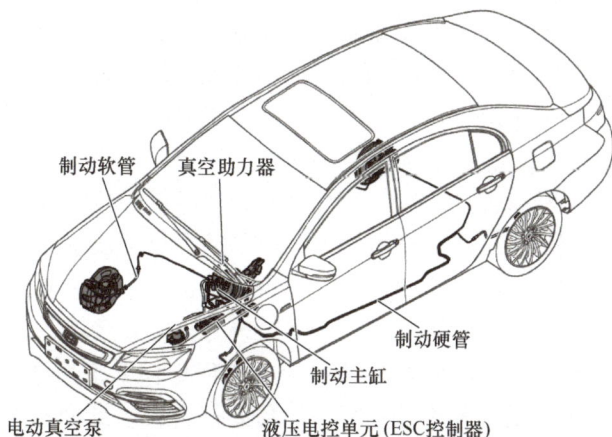

图 2-2-9　帝豪 EV450 纯电动汽车液压制动系统的结构

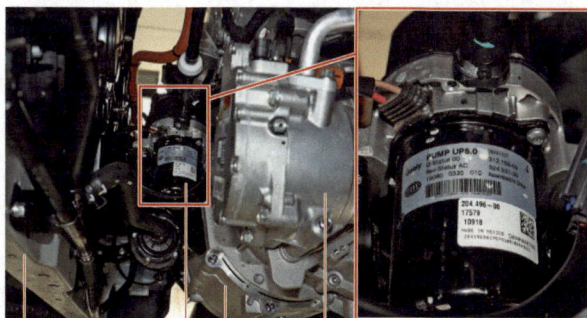

图 2-2-10　帝豪 EV450 纯电动汽车制动真空泵

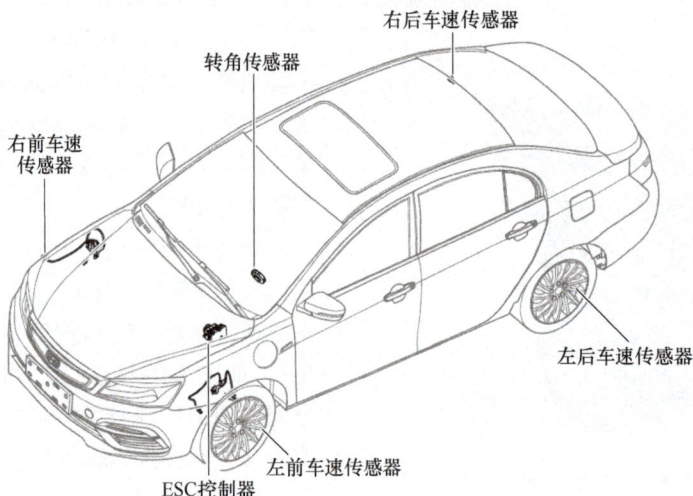

图 2-2-11 帝豪 EV450 纯电动汽车 ESC 传感器

ABS 功能：在早期识别出某个或几个车轮抱死的趋势，并降低这一个或几个车轮上的制动管路液压。系统为自动开启状态，上电时进行自检，此时 ABS 指示灯亮。若无故障，则在几秒后熄灭，若有故障，则 ABS 指示灯常亮且 ABS 功能立即关闭。

EBD 功能：识别后轮先于前轮抱死的趋势，及时调整（减小）后轮制动力，保证后轮不先于前轮抱死，保证车辆的稳定性。系统为自动开启状态，当驾驶人制动时，系统自动监控前、后轮的滑移率并进行比较，在 ABS 起作用前，通过阀门调节后轮管路压力。系统检测到故障时，EBD 功能立即关闭。当 EBD 失效时，仪表盘上黄色的 EBD 故障灯亮，直至故障排除。

TCS 功能：识别车辆起步或加速过程中驱动轮的打滑状态，通过降低动力输出转矩或对车轮施加制动液压力的方式防止车轮打滑。系统为自动开启状态，驾驶人可以通过面板上的 ESC OFF 开关进行关闭。车辆上电时会进行自检，此时故障指示灯亮，若无故障，则在几秒后熄灭。当系统有故障时，

TCS 功能立即关闭，仪表上黄色的 ESC 故障灯亮。若 ESC OFF 开关被按下，则 TCS 功能关闭，仪表上 ESC OFF 灯常亮。

VDC 功能：识别整车实际状态（实际行驶轨迹）与驾驶意图的差别，当汽车出现转向不足或转向过度时，通过调整车轮液压制动力或干预动力管理控制来防止车辆失控，修正汽车行驶轨迹，提高车辆稳定性。系统为自动开启状态，驾驶人可以通过面板上的 ESC OFF 开关进行关闭。车辆上电时会进行自检，此时故障指示灯亮，若无故障，则在几秒后熄灭。当系统有故障时，VDC 功能立即关闭，仪表上黄色的 ESC 故障灯亮。若 ESC OFF 开关被按下，则 VDC 功能关闭，仪表上 ESC OFF 灯常亮。

VAM 功能：控制电动真空泵工作。系统为自动开启状态。当助力系统真空度低于设定值时，ESC 控制器控制电动真空泵工作，为助力器提供真空；真空度高于设定值时，ESC 控制器控制电动真空泵关闭。真空度设定值会随着车速的提高而提高，保证行车安全的前提下延长真空泵的使用寿命。当

系统检测到 VAM 功能失效时，仪表上黄色的 ESC 故障灯亮。

RBS 功能：在满足整车稳定的前提下，踩制动踏板制动时进行电机制动力矩控制，进而回收制动能量。系统为自动开启状态，当检测到 RBS 失效时，仪表上黄色的 ESC

故障灯亮。

帝豪 EV450 纯电动汽车前轮制动器为浮动钳盘式，制动盘为通风盘，如图 2-2-12 所示；后轮制动器为浮动钳盘式，制动钳总成上装有电子驻车制动（EPB）电动机及减速机构，如图 2-2-13 所示。

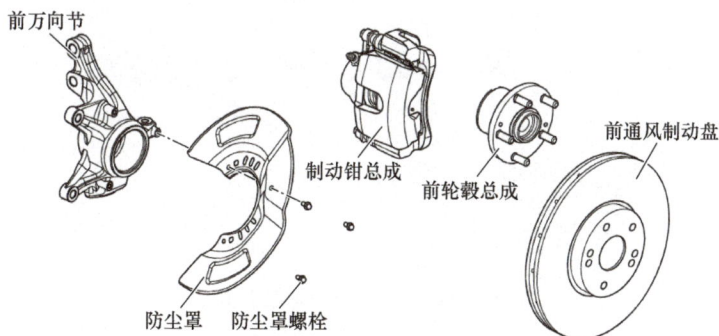

图 2-2-12　前轮制动器

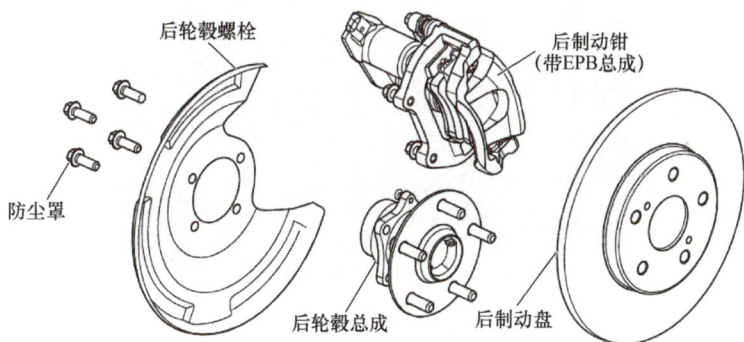

图 2-2-13　后轮制动器

2. 2. 3　帝豪 EV450 纯电动汽车电子驻车制动系统

电子驻车（Electrical Park Brake，EPB）是指由电子控制方式实现驻车制动的技术。

1. 组成及位置

帝豪 EV450 纯电动汽车的 EPB 系统主要由驻车制动开关、驻车制动控制单元和驻车制动执行电动机组成，如图 2-2-14 所示。

驻车制动开关位于变速杆左侧控制面板

上（图 2-2-15）。向上拉动驻车制动开关时，驻车制动锁止；向下按下驻车制动开关时，驻车制动释放。驻车制动控制单元安装在副仪表板内、变速杆安装支架内的车身地板上，主要功能是接收 EPB 开关信息和 CAN 总线信息，通过对这些信息的处理和分析对驻车制动执行电动机进行控制。

驻车制动执行电动机分别安装在左、右制动卡钳上，分为直流电动机和减速齿轮两部分，与后轮制动卡钳集成到一起，如图 2-2-16 所示。

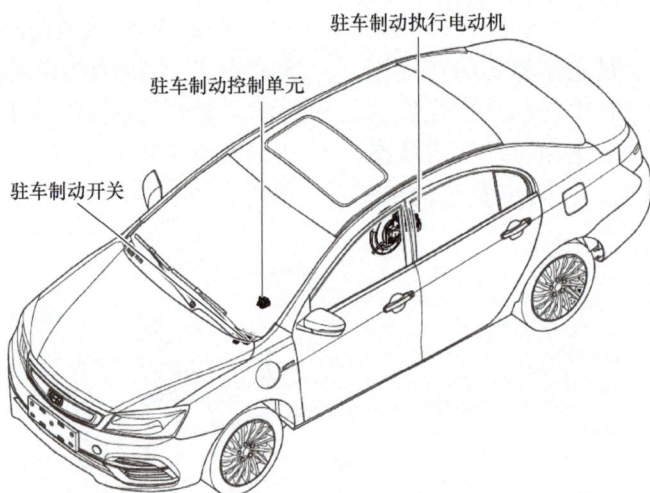

图 2-2-14　帝豪 EV450 EPB 系统

图 2-2-15　帝豪 EV450 纯电动汽车驻车制动开关

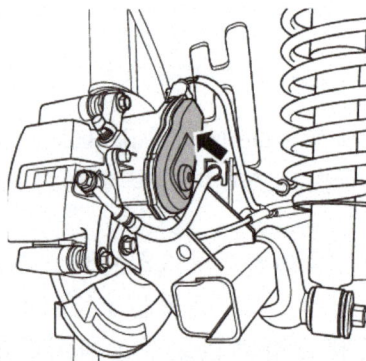

图 2-2-16　帝豪 EV450 纯电动汽车驻车制动执行电动机

2. 功能

EPB系统的主要功能有静态驻车及解除、动态应急制动和坡道驻车辅助。

（1）静态驻车及解除　车辆在停止时，拉起EPB开关（无论启动开关是ON或OFF，以及行车制动的状态），EPB系统工作，制动锁止车辆。释放驻车制动时，启动开关处于ON位置（电机工作或不工作均可），踩下制动踏板，按下EPB开关，EPB系统停止制动锁止。如果车辆的前机舱盖和行李舱盖以及4个车门都是OFF状态时，变速杆从P位移到R位或D位时，EPB系统会自动释放。

（2）动态应急制动　车辆在行驶过程中，驾驶人拉起EPB开关，EPB控制单元收到开关信号后通过数据总线要求ESC控制行车制动。如果行车制动系统或是ESC故障，由EPB控制单元直接控制驻车制动系统工作（仅限于后轮）来应对这种紧急情况。EPB系统的动态制动控制是持续进行的，直到松开EPB开关为止。在动态制动工作期间，驻车制动警告灯将会一直闪烁。

（3）坡道驻车辅助　坡道驻车时，EPB会根据集成在液压电子控制模块中的纵向加速度传感器来测算坡度，从而计算出车辆在斜坡上由于重力而产生的下滑力，EPB系统对后轮施加制动力平衡下滑，实现坡道驻车。

当车辆坡道起步时，EPB坡道辅助功能会根据坡道角度、驱动电机转矩、加速踏板位置、档位等信息来计算释放时机，当车辆的牵引力大于下滑力时，自动释放驻车制动，辅助坡道起步。

3. 工作原理

帝豪EV450纯电动汽车EPB系统电路如图2-2-17所示，EPB控制器直接接收电子驻车开关的操作信号，通过V-CAN总线接收纵向加速度传感器信号、加速踏板信号、启动开关信号、档位信号、制动踏板信号、驱动电机信号；控制驻车电动机的正反转，从而实现驻车、解除驻车功能。

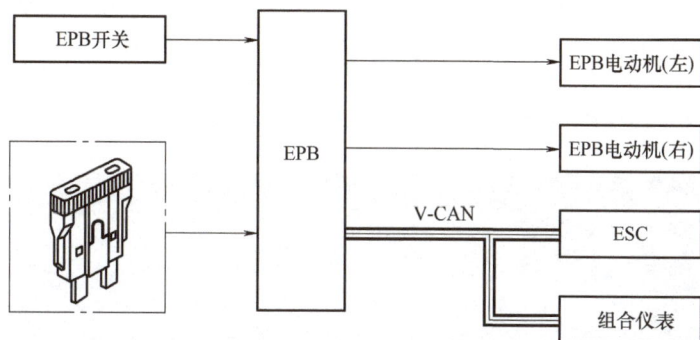

图 2-2-17　帝豪 EV450 纯电动汽车 EPB 系统电路

实践技能

2.2.4　电动真空泵的更换

1. 准备工作

1）打开前机舱盖。

2）确保启动开关处于OFF位置，松开蓄电池负极螺母，然后断开蓄电池负极。

2. 拆卸电动真空泵

1）断开电动真空泵线束插接器，如图2-2-18中1所示。

2）断开真空管，如图2-2-18中2所示。

3）拆卸电动真空泵两个紧固螺栓

（图 2-2-18 中 3），取下电动真空泵。

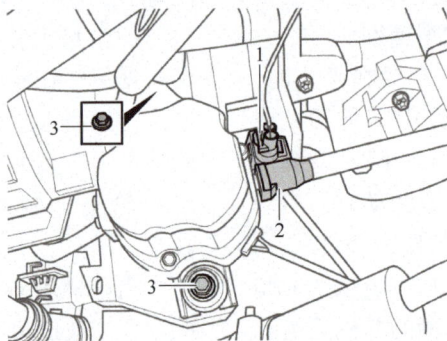

图 2-2-18 　电动真空泵线束插接器

3. 安装电动真空泵

安装流程与拆卸流程相反，电动真空泵两个紧固螺栓的紧固力矩为 9N·m。

4. 上电检查

1）连接蓄电池负极，启动开关置于 ON 位。

2）连续若干次完全踩下制动踏板，应能听到电动真空泵工作的声音。

2.2.5　电子驻车制动系统警告灯常亮故障诊断

1. 读取故障码

用故障诊断仪连接 EPB 系统，检查是否有故障码。若存在故障码，则按照故障码的提示进行诊断；若没有故障码，则检查蓄电池电压。

2. 检查蓄电池电压

蓄电池的电压正常为 11～14V，若异常，则充电或更换蓄电池并检查充电（DCDC）系统；若正常，则检查 EPB 警告灯。

3. 检查 EPB 警告灯

1）连接故障诊断仪，进入 EPB 系统。

2）在元件测试上选择故障灯状态控制（图 2-2-19），进行 EPB 警告灯状态测试。EPB 警告灯应与故障诊断仪操作对应亮起或熄灭。

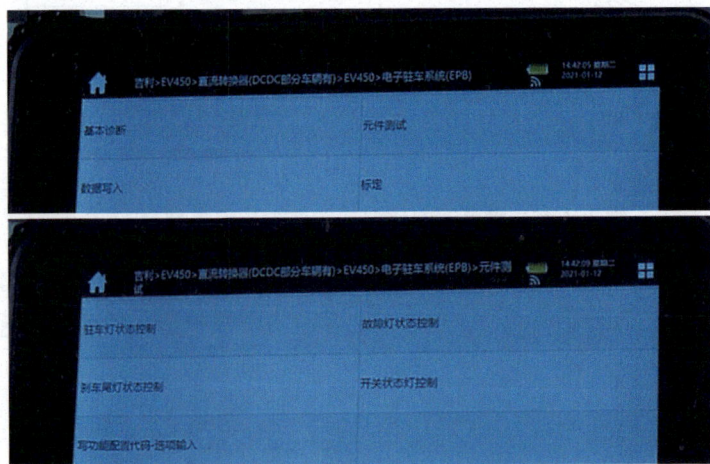

图 2-2-19 　EPB 系统元件测试

4. 检查组合仪表供电

组合仪表供电电路如图 2-2-20 所示。

1）操作启动开关使其处于 OFF 位置，断开组合仪表线束插接器 IP01。

2）操作启动开关使其处于 ON 位置；测量组合仪表线束插接器 IP01 端子 13、24、32 对车身搭铁的电压。正常应为 11～14V，异常则更换或维修线束。

3）测量组合仪表线束插接器 IP01 端子 16 与车身搭铁之间的电阻值。正常电阻应小于 1Ω，异常则更换或维修线束。

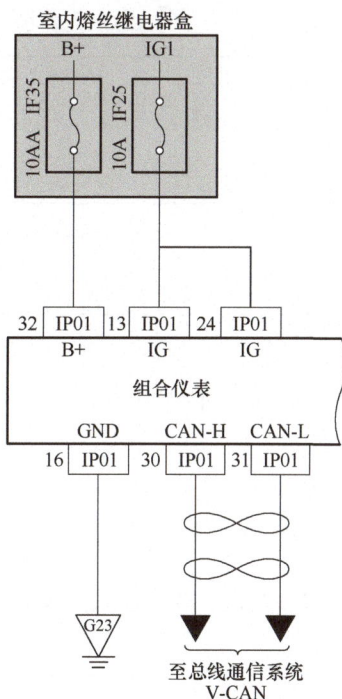

图 2-2-20 组合仪表供电电路

5. 检查 EPB 控制器供电

EPB 控制器电路如图 2-2-21 所示。

1）操作启动开关使其处于 OFF 位置，断开 EPB 控制器线束插接器 IP27。

2）操作启动开关使其处于 ON 位置；测量 EPB 控制器线束插接器 IP27 端子 22 对车身搭铁的电压。正常应为 11～14V，异常则更换或维修线束。

6. 检查 EPB 控制器与组合仪表通信

分别测量 EPB 控制器线束插接器 IP27 端子 16 与组合仪表线束插接器 IP01 端子 30、EPB 控制器线束插接器 IP27 端子 17 与组合仪表线束插接器 IP01 端子 31 之间的电阻。正常电阻应均小于 1Ω，异常则更换或维修线束。

7. 更换 EPB 开关

更换 EPB 开关；操作启动开关置于 ON 位，检查 EPB 警告灯是否亮后熄灭（自检）。正常则说明 EPB 开关损坏，异常则更换 EPB 控制器进行测试。

8. 更换 EPB 控制器

更换 EPB 控制器；操作启动开关置于 ON 位，检查 EPB 警告灯是否亮后熄灭（自检）。正常则说明 EPB 控制器损坏，异常则更换组合仪表。

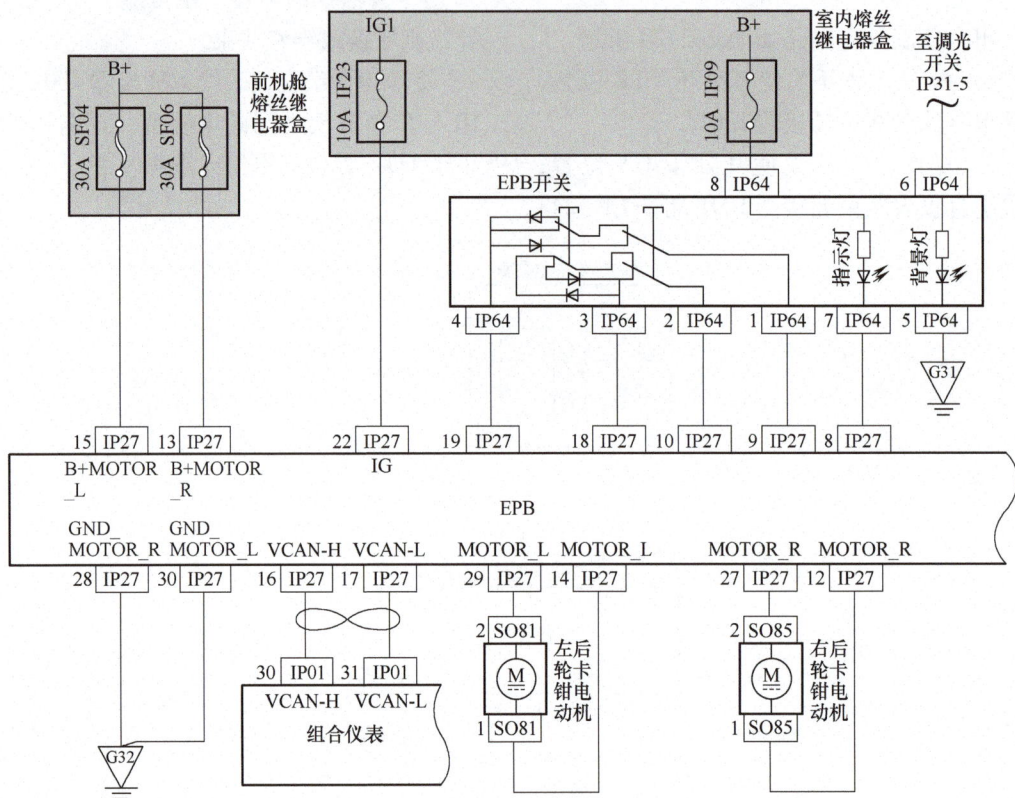

图 2-2-21　EPB 控制器电路

学习小结

1. 制动系统是汽车上依靠外界（主要是路面）在汽车某些部分（主要是车轮）施加一定的力，从而对其进行一定程度的强制制动的一系列专门装置。

2. 制动系统主要由供能装置、控制装置、传动装置和制动器组成。

3. 电动汽车没有发动机，没有现成的真空源，所以需要加装一个电动真空泵。电动真空泵按常用结构形式可分为叶片式、摇摆活塞式和膜片式 3 种；按使用功能可分为辅助电动真空泵和独立电动真空泵。

4. 帝豪 EV450 纯电动汽车标配了 ESC，可实现电子制动力分配（EBD）、制动防抱死、牵引力控制（TCS）和车辆动态稳定性控制（VDC）等基本功能以及坡道起步（HHC）、紧急制动辅助（HBA）、液压助力辅助（HBB）等增值功能。除此之外，ESC 控制器还具有电动真空泵控制（VAM），与电机控制器协同进行制动能量回收控制（RBS）的功能。

安全系统故障诊断与修复

- ➤ 能通过与客户交流、查阅相关维修技术资料等方式获取车辆信息；
- ➤ 能根据故障现象选择合适的维修手册；
- ➤ 能正确对预紧式安全带系统进行检测；
- ➤ 能根据维修手册拆装前排安全带总成；
- ➤ 能正确报废预紧式安全带；
- ➤ 能正确对安全气囊系统进行检测；
- ➤ 能正确制定安全气囊故障灯常亮的诊断流程并进行诊断。

学习单元 3.1　安全带系统故障诊断与修复

情境导入

小王在某新能源汽车 4S 店工作，今天接了一辆帝豪 EV450 纯电动汽车，客户反映前排乘员侧安全带警告灯不工作。经检查发现，前排乘员侧安全带卡扣损坏，更换后故障消失。

理论知识

3.1.1　汽车主动安全与被动安全

1. 主动安全

汽车主动安全是指汽车上防止意外事故发生的装置、设施或驾驶辅助系统等。

（1）装置、设施　装置、设施主要包括指示报警装置、照明装置、转向装置和制动装置等。报警装置常见的有各种故障指示灯（图 3-1-1）、提醒音等。

照明装置包括外部照明灯（如前照灯、雾灯）、外部信号灯（如转向指示灯、制动灯、尾灯、示廓灯、倒车灯等），近年来还有一些新技术，如随动转向前照灯（图 3-1-2）、自适应前照灯等。

（2）驾驶辅助系统　常见的驾驶辅助系统包括 ABS、牵引力控制系统（TCS/ASR/TRC）、电子制动力分配（EBD）系统、汽车防碰撞预警系统（AWS）、车辆稳

图 3-1-1　汽车部分故障指示灯

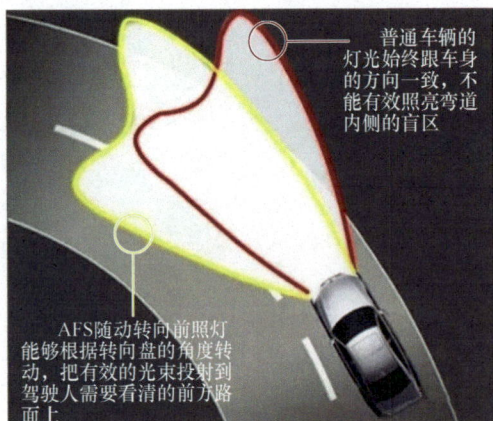

图 3-1-2　随动转向前照灯

制系统（Traction Control System，TCS）、驱动防滑（Acceleration Slip Regulation，ASR）系统、牵引策略控制（Traction Regulation Control，TRC）其基本工作原理是：检测到车轮打滑时，限制发动机动力输出或是在该轮上施加制动力，以防该轮打滑。

电子制动力分配（Electric Brakeforce Distribution，EBD）系统能够在汽车制动时自动调节前、后轴的制动力分配比例，根据对 4 个轮胎附着情况的不同进行感应与计算，调整各个轮胎上的制动力，达到缩短制动距离、保证制动时方向稳定性的目的。

汽车防碰撞预警系统（Advance Warning System，AWS）会在危险发生前给驾驶人提供及时的声音和视觉报警。其主要功能包括车距监测（图 3-1-3）及追尾预警、前方碰撞预警、车道偏离预警等。

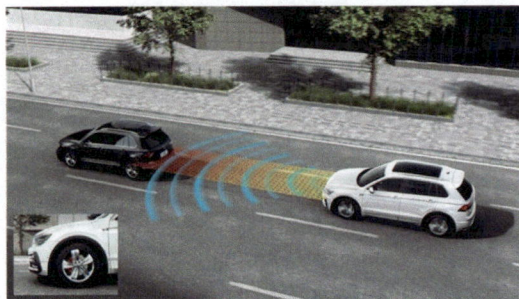

图 3-1-3　车距监测

车身电子稳定（Electronic Stability Program，ESP）系统或车身稳定控制（Vehicle Stability Control，VSC）系统，在大侧向加速度、大侧偏角的极限工况下工作，利用左、右两侧制动力之差产生的横摆力偶矩来防止出现侧滑现象。图 3-1-4 所示为 VSC 抑制前轴侧滑。

2. 被动安全

汽车被动安全是指在事故发生时保护乘员和步行者，使直接损失降到最小的装置或系统。

定（ESP/VSC）系统。

在遇到紧急制动时，容易发生车轮抱死的状况；前轮抱死容易引起汽车失去转弯能力，后轮抱死容易发生侧滑、甩尾事故。ABS 能控制车轮的滑移率，防止车轮抱死。

牵引力控制系统能防止车辆在雪地等湿滑路面上行驶时驱动轮的空转，使车辆能平稳地起步、加速。尤其在雪地或泥泞的路面，牵引力控制系统均能保证车辆流畅的加速性能，防止车辆因驱动轮打滑而发生横移或甩尾。常见的牵引力控制系统有牵引力控

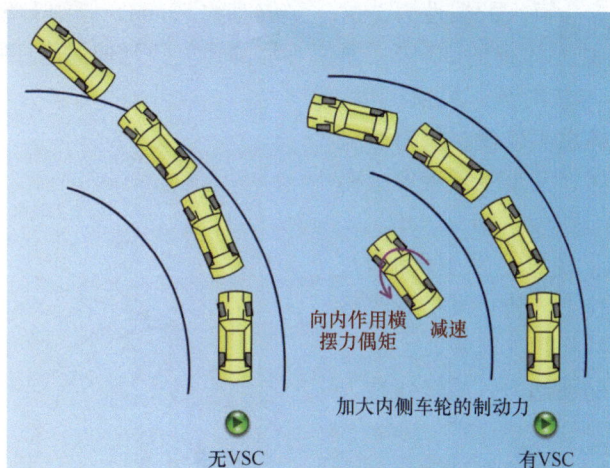

向内作用横
摆力偶矩　减速

加大内侧车轮的制动力

无VSC　　　　有VSC

图3-1-4　VSC抑制前轴侧滑

常见的装置包括安全带、安全气囊、吸能式车身、座椅与内饰、吸能式转向盘和吸能式转向柱（图3-1-5）、发动机下沉技术（图3-1-6）等。

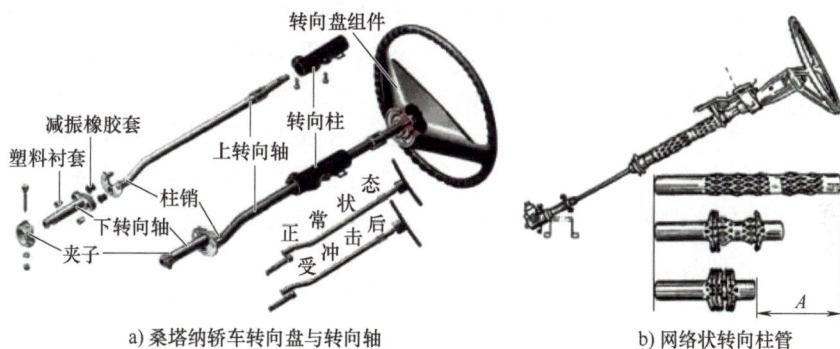

转向盘组件

减振橡胶套
塑料衬套
柱销
下转向轴
夹子

转向柱
上转向轴

正常状态
受冲击后

a) 桑塔纳轿车转向盘与转向轴　　　b) 网络状转向柱管

图3-1-5　吸能式转向柱

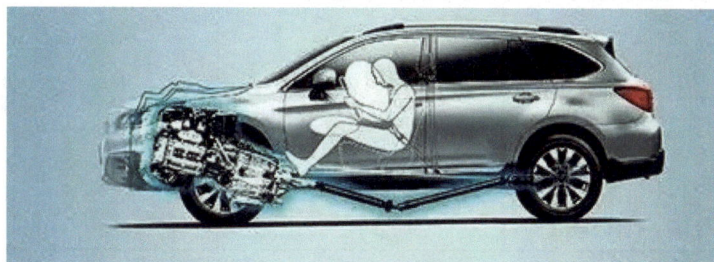

图3-1-6　正面碰撞时发动机下沉

3.1.2　安全带的结构与正确佩戴方法

汽车安全带是一种在发生交通事故时能防止或减轻乘员受二次碰撞所造成伤害的安全装置。

1. 汽车安全带的作用

高速行驶的汽车发生碰撞，或遇到意外

情况紧急制动时，会产生巨大的惯性力，这个惯性力可能超过驾驶人体重的 20 倍。惯性力使驾驶人及乘员与转向盘、风窗玻璃、座椅靠背、车门等物体发生碰撞，极易造成对驾乘人员的严重伤害，甚至将驾乘者抛离座位或抛出车外。

安全带的作用是：在汽车发生事故时，将驾乘人员束缚在座位上，防止发生二次碰撞；同时安全带有缓冲作用，能吸收大量的撞击能量，化解巨大的惯性力，减轻驾乘人员的伤害程度。

根据相关调查表明，在可能导致死亡的车祸中，安全带的使用可使车内人员生还的概率提高 60%，发生正面撞车时，系安全带可减少死亡率 57%；侧面撞车时可减少死亡率 44%；翻车时可减少死亡率 80%。同时，车祸中后排未系安全带的乘员猛烈撞击前排座椅，会对驾驶人或前排的乘员形成极大的冲击，使他们在车祸中死亡的概率增加大约 5 倍。

2. 安全带的结构

安全带主要由织带、卷收器、导向器、安全带锁扣和固定件等组成，如图 3-1-7 所示。

（1）织带　织带是构成安全带的主体，多用尼龙、聚酯、维尼纶等合成纤维丝纺织

成宽约 50mm、厚约 1.5mm 的带子，具有足够的强度、延伸性能和吸收能量的性能。

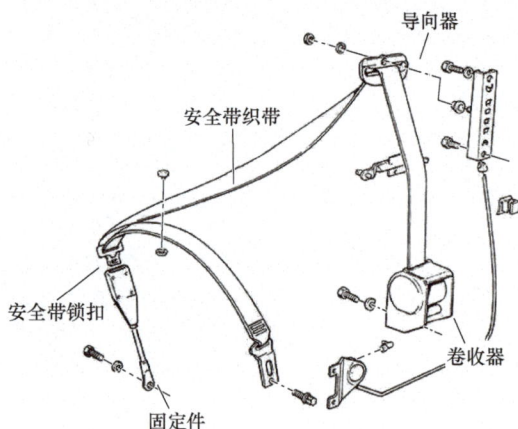

图 3-1-7　安全带的组成

（2）卷收器　卷收器的作用是储存织带和锁止织带拉出。其工作原理如图 3-1-8 所示，当卷轴缓慢旋转时，离合器杆并不摆动，一个弹簧使它保持在原来的位置。当猛拉安全带时，卷轴将快速旋转，离心力驱使离合器杆的加重端向外摆动。甩出的离合器杆外端会推动卷收器壳上的凸轮。凸轮通过滑动销与一个枢转棘爪相连。当凸轮移到左侧时，滑动销会沿棘爪的槽口移动，这会将棘爪拖入与卷轴相连的旋转棘轮，从而锁定旋转棘轮。

图 3-1-8　卷收器的工作原理

（3）导向器　导向器是用于改变织带方向的零件，便于卷收器的布置，使安全带可以紧贴身体，从而有效地约束乘员身体，提高佩戴的舒适性。织带在通过导向器时会

弯曲变形，而且由于有相对运动会产生滑动摩擦，因此要求导向器表面光滑、摩擦因数小、圆弧面曲率适中。

（4）安全带锁扣和固定件　安全带锁

扣是既能把乘员约束在安全带内，又能快速释放的连接装置。固定件是与车体或座椅构件相接的耳片、插件和螺栓等。

3. 汽车安全带的分类

通常可以将汽车安全带按固定方式的不同，分为两点式、三点式和多点式 3 种。

（1）两点式安全带　两点式安全带是与车体或座椅仅有两个固定点的安全带。这种安全带可分为腰带式和肩带式两种，如图 3-1-9 所示。与肩带式安全带相比，腰带式安全带在碰撞事故中可以有效地防止乘员被抛出车外，也容易解脱；缺点是乘员上身容易前倾，乘员头部会撞到前面的障碍物，如仪表板、风窗玻璃或前排座椅等。这种安全带主要用在轿车后排座位或各种巴士的乘客座椅上。

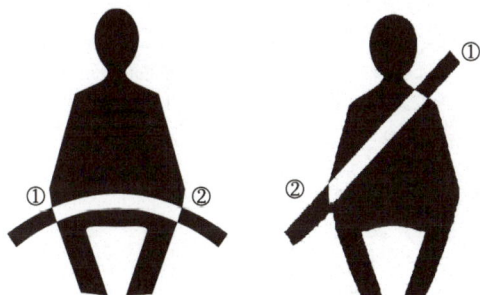

图 3-1-9　两点式安全带（腰带式、肩带式）

（2）三点式安全带　三点式安全带由腰带式和肩带式组合而成，在靠近肩部的车体上有一个固定点，可同时防止乘员躯体前移和上半身前倾，增强了乘员的安全性，是目前使用最普遍的一种安全带。汽车上常见的三点式安全带如图 3-1-10 所示，其主要特点是，腰带、肩带为一条连续织带，带扣的锁舌套在织带上并可沿织带滑动，在肩部固定点附近装有一个长度调节件。

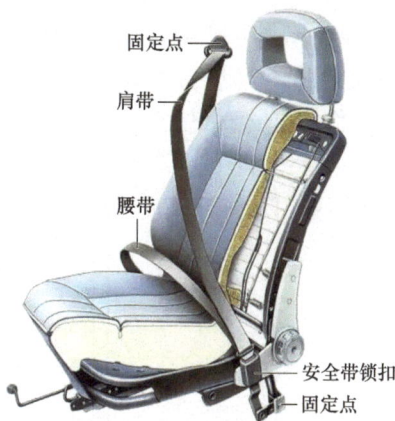

图 3-1-10　三点式安全带

（3）多点式安全带　多点式安全带通常应用于赛车上，能把人牢牢地固定在座椅上，所以更安全。但是多点式安全带的舒适性相对较差，所以在民用车上的应用较少。常见的多点式安全带有四点式、五点式和六点式，如图 3-1-11 所示。

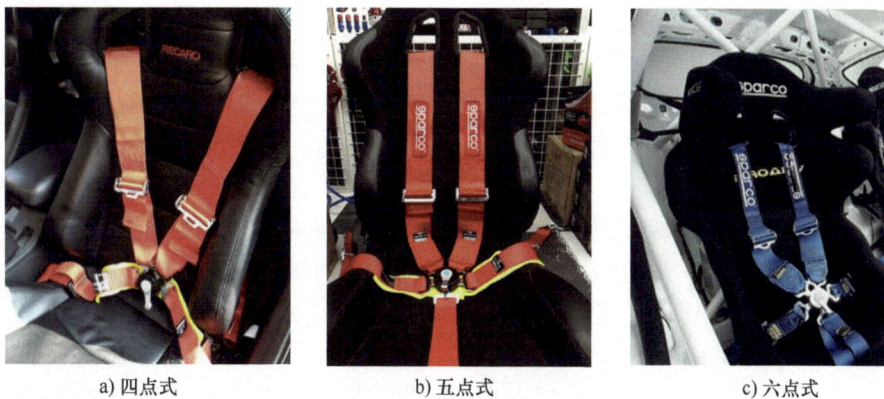

a) 四点式　　　　b) 五点式　　　　c) 六点式

图 3-1-11　多点式安全带

4. 安全带的使用

正确佩戴安全带时，肩带应该跨过胸腔，腰带应该紧贴髋骨，如图3-1-12所示，这样做主要是为了使事故发生时的冲击力作用在骨骼上而不是内脏器官上。

扣好安全带后，卡扣会发出"啪"的一声，提示锁扣已经到位，但是还应该拉扯一下安全带，确保安全带锁扣已经扣好且没有损坏。

常见的安全带错误佩戴方式（图3-1-13）有肩带位置过低（肩带容易滑出肩膀，起不到保护作用）、肩带位置过高（紧急情况

下安全带收紧容易勒伤脖子）、安全带系在腹部（撞击时可能会导致内脏受伤）、肩带系在腋下（无法完全限制人体前冲）。

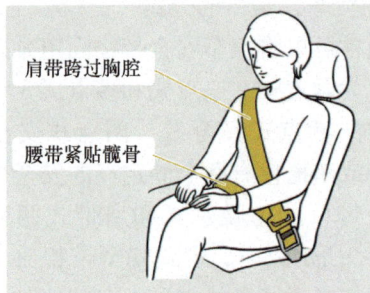

肩带跨过胸腔

腰带紧贴髋骨

图3-1-12 安全带的正确佩戴方式

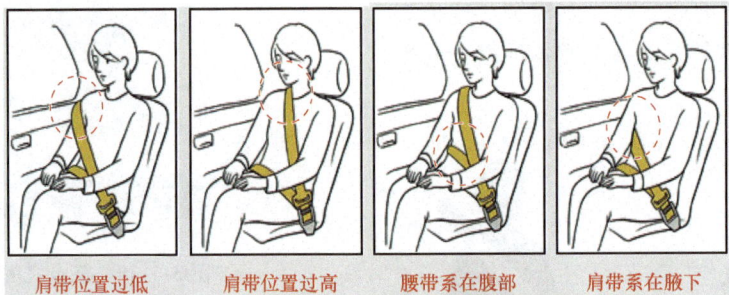

肩带位置过低　肩带位置过高　腰带系在腹部　肩带系在腋下

图3-1-13 常见的安全带错误佩戴方式

3.1.3 预紧式安全带

预紧式安全带是汽车安全带的一种，特点是增加了预张紧器，预张紧器在碰撞时可以感知一定的冲击，通过气体发生剂等产生动作，瞬间拉紧安全带。目的是当汽车发生碰撞事故的一瞬间，乘员尚未向前移动时，预先拉紧织带，将乘员紧紧地绑在座椅上，然后锁止织带，防止乘员身体前倾，有效保护乘员的安全。

预紧式安全带中起主要作用的卷收器与普通安全带不同，除了普通卷收器的收放织带功能外，还具有当车速发生急剧变化时，能够在0.1s左右加强对乘员的约束力，因此它还有控制装置、驱动装置和限力器。

1. 分类

根据控制装置的不同，预紧式安全带一般分为电子控制式和机械爆燃式两种。

（1）电子控制式　电子控制式安全带是以普通安全带为基础加装电子控制装置而来，靠电机锁止。当发生碰撞或者激烈驾驶时，电子控制装置凭借传感器收集来的信息，依靠伺服电动机第一时间完成安全带的预紧工作。其驱动装置为电动机。

（2）机械爆燃式　机械爆燃式安全带驱动装置的执行力更为彻底，即机械锁止。当发生碰撞时，安全气囊电控单元会对安全带限制器发出收紧信号。预紧装置立即引燃内部的气体发生剂，大量气体推动驱动装置，驱动装置带动安全带轴旋转而迅速拉动安全带直至其被锁止。机械爆燃式安全带常

见的驱动装置有钢球和活塞两种。

目前，最常用的预紧式安全带为机械爆燃式。

2. 机械爆燃式安全带的工作原理

（1）驱动装置为钢球　由传感器收集撞车信息，然后释放出电脉冲，该脉冲传递到气体发生器上，引爆气体。如图 3-1-14 所示，爆炸产生的气体在管道内迅速膨胀，推动钢球在导管内往前窜，驱动齿圈旋转带动卷收器旋转，使安全带绕在卷轴上；管道末端设计一个空腔，用于容留滚过来的钢球。

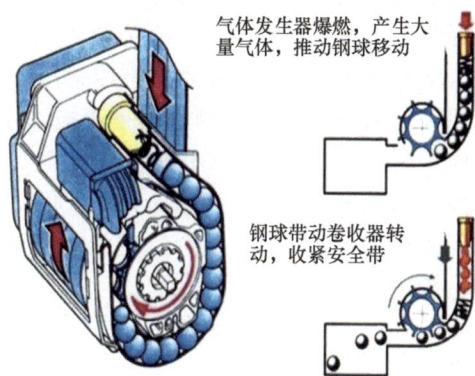

图 3-1-14　钢球预紧式安全带的工作原理

（2）驱动装置为活塞　活塞式的预紧原理与钢球式相似，爆炸产生的气体在起爆腔内迅速膨胀，推动活塞往前窜，拉动齿条移动带动卷收器旋转，使安全带绕在卷轴上，如图 3-1-15 所示。

（3）限力装置　事故发生后，安全带在预收紧装置的作用下，已经绷紧了。但在受力峰值过去后，安全带的张紧力度应该马上降低，以减小乘员受力，这就需要限力装置。通常是在卷收器的轴芯里边设置一根钢质扭转棒。当负荷达到预定情况时，扭转棒开始扭曲，这样就在一定程度上放松了安全带，实现了安全带的拉力限制功能。

3. 电子控制式安全带的工作原理

电子控制式安全带主要由直流电动机、传动机构、卷收器和电控单元组成，如

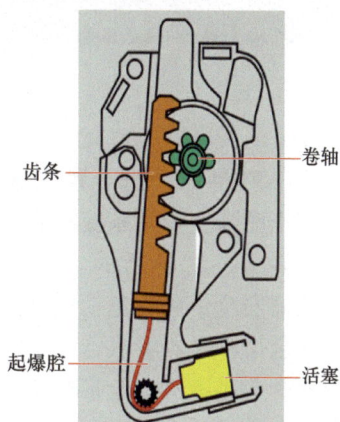

图 3-1-15　活塞预紧式安全带的工作原理

图 3-1-16所示。其中，传动机构包括传动齿轮和单向离合器，单向离合器利用棘轮棘爪机构达到锁止的状态。

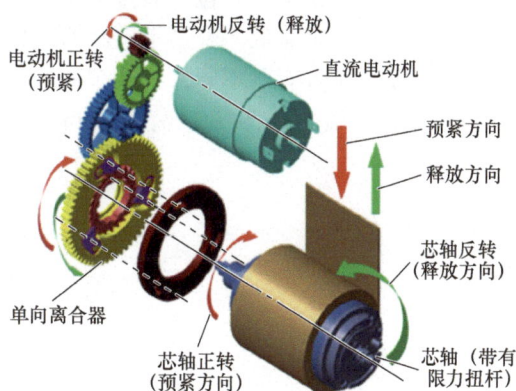

图 3-1-16　电子控制式安全带

在平常使用中，离合器处于分离状态，卷收器轴能自由双向旋转，安全带的佩戴或放松与一般的安全带没有区别。如果需要预紧，直流驱动电机起动，离合器啮合，带动卷收器芯轴旋转并回收安全织带，直至安全织带被拉紧。

电子控制式安全带通常做成可逆式，即电动机正转预紧安全带、电动机反转释放安全带，使得安全带可以重复多次预紧，避免了机械爆燃式预紧装置只能使用一次的缺点，还能根据汽车事故预警系统的指令实现危急提醒的功能。

3.1.4 帝豪 EV450 纯电动汽车预
紧式安全带

1. 组成

帝豪 EV450 纯电动汽车预紧式安全带系统包括前排座椅安全带系统和后排座椅安全带系统，如图 3-1-17 所示。

前排座椅安全带系统包括驾驶人侧和乘员侧座椅安全带预紧器卷收器、乘员识别传感器以及两个前排座椅安全带开关。乘员识别传感器用于检测乘员座位上是否有乘员。如果检测发现无人乘坐，则熄灭乘员安全带警告灯。两个前排座椅安全带开关分别位于座椅锁扣中，用于控制安全带警告灯和蜂鸣器。

后排座椅安全带系统包括后排座椅安全带卷收器和安全带总成。安全带卷收器根据车型不同安装位置有所不同，三厢车的通常位于后置物台装饰板下方、两厢车和 SUV

车型的通常位于侧围（中间安全带卷收器）或后座椅靠背上（左、右侧安全带卷收器）。安全带下部通常都固定在地板上，安全带锁扣通过织带固定在地板上。

2. 工作原理

帝豪 EV450 纯电动汽车预紧式安全带系统连接框图如图 3-1-18 所示，电路如图 3-1-19 所示。在启动开关电源模式为 ON 位后，若驾驶人安全带未系，安全气囊电控单元检测到驾驶人座椅安全带状况并通过 CAN 总线向组合仪表总成发出信号，组合仪表总成上的驾驶人座椅安全带警告灯亮，以提醒驾驶人系好安全带。前排乘员侧与驾驶人侧相比增加了一个乘员识别传感器，乘员识别传感器检测乘员侧座椅是否被占用，并向安全气囊电控单元发送信号。安全气囊电控单元检测前排乘员侧座椅安全带状况并向仪表总成发送信号，组合仪表总成使前排乘员侧座椅安全带警告灯亮起。

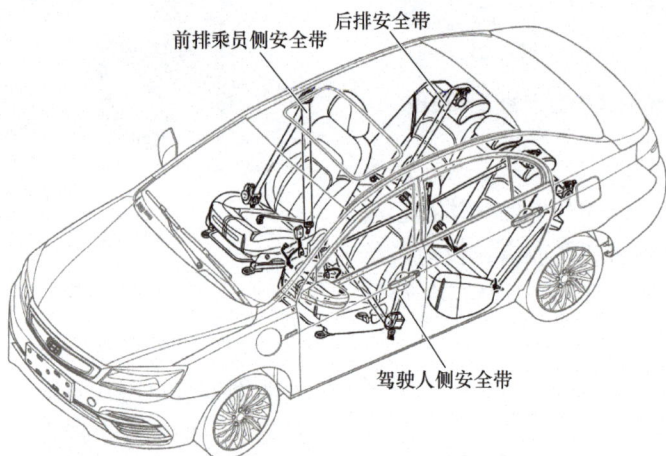

图 3-1-17　帝豪 EV450 纯电动汽车预紧式安全带系统

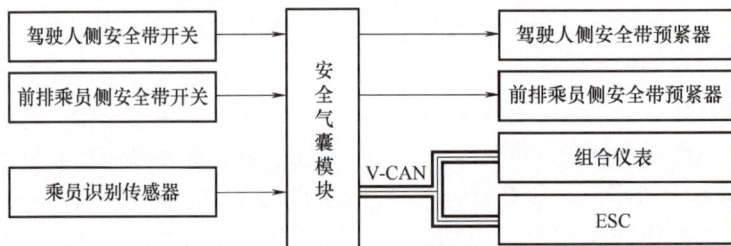

图 3-1-18　帝豪 EV450 纯电动汽车预紧式安全带系统连接框图

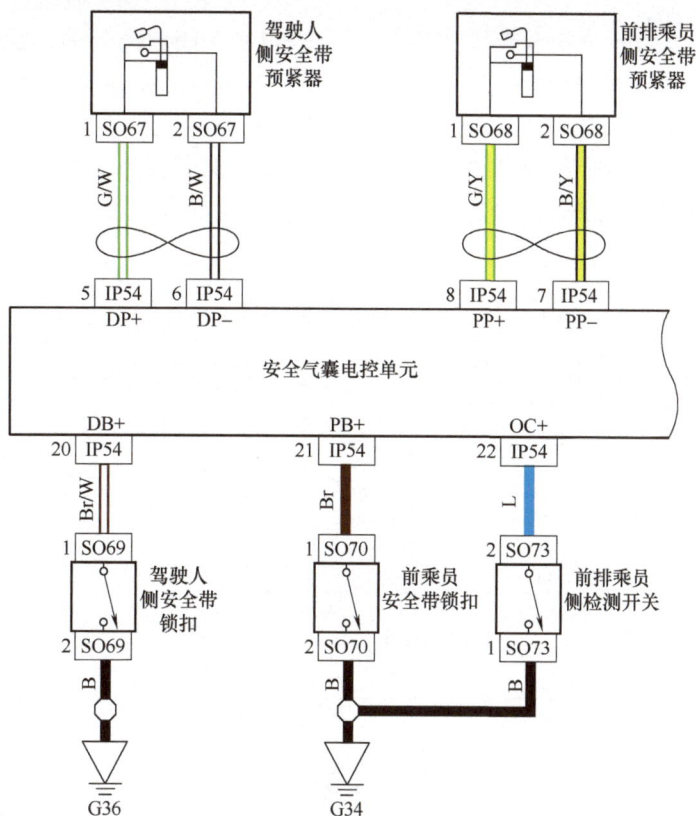

图 3-1-19　预紧式安全带系统电路

实践技能

3.1.5　安全带警告灯不工作故障诊断与修复

1. 车上检查

1）操作启动开关，使电源模式置于 ON 位。

2）当驾驶人侧座椅安全带松开时，检查组合仪表上驾驶人侧座椅安全带警告灯是否闪烁。

3）当驾驶人侧座椅安全带紧固时，检查组合仪表上驾驶人侧座椅安全带警告灯是否熄灭。

前排乘员侧座椅安全带警告灯检查方法与上述过程相同。

2. 驾驶人侧安全带警告灯不工作

（1）检查驾驶人侧座椅安全带锁扣　驾驶人侧座椅安全带锁扣电路如图 3-1-20 所示。

1）断开驾驶人侧座椅安全带锁扣线束插接器 SO69。

2）测量驾驶人侧座椅安全带开关的状态是否满足下列要求：系好安全带，端子 1 和 2 之间的电阻为 $10k\Omega$ 或更高；断开安全带，端子 1 和 2 之间的电阻低于 1Ω。若异常，则更换驾驶人座椅安全带锁扣总成。

（2）检查安全带锁扣电路

1）断开安全气囊电控单元线束插接器 IP54。

2）测量驾驶人侧座椅安全带锁扣线束插接器 SO69 端子 1 和安全气囊电控单元线束插接器 IP54 端子 20 之间的电阻，正常应

121

小于1Ω。

3）测量驾驶人侧座椅安全带锁扣线束插接器 SO69 端子 1 与车身搭铁之间的电阻，正常应大于10kΩ。

4）测量驾驶人侧座椅安全带锁扣线束插接器 SO69 端子 2 与搭铁之间的电阻值，正常应小于1Ω。

（3）检查 CAN 通信

1）关闭启动开关，断开安全气囊电控单元的线束插接器 IP54 和组合仪表线束插接器 IP01。

2）测量表 3-1-1 端子之间的电压和电阻，若异常则维修或更换线束。

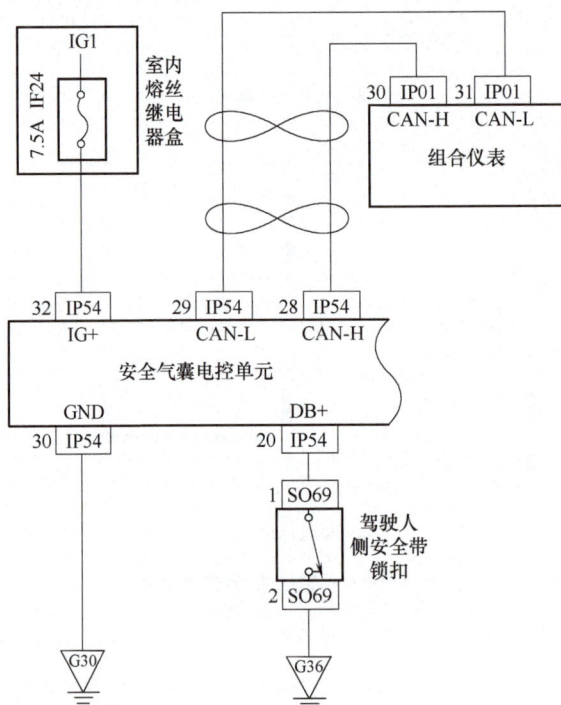

图 3-1-20　驾驶人侧座椅安全带锁扣电路

表 3-1-1　安全气囊电控单元与组合仪表 CAN 总线测量点及标准值

端子1	端子2	电阻标准值	电压标准值
IP01-30	IP54-28	小于1Ω	—
IP01-31	IP54-29	小于1Ω	—
IP01-30	车身搭铁	10kΩ 或更高	0V
IP01-31	车身搭铁	10kΩ 或更高	0V
IP54-28	车身搭铁	10kΩ 或更高	0V
IP54-29	车身搭铁	10kΩ 或更高	0V

（4）更换组合仪表　更换组合仪表，检查驾驶人座椅安全带警告灯是否正常工作。若正常工作，说明组合仪表损坏；若不正常，则说明安全气囊电控单元故障。注意：进行更换安全气囊电控单元并连接蓄电池负极操作后要等待至少 2s 才能进行上电操作。

3. 前排乘员侧安全带警告灯不工作

前排乘员侧安全带警告灯电路如

图 3-1-21 所示，其不工作故障的诊断流程与驾驶人侧安全带警告灯不工作的诊断流程类似。

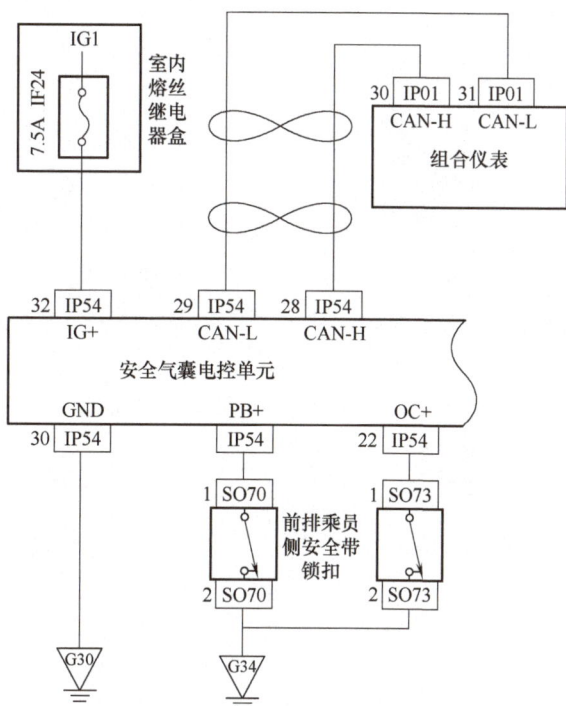

图 3-1-21　前排乘员侧安全带警告灯电路

3.1.6　前排乘员侧座椅安全带总成的更换

1. 更换前排乘员侧座椅安全带总成

（1）准备工作

1）断开蓄电池负极连接。

2）等待 90s 后（防止安全气囊展开），拆卸车门门槛装饰板。

（2）拆卸前排乘员侧座椅安全带总成

1）拆卸前排乘员侧安全带中柱下固定板紧固螺栓饰盖，然后拆卸前排乘员侧座椅安全带中柱下固定板紧固螺栓，如图 3-1-22 所示。

2）拆卸前排乘员侧安全带中柱上固定板紧固螺栓饰盖，然后拆卸前排乘员侧座椅安全带中柱上固定板紧固螺栓，如图 3-1-23 所示。

3）断开前排乘员侧座椅安全带卷收器线束插接器，如图 3-1-24 中 1 所示。

4）拆卸前排乘员侧座椅安全带卷收器紧固螺栓，如图 3-1-24 中 2 所示，取下前排乘员侧座椅安全带。

（3）安装前排乘员侧座椅安全带总成　前排乘员侧座椅安全带总成的安装过程与拆卸过程相反，卷收器紧固螺栓的紧固力矩、安全带中柱下固定板紧固螺栓的紧固力矩、安全带中柱上固定板紧固螺栓的紧固力矩均为 45N·m。

2. 机械预紧式安全带的报废

注意：如果要报废装备了安全带预紧器的车辆或者报废前排乘员侧座椅安全带（带有安全带预紧器），务必要先展开安全带预紧器。展开安全带预紧器时，必须使用规定的安全气囊展开工具（SST）。展开前排乘员侧座椅安全带（带座椅安全带预紧器）时，应在距离前排乘员侧座椅外安全带至少 10m 远处进行此操作。

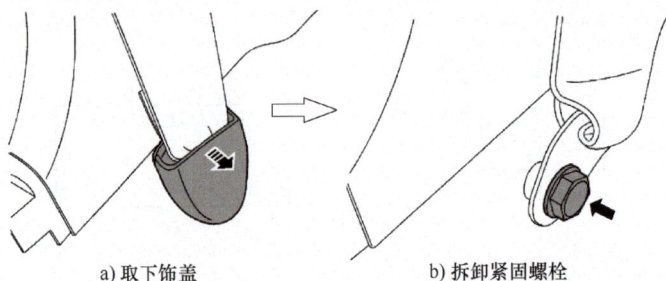

a) 取下饰盖   b) 拆卸紧固螺栓

图 3-1-22 拆卸前排乘员侧座椅安全带中柱下固定板紧固螺栓

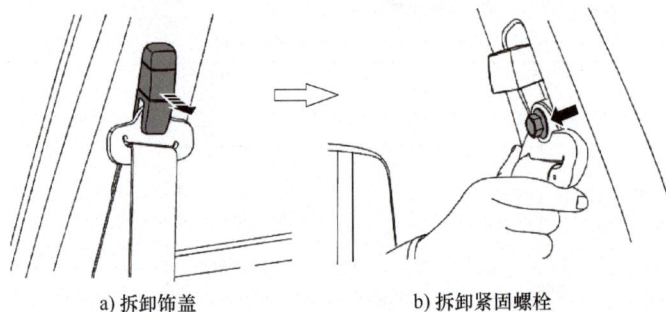

a) 拆卸饰盖   b) 拆卸紧固螺栓

图 3-1-23 拆卸前排乘员侧座椅安全带中柱上固定板紧固螺栓

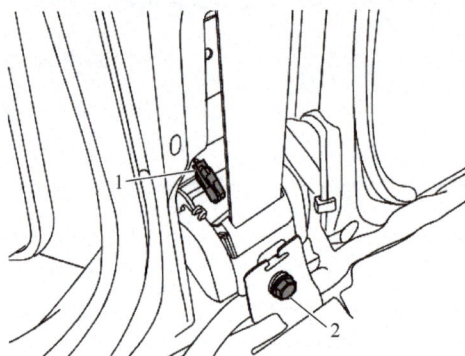

图 3-1-24 拆卸前排乘员侧座椅安全带卷收器总成

（1）检查 SST 功能

1）将 SST 的红色卡子连接至蓄电池的正极（+）端子，将黑色卡子连接至蓄电池的负极（-）端子，如图 3-1-25 所示。此时，切勿连接黄色插接器，黄色插接器稍后将与座椅安全带预紧器相连接。

2）按下 SST 展开开关（图 3-1-25 中箭头），检查并确认 SST 展开开关的 LED 灯亮起。如果未按下展开开关时 LED 灯亮起，则 SST 可能有故障，因此不能使用此 SST。

（2）连接 SST

1）将 SST 按图 3-1-26 所示连接到前排乘员侧座椅安全带预紧器上，关闭所有车窗和车门。

2）将 SST 移到距离车辆前部至少 10m 远的地方。

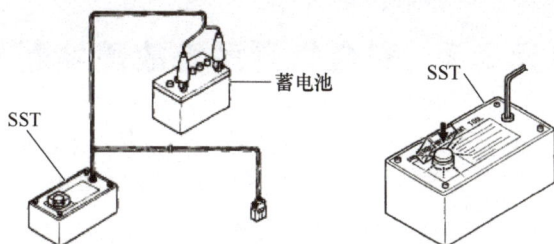

图 3-1-25　SST 与蓄电池的连接方法与展开开关

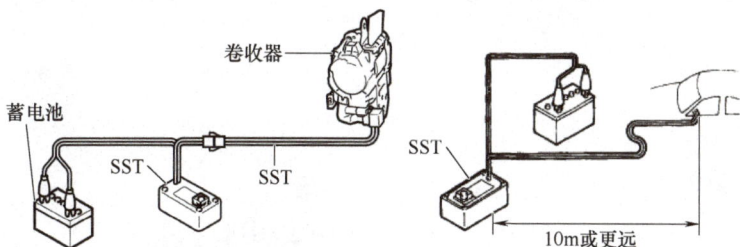

图 3-1-26　连接 SST 与预紧器

（3）展开预紧器

1）确认车内或者车辆周围 10m 内无人。

2）按下 SST 展开开关，以便展开前排乘员侧座椅外安全带预紧器。座椅安全带预紧器将在 SST 的 LED 灯亮起的同时展开。

（4）报废处理外安全带总成

1）等待卷收器冷却。前排乘员侧座椅外安全带预紧器展开时，外安全带会变得非常热，因此在展开后需要等待其变凉。

2）拆下前排乘员侧座椅安全带总成和 SST。

3）将外安全带放到塑料袋内，密封袋口，然后按照报废其他普通零件的方式将其报废。

报废已经拆下的安全带总成步骤与上述步骤基本相似。

🔺 **学习小结**

1. 汽车主动安全是指汽车上防止意外事故发生的装置、设施或驾驶辅助系统等。装置、设施主要包括报警装置、照明装置、转向装置和制动装置等。驾驶辅助系统主要包括 ABS、牵引力控制系统（TCS/ASR/TRC）、电子制动力分配（EBD）系统、汽车防碰撞预警系统（AWS）、车辆稳定（ESP/VSC）系统等。

2. 汽车被动安全是指在事故发生时保护乘员和行人，使直接损失降到最小的装置或系统。常见的装置包括安全带、安全气囊、吸能式车身、座椅与内饰、吸能式转向盘和吸式转向柱、发动机下沉技术等。

3. 汽车安全带是一种在发生交通事故时能防止或减轻乘员受二次碰撞所造成伤害的安全装置。安全带主要由织带、卷收器、导向器、安全带锁扣和固定件等组成。按固定方式的不同，安全带可分为两点式、三点式和多点式 3 种。

4. 正确佩戴安全带时，肩带应该跨过胸腔，腰带应该紧贴髋骨；这样做主要是为了使事故时的冲击力作用在骨骼上而不是内脏器官上。

学习单元 3.2　安全气囊系统故障诊断与修复

情境导入

小王在某新能源汽车 4S 店工作，今天接了一辆帝豪 EV450 纯电动汽车，该车安全气囊警告灯持续亮，更换安全气囊电子控制单元后故障现象消失。

理论知识

3.2.1　安全气囊系统的概述

安全气囊系统（Supplement Restrain System，SRS）是乘员约束装置（座椅安全带）的辅助装置。它能在汽车遇到撞击而急剧减速时快速膨胀形成缓冲垫，可以有效防止车内乘员直接撞击转向盘、仪表板等车内硬物而发生二次碰撞，是一种被动安全装置。

安全气囊系统的主要功能有：吸收乘员在碰撞过程中的动能、减少乘员后颈部的冲击、作为安全带的辅助装置。需要注意的是，只有在使用安全带的前提下，安全气囊系统才能充分发挥保护乘员的作用。

1. 安全气囊按数量分类

安全气囊按数量可以分为单气囊系统（只装在驾驶人侧）、双气囊系统（驾驶人侧和前排乘员侧各有一个安全气囊）和多气囊系统（4 个安全气囊或更多）。

单、双气囊系统：用来保护前排乘员在车辆发生猛烈撞击时对胸部和脑部的有效保护。四气囊系统：驾驶人侧、前排乘员侧装有两个，侧面车门内装有两个，如图 3-2-1 所示，可有效地缓冲来自前方和侧面的强大冲击力。多气囊系统如图 3-2-2 所示，有多个气囊分布，常见的有驾驶人侧和前排乘员

侧安全气囊、座椅侧安全气囊、头部侧安全气囊（防止撞击车门玻璃）、腿部安全气囊等。

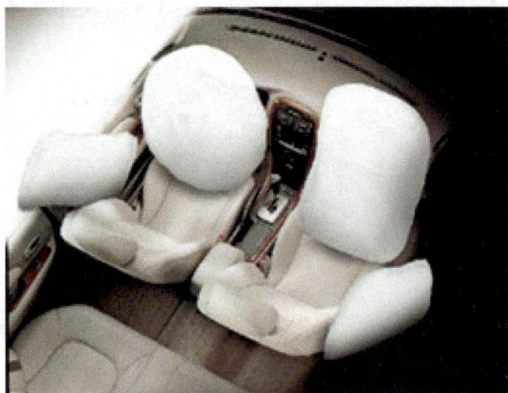

图 3-2-1　四气囊系统

图 3-2-2　多气囊系统

2. 安全气囊按保护对象分类

安全气囊按照气囊的保护对象可以分为前方气囊（驾驶人侧前方气囊、前排乘员侧前方气囊）、侧边气囊（前、后座侧边气囊）、侧边气帘、膝部气囊和行人气囊等。

前方气囊与侧边气囊如图 3-2-3 所示。前方气囊安装在转向盘或仪表板内，主要是减缓正面撞击对前排乘员头颈部、胸部造成的伤害；侧边气囊安装在座椅外侧，目的是减缓侧面撞击造成的伤害。侧边气帘安装在车顶的弧形钢梁内，在碰撞时弹出遮盖车窗，针对侧面撞击对人头部进行保护，对于

图 3-2-3　前方气囊与侧边气囊

侧撞、翻车等严重事故有着很好的保护功能。膝部气囊安装在仪表板下部，用来降低乘员在二次碰撞中车内饰对乘员膝部的伤害，也能缓解来自正面碰撞的前冲力。侧边气帘与膝部气囊如图 3-2-4 所示。行人气囊（图 3-2-5）安装在风窗玻璃的下方，用于保护行人，防止行人头部与车辆发生二次碰撞。

3. 安全气囊按气囊触发机构分类

安全气囊按照触发机构的不同通常可以分为电子式、电机-机械式和纯机械式。

a) 侧边气帘

b) 膝部气囊

图 3-2-4　侧边气帘与膝部气囊

图 3-2-5　行人气囊

3.2.2　安全气囊系统的组成

安全气囊系统主要由传感器、电控系统和气囊组件等组成。

1. 传感器

汽车安全气囊传感器用于检测、判断汽车发生碰撞事故时的撞击信号，以便及时启动安全气囊。

传感器按功能可以分为碰撞传感器和安全传感器两大类。碰撞传感器用于检测碰撞的激烈程度，安全传感器用于防止因碰撞传感器短路而造成的安全气囊误爆。碰撞传感器有机械式、机电式和电子式 3 种。

（1）机械式碰撞传感器　常见的机械

式碰撞传感器如图 3-2-6 所示，惯性钢球在撞击产生的惯性力作用下沿轨道向前运动，推动杠杆；杠杆的另一端受弹簧力支持，一个 D 形楔安装在杠杆上。当杠杆转动时，D 形楔随之转动，使限制在 D 形楔下的点火针射出，打在引火帽上，点燃引爆剂。

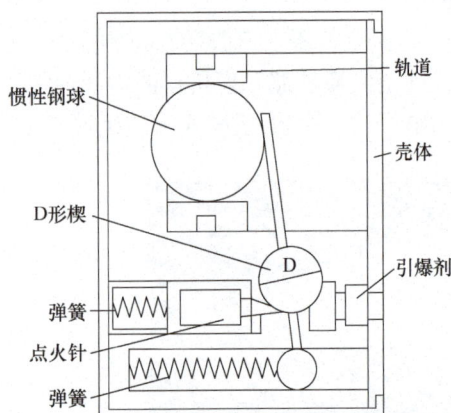

图 3-2-6　常见的机械式碰撞传感器

机械式碰撞传感器用于早期的机械式安全气囊，机构简单，可靠性高，但是对零部件的精度要求高且要耐磨。

（2）机电式碰撞传感器　机电式碰撞传感器主要有滚轴式、滚球式、偏心锤式和水银开关式 4 种。

滚轴式碰撞传感器如图 3-2-7 所示，片

状弹簧一端（图中左端）固定在底座上，另一端略微弹起，整体呈一个斜坡。滚轴可沿片状弹簧滚动，动触头固定在滚轴上，可随滚轴一起滚动。汽车未发生碰撞时，传感器处于静止状态，滚轴在片状弹簧的作用下靠向止动销，动触头与静触头断开。当汽车碰撞且加速度达到设定的阈值时，滚轴在惯性力的作用下向右侧滚动并压下片状弹簧，使动触头与静触头接触，接通传感器。

滚球式碰撞传感器如图 3-2-8 所示，汽车未发生碰撞时，传感器处于静止状态，滚球在永磁铁磁力的作用下远离触头，两触头处于断开状态。当汽车碰撞且惯性力大于磁力时，滚球在惯性力的作用下向左侧滚动并接通触头。碰撞后，钢球在磁力的作用下回到远离触头的位置，传感器再次处于断开状态。

偏心锤式碰撞传感器如图 3-2-9 所示，汽车未发生碰撞时，传感器处于静止状态，偏心锤在弹簧的作用下靠向挡块，静触头与旋转触头断开。当汽车碰撞且加速度达到设定的阈值时，偏心锤在惯性力的作用下带动转子旋转，使静触头与旋转触头接触，接通传感器。碰撞后，偏心锤在弹簧的作用下回到原来的位置，传感器再次处于断开状态。

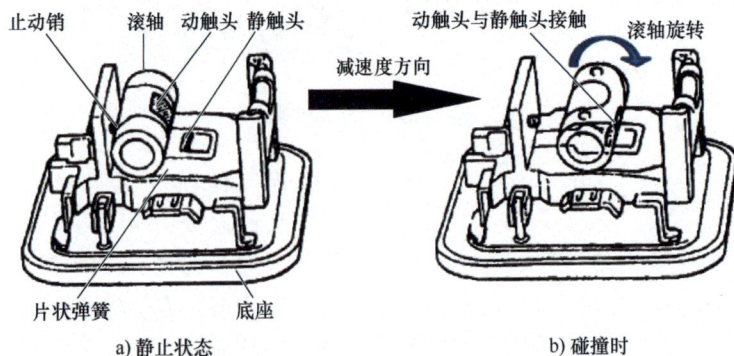

a) 静止状态　　　b) 碰撞时

图 3-2-7　滚轴式碰撞传感器

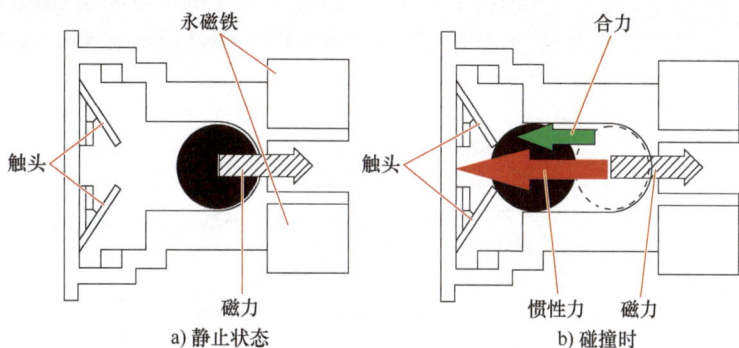

a) 静止状态　　　　　　　　　　b) 碰撞时

图 3-2-8　滚球式碰撞传感器

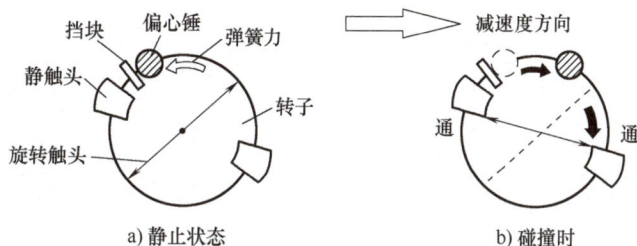

a) 静止状态　　　　　　　　　　b) 碰撞时

图 3-2-9　偏心锤式碰撞传感器

　　水银开关式碰撞传感器如图 3-2-10 所示，汽车未发生碰撞时，传感器处于静止状态，水银在重力的作用下处于壳体下端，两电极处于断开状态，传感器电路未接通。当汽车碰撞且碰撞强度达到阈值时，水银在惯性力的作用下克服重力向壳体上端运动与两个电极接触，由于水银良好的导电性使电路接通。碰撞后，水银在重力的作用下回到原来的位置，传感器再次处于断开状态。水银开关式碰撞传感器一般用于安全传感器，即当水银传感器未接通而其他碰撞传感器接通时，判定为车辆未碰撞，防止安全气囊误爆。

　　（3）电子式碰撞传感器　电子式碰撞传感器主要有电阻式、电容式和压电效应式 3 种。不同于之前的开关式传感器（机械式或机电式），电子式传感器能测出加速度数值，因此常用于安全气囊系统的中央传感器（安全传感器）。当其判断碰撞强度不大

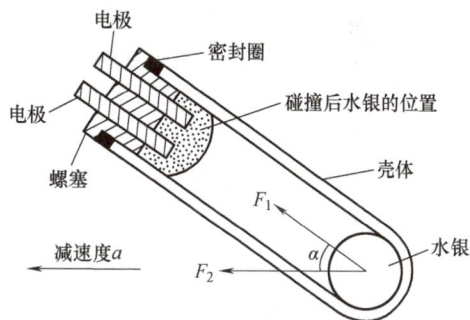

图 3-2-10　水银开关式碰撞传感器

（加速度值不大）而其他碰撞传感器接通时，判定为不引爆安全气囊。

　　电阻式电子碰撞传感器如图 3-2-11 所示，悬臂梁压在应变电阻的两端，当悬臂梁在惯性力的作用下发生弯曲变形时，应变电阻受压，阻值发生变化，可以检测车辆此时的加速度。安全气囊电控单元根据此信号的强弱来判断碰撞强度。

　　电容式电子碰撞传感器如图 3-2-12 所

示，碰撞时，惯性质量在惯性力的作用下移动，带动移动电容片发生相对移动，改变与固定电容片之间的距离，从而改变电容，根据这一变化量可以测出加速度值。加速度值为零时，惯性质量在平衡簧的作用下回到原来位置。

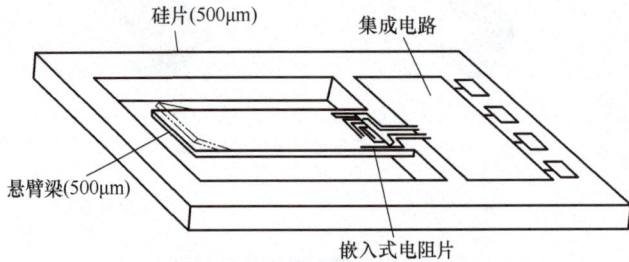

图 3-2-11　电阻式电子碰撞传感器

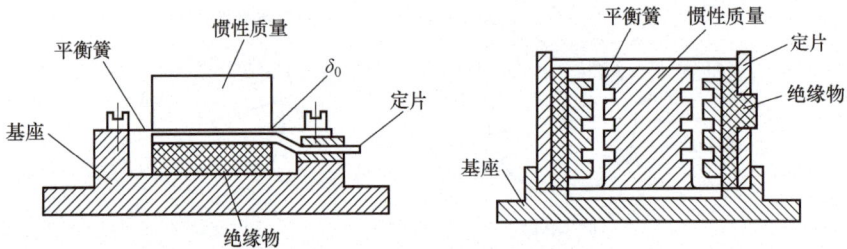

图 3-2-12　电容式电子碰撞传感器

压电效应式电子碰撞传感器如图 3-2-13 所示，碰撞时，质量块产生惯性力，改变质量块对晶片的压力，压电晶片在力的作用下产生电荷，电荷的大小与加速度大小直接相关，通过测量电压值就可以知道加速度的大小和方向。

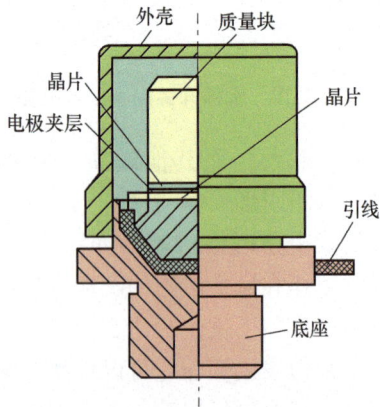

图 3-2-13　压电效应式电子碰撞传感器

2. 气囊组件

气囊组件主要有气体发生器、安全气囊、固定部件和盖板等，如图 3-2-14 所示。

（1）气体发生器　气体发生器主要由点火器、外壳、气体发生剂和过滤装置等组成，气体发生器的外壳多用铝合金冲压成形而成；内部结构和外形如图 3-2-15 所示。其作用是在点火器引爆气体发生剂时向安全气囊充气。

点火器（图 3-2-16）在传感器动作时接通电路，电流通过电热丝产生热量点燃火药，产生的压力和热量冲破药筒，将增强剂引燃。增强剂位于点火器与气体发生剂之间，当点火器引燃后引燃增强剂，冲撞或粉碎其他发生剂，促使其他发生剂快速产生气体。

目前使用的气体发生剂多是叠氮化钠和氧化铁的合剂，反应方程为

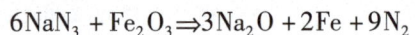

$$6NaN_3 + Fe_2O_3 \Rightarrow 3Na_2O + 2Fe + 9N_2$$

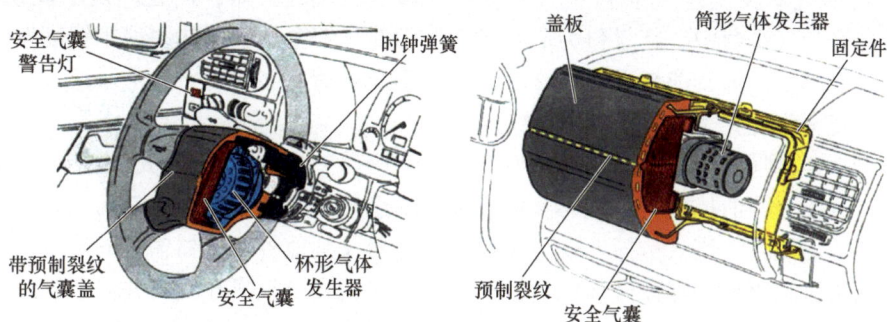

图3-2-14 气囊组件

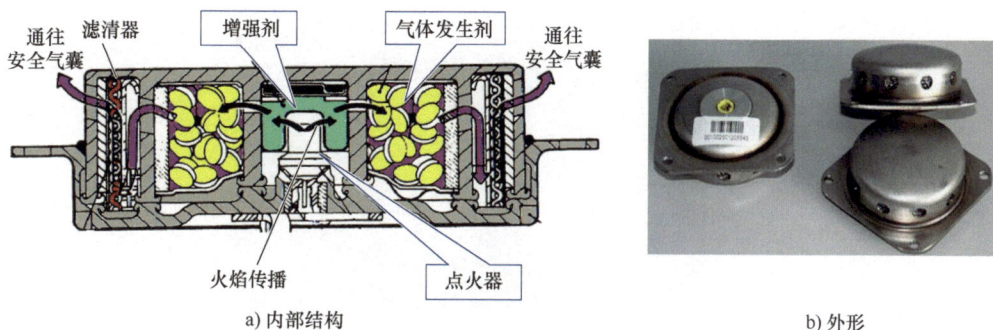

a) 内部结构   b) 外形

图3-2-15 气体发生器的内部结构和外形

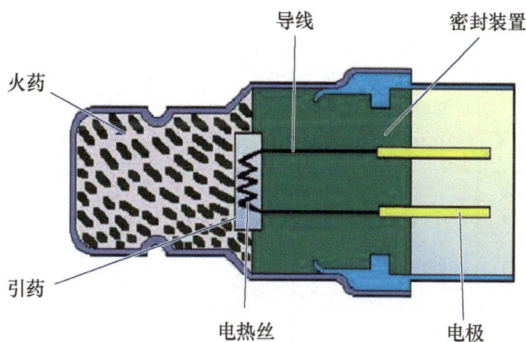

图3-2-16 点火器

燃烧后产生铁、氮气和氧化钠。氧化钠对人体有强烈刺激性和腐蚀性，对眼睛、皮肤和黏膜能造成严重灼伤；接触后可引起灼伤、头痛、恶心、呕吐、咳嗽、喉炎、气短，因此处理引爆过的安全气囊要注意防护。

为了能为乘员提供更多的安全保证和减小冲击力，有的车辆使用了双级释放式的安全气囊。如图3-2-17所示，每一级释放有其独立的点火器和气体发生器，根据碰撞的严重程度和种类的不同，两次点火触发的时间间隔约为5~50ms，碰撞强度比较低时，时间间隔要长一些。

（2）安全气囊及安全气囊衬垫 安全气囊折叠在安全气囊盒中，其材料为尼龙织物，内层涂聚氯丁二烯，能承受大于 2.5kN 的张力。当安全气囊完全充气后，气体气压大约为 5kPa，当乘员压向安全气囊时会升高到 6kPa。为了缓和冲击，在安全气囊背面设计有若干溢流孔，当人员撞向安全气囊时，气体从溢流孔喷出，保证碰撞能量被有效吸收。

安全气囊衬垫既要保护安全气囊不受损伤，又要在安全气囊爆开时易于碎裂而不影响安全气囊膨胀，而且碎块不能伤害乘员；因此，安全气囊衬垫多采用轻度发泡的聚氨酯塑料薄板制成。

3. 电控系统

（1）电控单元 安全气囊电控单元是安全气囊的控制中心，其功用是接收碰撞传感器及其他各传感器输入的信号，判断是否点火给安全气囊充气，并对系统故障进行自诊断。它主要由信号处理电路、备用电源电路和稳压保护电路组成，如图 3-2-18 所示。

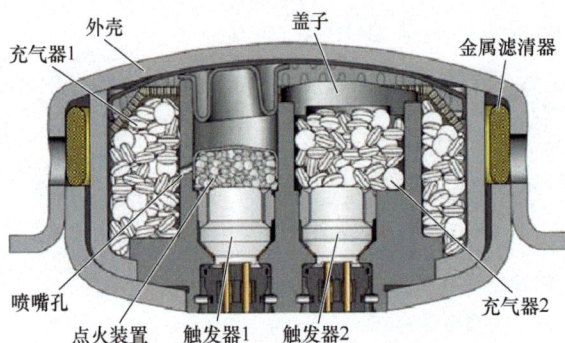

图 3-2-17 双级释放式安全气囊

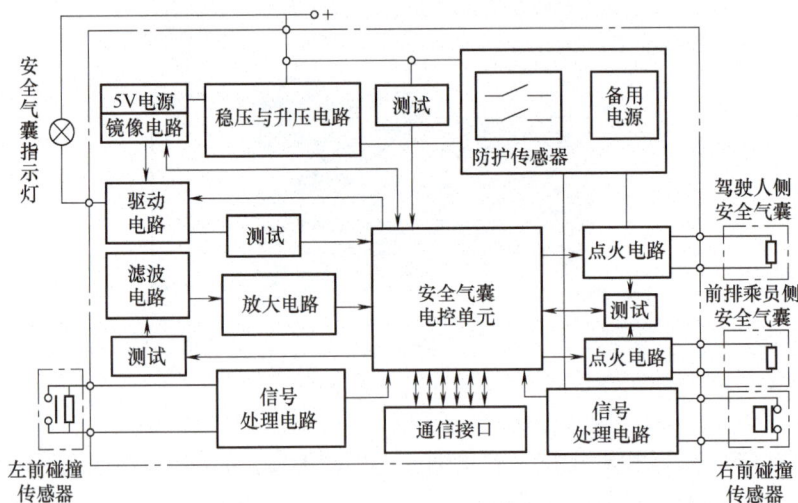

图 3-2-18 安全气囊电控单元

信号处理电路的功能是对碰撞传感器检测到的信号进行整形和滤波处理，以便安全气囊电控单元能够接收和识别。信号处理电路主要由放大器和滤波器组成。

备用电源电路通常由电容器构成,其功能是在汽车发生碰撞时,若蓄电池或发电设备损坏而不能向安全气囊系统供电的情况下,紧急提供保证安全气囊系统工作所需要的电力。备用电源的供电时间一般很短(少于6s),但在此供电时间内,也能保证安全气囊电控单元测出碰撞强度,发出引爆指令,点燃气体发生剂,使安全气囊可靠启动。汽车点火开关接通10s后,如果蓄电池电压或发电电压高于安全气囊电控电源的最低工作电压,则对备用电源的电容器进行充电,直至电容器电能储存足够为止。

稳压保护电路的功能是保证供给各电子元件的电压不会发生大的波动而损坏电子元器件。由于汽车电气部件中有许多电感线圈,当电路中的开关器件接通或断开使负载电流发生突变时,都会产生瞬时脉冲高压对安全气囊系统电路中的元器件造成损害。为了防止安全气囊系统元件损坏而造成安全气囊失效,保证其在汽车电源电压波动时也能正常工作,必须要设置稳压保护电路。

(2)时钟弹簧/螺旋电缆　时钟弹簧/螺旋电缆是连接转向盘上的安全气囊气体发生器与安全气囊控制模块之间的电气连接装置,作用是保证转向盘在任意位置的电气连接。其结构、外观和安装位置如图3-2-19所示。

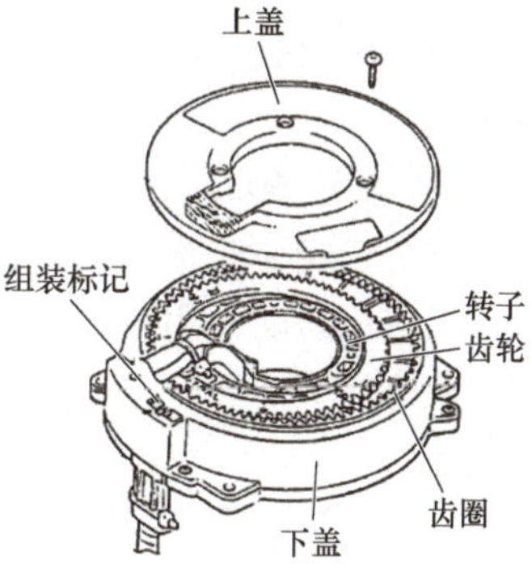

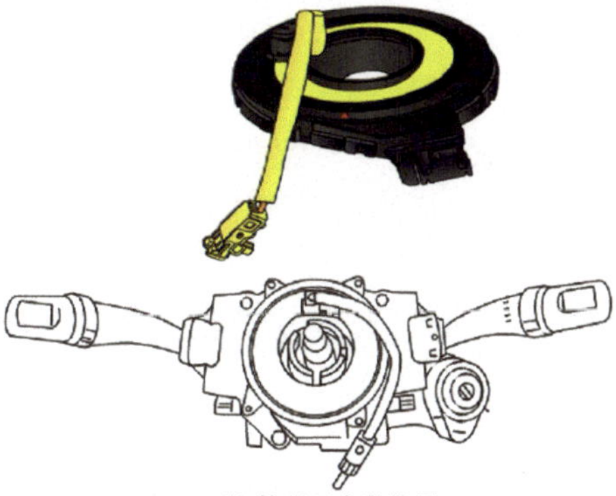

图 3-2-19　时钟弹簧的结构、外观和安装位置

(3)安全气囊警告灯　安全气囊警告灯的功能是一旦安全气囊系统出现故障,则以闪烁来提示驾驶人。

当汽车点火开关接通后,安全气囊指示灯闪烁一段时间(6s左右)后熄灭,说明安全气囊系统自检通过,安全气囊系统无异常。如果汽车点火开关接通后,安全气囊指示灯不亮、常亮或不停地闪烁,则说明安全气囊系统有故障。

(4)线束　安全气囊系统电路线束使用特种包装盒颜色识别。螺旋电缆能保证安装在转向盘中央的安全气囊系统电路的可靠连接,另外,插接器触片与插头表面通过镀金来防止接触不良。

3.2.3　安全气囊系统的工作原理

1. 基本原理

安全气囊系统的基本工作原理如图3-2-20所示。当汽车发生碰撞时,由碰撞传感器对碰撞程度进行识别,对于中等程度以上的碰撞,传感器发出信号给电控单元,安全气囊电控单元立即接通充气元件中的点火电路,点燃点火器内的点火介质,火焰引燃点火药粉和气体发生剂,产生大量气体,在0.03s

的时间内即给安全气囊充气，使安全气囊急剧膨胀，冲破安全气囊装饰盖板冲出，使乘员的头部和胸部压在充满气体的安全气囊上，缓冲对驾驶人和乘员的冲击，随后将安全气囊中的气体放出。

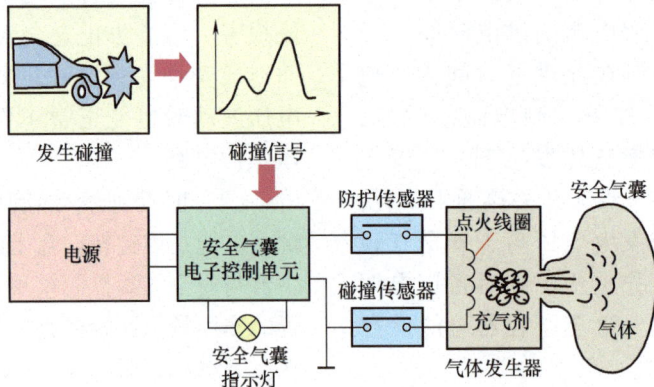

图 3-2-20　安全气囊系统的基本工作原理

2. 引爆时序

安全气囊系统的引爆时序如图 3-2-21 所示。

1）碰撞约 10ms 时，气囊组件中的点火器引爆火药，产生大量的热，气体发生剂受热分解。驾驶人此时尚未动作。

2）碰撞约 40ms 时，安全气囊完全充满，驾驶人在惯性力的作用下向前移动，安全带收紧限制驾驶人位置，部分冲击能量已经被吸收。

3）碰撞约 60ms 时，驾驶人头部及胸部压向安全气囊，安全气囊背面的排气孔在气压和人体压力的作用下开启，利用排气气流吸收人体的动能。

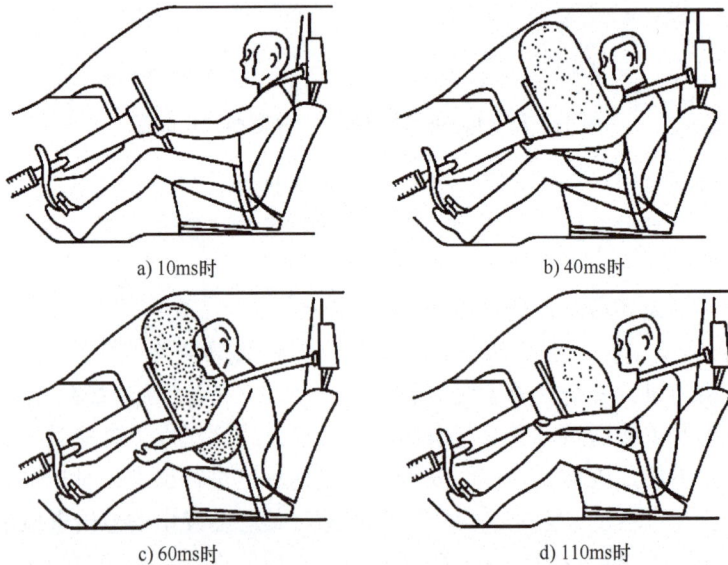

a) 10ms时　　　　　　b) 40ms时

c) 60ms时　　　　　　d) 110ms时

图 3-2-21　安全气囊系统的引爆时序

4）碰撞约 110ms 时，大部分气体已经从安全气囊逸出，驾驶人与安全气囊基本脱离接触，回到座椅靠背。

3.2.4 帝豪 EV450 纯电动汽车的安全气囊系统

1. 组成

帝豪 EV450 纯电动汽车的安全气囊系统如图 3-2-22 所示，包括前排乘员侧安全气囊、前排乘员侧碰撞传感器、前排乘员侧安全气囊、右侧安全气帘、左侧安全气帘、驾驶人侧安全气囊、驾驶人侧碰撞传感器、驾驶人侧安全气囊及时钟弹簧、安全气囊电控单元和正面碰撞传感器。

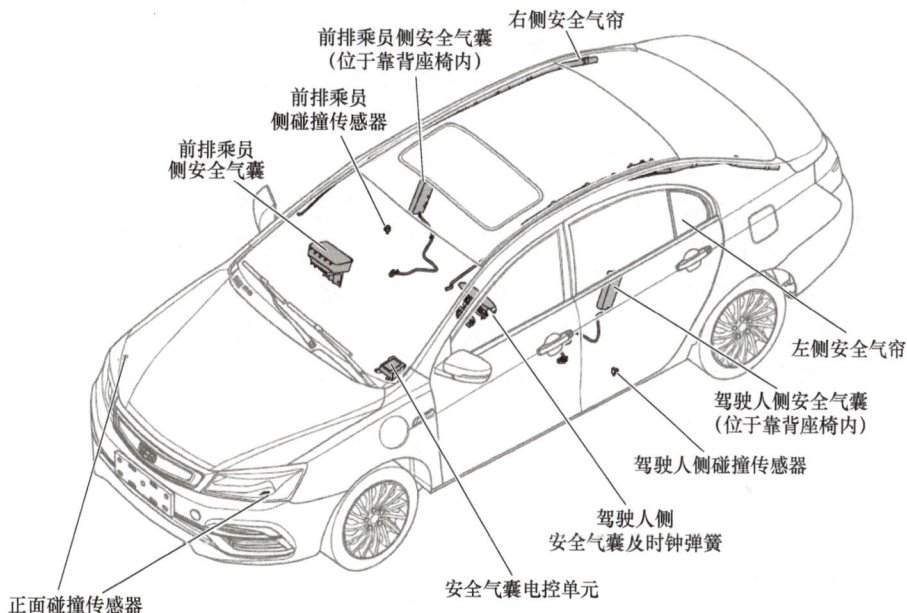

图 3-2-22　帝豪 EV450 纯电动汽车的安全气囊系统

安全气囊电控单元是安全气囊系统的控制中心。当车辆发生碰撞时，安全气囊电控单元将来自传感器的信号与存储器中的数值进行比较，当生成的信号值超过存储数值时，安全气囊电控单元向各点火回路发出点火命令（电流信号）以展开安全气囊。当安全气囊展开时，安全气囊电控单元会记录安全气囊系统的状态，并使组合仪表的安全气囊指示灯亮起。

正面碰撞传感器是一个加速度传感器，向安全气囊电控单元传递车辆前方加速度信号。正面碰撞传感器可以帮助确定正面碰撞的严重程度。

每个侧面碰撞传感器有一个监测车辆加速度的传感装置，向安全气囊电控单元传递车辆侧面加速度信号。侧面碰撞传感器可以确定侧面撞击的严重程度。

驾驶人侧安全气囊、前排乘员侧安全气囊模块包括一个壳体、充气式安全气囊、一个点火引爆装置以及气体发生剂。

驾驶人侧安全气囊、前排乘员侧安全气囊分别位于驾驶人座椅和前排乘员座椅的靠背上。安全气囊前排侧安全气囊模块包括安全气囊、点火引爆装置以及气体发生剂。

左侧安全气帘、右侧安全气帘分别位于左侧和右侧车顶纵梁上，从 A 柱一直延伸到 C 柱。安全气帘模块包括气帘、点火引爆装置以及气体发生剂。

安全气囊电控单元线束插接器端子（驾驶人安全气囊、前排乘员安全气囊展开回路及每个前排侧安全气囊、每个安全气帘展开回路）上装有一个短路片。短路片可短路前排侧安全气囊模块的展开回路，以防止其在维修时意外展开。

2. 工作原理

帝豪 EV450 纯电动汽车安全气囊系统连接框图如图 3-2-23 所示，安全气囊电控单元电路连接如图 3-2-24 所示。

正面碰撞时，安全气囊电控单元利用侧面碰撞传感器测得的加速度值进行计算，并将这些计算值与存储器中的值进行比较。当生成的计算值超过存储值时，安全气囊电控单元将向正面点火回路发出点火命令（电流信号），展开安全气帘和前排侧安全气囊以及安全带预紧器。

当车辆遇到冲击力足够大的侧面碰撞时，侧面碰撞传感器将检测该碰撞，并向安全气囊电控单元发送一个信号。安全气囊电控单元将来自侧面碰撞传感器的信号与存储器中的设定值进行比较。当产生的信号超过存储值时，安全气囊电控单元发出点火命令，从而使前排侧安全气囊、安全气帘展开。当对前排乘员侧进行侧面碰撞时，要求驾驶人侧安全气囊、左侧安全气帘不点火，而前排乘员侧安全气囊、右侧安全气帘点火。

汽车起动后，安全气囊电控单元会对安全气囊系统的电气部件和电路进行连续诊断监测，如果安全气囊电控单元检测到故障，就会存储一个故障诊断码，并使安全气囊警告灯亮起，以通知驾驶人有故障存在。

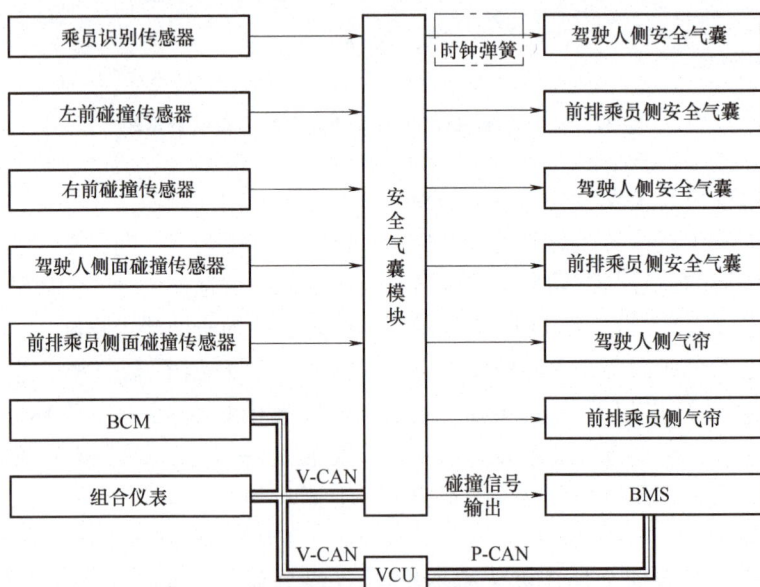

图 3-2-23 帝豪 EV450 纯电动汽车安全气囊系统连接框图

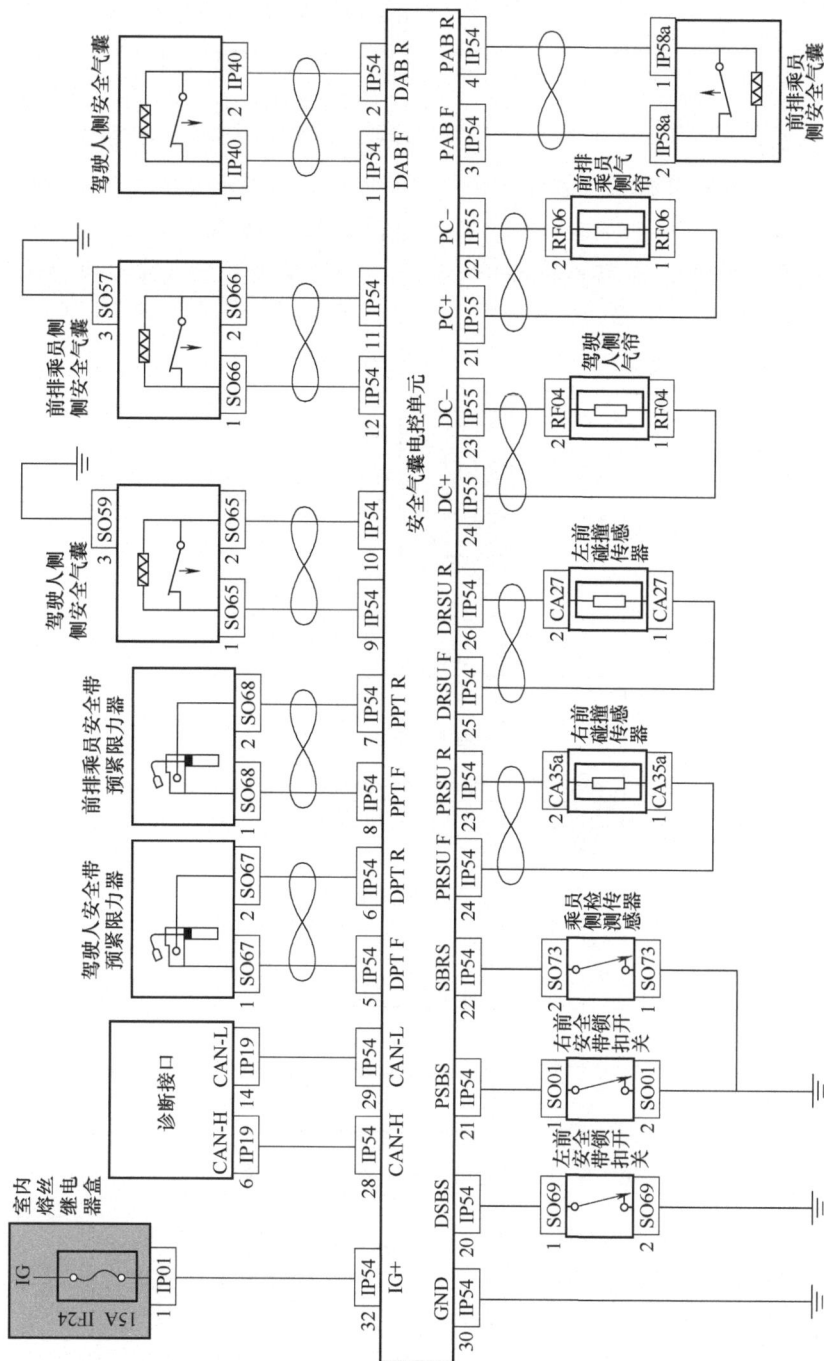

图 3-2-24　安全气囊电控单元电路连接

3.2.5 安全气囊警告灯持续亮的 故障诊断与修复

（1）读取故障码

1）操作启动开关使电源模式置于 ON 状态。

2）连接故障诊断仪，读取系统故障码。若存在故障码，则按故障码的提示进行维修。

（2）检查蓄电池电压　测量蓄电池电压，正常应在 11～14V 之间；若电压过低，则给蓄电池充电或更换蓄电池，同时检查充电系统（DCDC）是否正常。

（3）检查线束连接

1）启动开关置于 OFF 位，断开蓄电池负极连接并等待至少 90s 以上。

2）检查安全气囊电控单元线束插接器是否正确连接到位。

（4）检查安全气囊电控单元供电　安全气囊电控单元供电回路如图 3-2-25 所示。

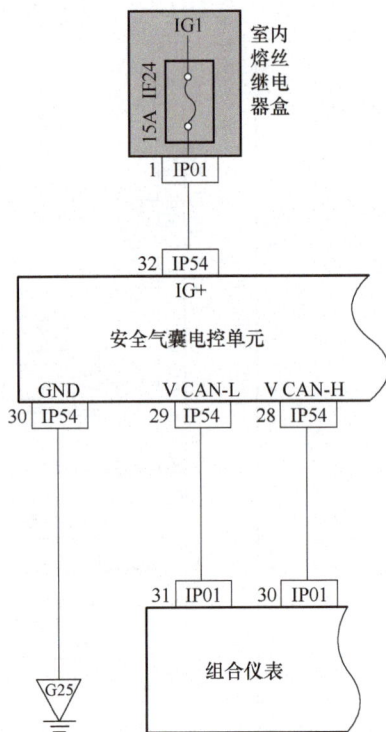

图 3-2-25　安全气囊电控单元供电回路

1）拔下熔丝 IF24 并检查是否熔断，若熔断，则更换一个容量为 15A 的熔丝。

2）断开安全气囊电控单元线束插接器 IP54。

3）测量线束插接器 IP54 端子 32 与车身搭铁之间的电阻。正常应小于 1Ω；若异

常，则维修或更换线束。

4）连接蓄电池负极电缆并等待至少 2s 后，操作启动开关使其处于 ON 位。

5）测量线束插接器 IP54 端子 32 与车身搭铁之间的电压。正常应为 11～14V；若异常，则维修或更换线束。

（5）检查数据通信

1）分别断开组合仪表线束插接器 IP01 和安全气囊电控单元线束插接器 IP54。

2）测量表 3-2-1 端子之间的电压和电阻，若异常，则维修或更换线束。

表 3-2-1　安全气囊电控单元与组合仪表 CAN 总线测量点及标准值

端子 1	端子 2	电阻标准值	电压标准值
IP01-30	IP54-28	小于 1Ω	—
IP01-31	IP54-29	小于 1Ω	—
IP01-30	车身搭铁	10kΩ 或更高	0V
IP01-31	车身搭铁	10kΩ 或更高	0V
IP54-28	车身搭铁	10kΩ 或更高	0V
IP54-29	车身搭铁	10kΩ 或更高	0V

（6）更换组合仪表　更换组合仪表，检查驾驶人座椅安全带警告灯是否正常工作。若正常工作，说明组合仪表损坏；若不正常，则说明安全气囊电控单元故障。注意：进行更换安全气囊电控单元并连接蓄电池负极操作后，要等待至少 2s 后才能进行上电操作。

学习小结

1. 安全气囊系统（Supplement Restrain System，SRS）是乘员约束装置（座椅安全带）的辅助装置。它能在汽车遇到撞击而急剧减速时快速膨胀形成缓冲垫，可以有效防止车内乘员直接撞击转向盘、仪表板等车内硬物而发生二次碰撞。

2. 安全气囊系统主要由传感器、电控系统和气囊组件等组成。传感器可以分为碰撞传感器和安全传感器两大类，碰撞传感器用于检测碰撞的激烈程度；安全传感器用于防止因碰撞传感器短路而造成的安全气囊误爆。气囊组件主要由气体发生器、安全气囊和固定部件等组成。

3. 机电式碰撞传感器主要有滚轴式、滚球式、偏心锤式和水银开关式 4 种；水银开关式一般用于安全传感器。

4. 电子式碰撞传感器主要有电阻式、电容式和压电效应式 3 种。不同于之前的开关式传感器（机械式或机电式），电子式传感器能测出加速度数值，因此常用于安全气囊系统的中央传感器（安全传感器）。

5. 安全气囊电控单元是安全气囊的控制中心，其功用是接收碰撞传感器及其他各传感器输入的信号，判断是否点火给安全气囊充气，并对系统故障进行自诊断。它主要由信号处理电路、备用电源电路和稳压保护电路组成。

参考文献

[1] 包丕利. 纯电动汽车辅助系统检测与修复 [M]. 北京：机械工业出版社，2018.

[2] 龚文资，陈振斌. 汽车空调 [M]. 北京：化学工业出版社，2016.

[3] 杨柳青. 汽车空调构造与维修 [M]. 北京：人民交通出版社，2017.

[4] 王健. 汽车空调与暖风系统 [M]. 北京：机械工业出版社，2017.

[5] 解文博. 汽车空调原理与维修 [M]. 北京：电子工业出版社，2017.

[6] 徐利强. 新能源汽车辅助系统拆装与检测 [M]. 北京：北京理工大学出版社，2020.

[7] 崔胜民. 新能源汽车概论 [M]. 北京：北京大学出版社，2015.

[8] 徐斌. 新能源汽车 [M]. 北京：人民交通出版社，2015.

[9] 李英，郭进国. 汽车舒适与安全系统的诊断与修复 [M]. 上海：上海交通大学出版社，2016.

[10] 邢艳云. 汽车车身电控技术 [M]. 北京：清华大学出版社，2014.

[11] 董恩国. 汽车车身电控系统原理与检修 [M]. 北京：机械工业出版社，2012.

纯电动汽车

辅助系统检修任务工单

机械工业出版社

目 录

任务名称	空调系统制冷能力的检查	学时	4	班级	
学生姓名		学生学号		任务成绩	
实训设备、工具及仪器	帝豪 EV450 纯电动汽车 4 辆或帝豪 EV450 纯电动汽车汽车空调系统实验台 4 台	实训场地	理实一体化教室	日　期	
任务描述	一辆帝豪 EV450 纯电动汽车，进行空调制冷效果检查				
任务目的	能够正确、规范地操作纯电动汽车电动空调并进行空调制冷效果检查				

一、资讯

1. 汽车空调的主要功能是调节车内的_____、_____、_____和空气洁净度等，从而为乘员创造清新舒适的车内环境。

2. 汽车空调一般由_____、暖风系统、_____、控制系统和空气净化系统组成。

3. 循环离合器膨胀阀系统主要由_____、_____、_____、蒸发器、_____、空调压力开关、_____、鼓风机、冷凝器散热风扇等部件组成，制冷剂和_____在封闭的系统中循环流动。

4. 压缩机运转时，将_____内产生的低压低温蒸气吸入气缸，经过压缩后，形成高压高温蒸气并排入_____。在冷凝器中，高压高温的制冷剂蒸气与_____进行热交换，放出_____使制冷剂冷凝成高压高温液体，然后经_____干燥和过滤后流入_____。高压高温液体制冷剂经膨胀阀_____，_____急剧下降，制冷剂以低压低温的_____进入蒸发器。在蒸发器里，_____吸取车厢内空气的_____，汽化成低压低温蒸气并进入压缩机进行下一轮循环。这样，制冷剂在封闭的系统内经过_____、冷凝、_____和_____4 个过程，完成了一个制冷循环。

5. 在制冷系统中，_____起着压缩和输送制冷剂的作用，它是整个系统的"心脏"。膨胀阀对制冷剂起_____的作用，同时调节进入_____制冷剂液体的流量。_____是输出冷量的设备，制冷剂在其中吸收空气的热量实现降温。_____是放出热量的设备，制冷剂从蒸发器中吸收的热量连同压缩机消耗机械能所转化的热量一起经冷凝器散发到_____中。压缩机输出侧、高压管路、_____和_____构成高压侧；_____、低压管路、压缩机输入侧、低压管路和蒸发器构成低压侧。_____和_____是空调系统高、低压侧的分界点。

6. 对图中未标注名称的进行标注。

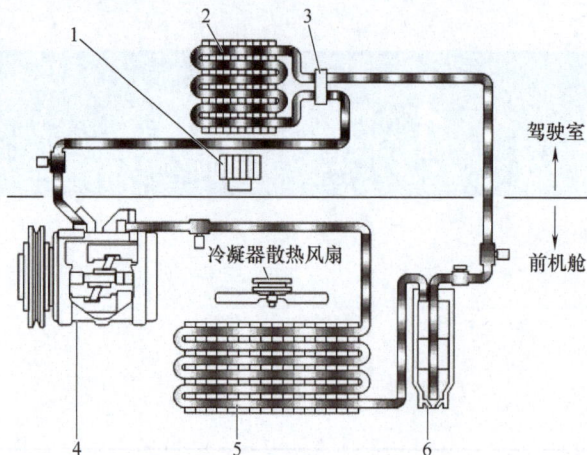

驾驶室

前机舱

冷凝器散热风扇

1：_____   2：_____   3：_____   4：_____

5：_____   6：_____

7. 纯电动汽车没有发动机，因此通常采用_____来进行供热。PTC 是正温度系数（Positive Temperature Coefficient）的缩写，PTC 加热式目前主要有两种方案，一种是 PTC 加热空气式，另一种是_____，帝豪 EV450 纯电动汽车采用_____。

8. 填表

	图　　标	含　　义
模式调节		

二、计划与决策

请根据任务要求，确定所需要的检测仪器、工具，并对小组成员进行合理分工，制订详细的工作计划。

1. 需要的检测仪器、工具

2. 小组成员分工

3. 计划

三、实施

1. 帝豪 EV450 纯电动汽车空调的使用

（1）准备工作　铺设三件套，上电。

（2）打开空调

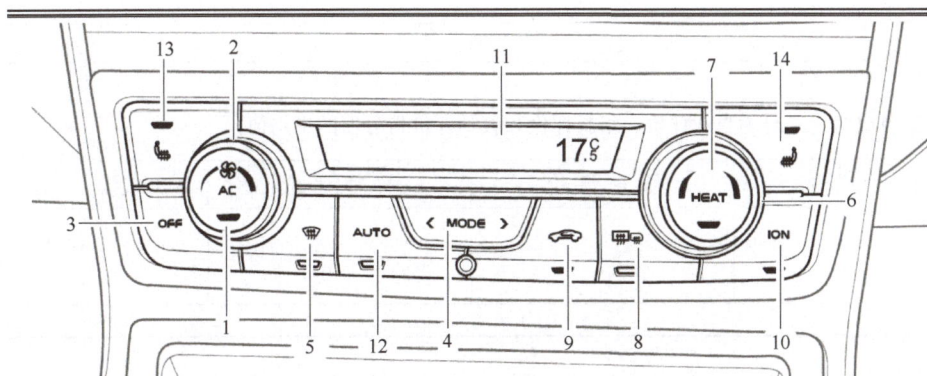

按动＿＿＿＿＿＿＿＿（填数字），打开空调，此时鼓风机＿＿＿＿＿＿＿＿＿＿＿。

（3）温度及风量设定

旋转＿＿＿＿＿＿＿＿（填数字），将风量调到最大。

旋转＿＿＿＿＿＿＿＿（填数字），将温度调到最高/最低。

观察仪表盘电流，其读数为：＿＿＿＿＿＿＿＿。

（4）模式调节

按动＿＿＿＿＿＿＿＿（填数字），将出风模式调整为仅面部。

调整面部出风口风向和风量。

按动＿＿＿＿＿＿＿＿（填数字），将出风模式调整为前风窗除霜除雾。

用手背感受前风窗除霜除雾出风口，＿＿＿＿＿（填是/否）有风吹出。

按动＿＿＿＿＿＿＿＿（填数字），将空调选择为内循环模式，感受空调＿＿＿＿＿＿＿＿（填是/否）工作。

（5）关闭空调

按动＿＿＿＿＿＿＿＿（填数字），关闭空调，此时鼓风机＿＿＿＿＿＿＿＿＿＿＿。

2. 空调制冷能力的检查

通过主观检查进行空调制冷能力的检查，评价方法是用＿＿＿＿＿＿＿＿＿或＿＿＿＿＿＿＿＿＿部去感受出风口的＿＿＿＿＿＿＿＿＿和＿＿＿＿＿＿＿＿＿进行主观评价。

常用的检查过程如下：

1）关闭所有车门。

2）起动空调并将温度调节到最冷、风速适中、出风模式选择吹面。

3）用手背或手腕部感受出风口的温度，进行主观评价。

四、检查

1）在使用帝豪 EV450 纯电动汽车电动空调的过程中，操作不规范的地方有：＿＿＿＿＿＿＿

＿＿＿＿＿＿＿＿＿＿＿＿＿＿＿＿＿＿＿＿＿＿＿＿＿＿＿＿＿＿＿＿＿＿＿＿＿。

2）起动空调，检查各出风口是否有冷风/暖风：＿＿＿＿＿＿＿＿＿＿＿＿＿＿＿＿＿。

五、评估

1. 请根据任务完成的情况，对自己的工作进行自我评估，并提出改进意见。

1）＿＿＿＿＿＿＿＿＿＿＿＿＿＿＿＿＿＿＿＿＿＿＿＿＿＿＿＿＿＿＿＿＿＿＿

＿＿＿＿＿＿＿＿＿＿＿＿＿＿＿＿＿＿＿＿＿＿＿＿＿＿＿＿＿＿＿＿＿＿＿＿

2）＿＿＿＿＿＿＿＿＿＿＿＿＿＿＿＿＿＿＿＿＿＿＿＿＿＿＿＿＿＿＿＿＿＿＿

＿＿＿＿＿＿＿＿＿＿＿＿＿＿＿＿＿＿＿＿＿＿＿＿＿＿＿＿＿＿＿＿＿＿＿＿

3）＿＿＿＿＿＿＿＿＿＿＿＿＿＿＿＿＿＿＿＿＿＿＿＿＿＿＿＿＿＿＿＿＿＿＿

＿＿＿＿＿＿＿＿＿＿＿＿＿＿＿＿＿＿＿＿＿＿＿＿＿＿＿＿＿＿＿＿＿＿＿＿

2. 工单成绩（总分为自我评价、组长评价和教师评价得分值的平均值）

自 我 评 价	组 长 评 价	教 师 评 价	总　　分

任务名称	空调制冷系统主要部件的更换		学时	4	班级	
学生姓名			学生学号		任务成绩	
实训设备、工具及仪器	帝豪 EV450 纯电动汽车 4 辆或帝豪 EV450 纯电动汽车空调系统实验台 4 台、组合工具 4 套、个人防护用品 4 套、车间防护用品 4 套		实训场地	理实一体化教室	日期	
任务描述	一辆帝豪 EV450 纯电动汽车，装备电动空调系统，起动空调时电动空调系统不工作					
任务目的	带领客户认知帝豪 EV450 纯电动汽车电动空调制冷系统并对其进行适当讲解，完成电动压缩机更换作业					

一、资讯

1. 空调压缩机种类较多，应用比较广泛的有_____、斜盘式、旋叶式和_____等。

2. 摇板式压缩机的气缸以压缩机的轴线为中心_____分布，主轴旋转时，带动_____一起旋转，楔块推动摇板以钢球为中心摆动，摇板带动活塞在气缸内做_____运动。主轴每转动一周，每一个气缸完成_____、_____、_____、_____的一个循环。一般一个摇板配有 5 个活塞，主轴转动 1 周时，就有_____次排气过程。

3. 斜盘式压缩机前后布置的_____气缸均以_____为中心均匀布置，斜盘以_____与主轴固定在一起，斜盘的边缘装在活塞中部的槽中，活塞槽与斜盘边缘通过钢球轴承连接在一起，活塞为_____活塞，两端分别伸入前、后_____个气缸中。当主轴带动斜盘转动时，斜盘驱动_____做轴向移动。由于活塞在前后布置的气缸中同时做轴向运动，这相当于_____个活塞在做双向运动。斜盘每转动一周，前、后_____个活塞各自完成吸气、压缩、排气和膨胀过程，相当于_____个工作循环。如果缸体截面均布 5 个气缸和 5 个双向活塞时，当主轴旋转一周，有_____次排气过程。

4. 冷凝器的作用是把_____排出的高温高压气态制冷剂，通过冷凝器将热量散发到_____，变成高温高压的_____制冷剂。冷凝器大多布置在车头前部、侧面或车底，安装在_____的前面，或与散热器安装在同一垂直平面上。冷凝器有管片式、管带式及_____3 种结构形式。

5. 储液干燥器串联在冷凝器＿＿＿＿＿＿＿＿＿＿＿＿与＿＿＿＿＿＿＿＿＿＿＿＿之间的管路上，它起到储存、＿＿＿＿＿＿＿＿＿＿和＿＿＿＿＿＿＿＿＿＿的作用。

6. 膨胀阀的作用有＿＿＿＿＿＿＿＿＿、自动调节制冷剂流量、＿＿＿＿＿＿＿＿＿＿和过热。常用的膨胀阀有热力膨胀阀和＿＿＿＿＿＿＿＿＿，热力膨胀阀有外平衡和＿＿＿＿＿＿＿＿两种形式。

7. H 形膨胀阀是一种整体型膨胀阀，取消了外平衡式膨胀阀的外平衡管和＿＿＿＿＿＿＿＿＿＿，直接与＿＿＿＿＿＿＿＿进、出口相连。其内部通路形同 H，有 4 个接口，其中两个接口和普通膨胀阀一样，一个接＿＿＿＿＿＿＿＿＿，另一个接蒸发器＿＿＿＿＿＿＿＿进口；另外两个接口，一个接＿＿＿＿＿＿＿＿出口，另一个接＿＿＿＿＿＿＿＿进口。

8. 根据下图说明帝豪 EV450 纯电动汽车电动空调制冷系统的三种工作状态。

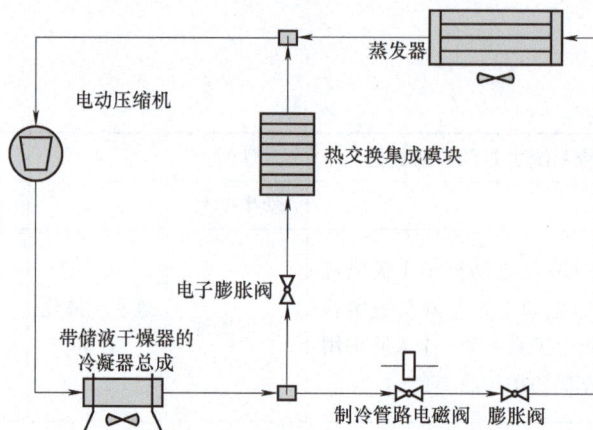

———————————————————————————————————

———————————————————————————————————

———————————————————————————————————

———————————————————————————————————

二、计划与决策

小组成员通过角色扮演的方式进行帝豪 EV450 纯电动汽车电动空调制冷系统认知与讲解。根据客户任务要求，确定检查作业所需要的资料及用具，进行电动压缩机更换作业。

1. 需要的检测仪器、工具

2. 小组成员分工

3. 接待和介绍流程设计、更换计划设计

三、实施

1. 制冷系统结构认知

1）空调压缩机进、出管路分别接部件_____和_____。

2）划分空调系统高、低压管路的部件是_____和_____。

2. 拆卸电动压缩机总成

1）打开前机舱盖。

2）进行空调制冷剂的回收。

3）断开_____。

4）断开_____。

5）拆卸电动压缩机总成。

①断开电动压缩机_____。

②断开电动压缩机_____。

③拆卸制冷空调管（压缩机侧）紧固螺栓，脱开空调管。

④拆卸电动压缩机侧3个紧固螺栓，取下电动压缩机。

3. 安装电动压缩机顺序

1）安装电动压缩机总成。

①放置电动压缩机，紧固电动压缩机侧3个紧固螺栓。

力矩：_____。

②连接制冷空调管（压缩机侧），紧固空调管紧固螺栓。

力矩：23N·m（公制）17lb·ft（英制）。

注意：在安装过程中涉及的O形密封圈，都必须要更换新件。

③连接电动压缩机高压线束插接器2。

④连接电动压缩机低压线束插接器1。

注意：_____。

2）连接车载充电机处直流母线。

3）连接蓄电池负极。

4）进行空调制冷剂的加注。

5）关闭前机舱盖。

四、检查

更换电动压缩机后，佩戴绝缘手套进行如下检查：

1）检查蓄电池负极连接情况：_____。

2）检查电动压缩机高、低压线束情况：_____。

五、评估

1. 请根据任务完成的情况，对自己的工作进行自我评估，并提出改进意见。

1）_____

_____

2）_____

_____

3）_____

_____

2. 工单成绩（总分为自我评价、组长评价和教师评价得分值的平均值）

自 我 评 价	组 长 评 价	教 师 评 价	总　　分

任务工单 1.3

任务名称	制冷剂的补充		学时	8	班级	
学生姓名			学生学号		任务成绩	
实训设备、工具及仪器	帝豪 EV450 纯电动汽车 4 辆或空调试验台 4 台、个人防护用具 4 套、电子检漏仪 4 个、歧管压力表 4 个、制冷剂注入阀 4 个、小罐制冷剂 4 罐		实训场地	理实一体化教室	日 期	
任务描述	一辆帝豪 EV450 纯电动汽车空调制冷剂不足，进行检漏和补充制冷剂					
任务目的	能够正确、规范地对电动空调制冷系统进行压力检查、检漏作业和补充制冷剂					

一、资讯

1. 制冷剂又称为制冷工质，它是在制冷系统中不断＿＿＿＿＿＿＿＿＿＿＿＿＿并通过其本身的＿＿＿＿＿＿＿＿＿进行热量传递，以实现制冷的工作物质。它在低温下＿＿＿＿＿＿＿被冷却物体的热量，然后在较高温度下转移给＿＿＿＿＿＿＿。

2. 到了 20 世纪 70 年代中期，臭氧层变薄的问题引起人们的重视，而＿＿＿＿＿＿＿和 HCFC 族物质可能就是元凶，这导致在 1987 年＿＿＿＿＿＿＿中写下了将＿＿＿＿＿＿＿和 HCFC 淘汰的计划。到了 20 世纪 90 年代，＿＿＿＿＿＿＿成了对地球生命的新威胁，由于空调和制冷耗能巨大且大多数制冷剂本身就是＿＿＿＿＿＿＿，因此制冷剂被列入了讨论范围。目前，汽车上使用的主要是 HFC 族的＿＿＿＿＿＿＿制冷剂，也有个别车型使用 R410A 制冷剂，帝豪 EV450 纯电动汽车空调系统使用的制冷剂为

3. 氟利昂的代号是 R$(m-1)(n+1)(x)$B(z)，其中，m 表示分子中＿＿＿＿＿＿＿的个数，n 表示分子中＿＿＿＿＿＿＿的个数，＿＿＿＿＿＿＿表示分子中 F 的个数，z 表示分子中溴的个数，Cl 原子个数不体现在代号中，由其补充为饱和。如果 $m-1=0$，则第一项可以省略，如果 $z=0$，则 B 可以省略。R12 的整个分子式可以写为＿＿＿＿＿＿＿，R134a 的整个分子式可以写为＿＿＿＿＿＿＿。

4. 冷冻机油在空调制冷系统中的作用有＿＿＿＿＿＿＿、＿＿＿＿＿＿＿、＿＿＿＿＿＿＿和减小压缩机噪声。帝豪 EV450 纯电动汽车电动空调压缩机采用的冷冻机油型号是 MA68EV，是 POE 型冷冻机油。

5. 歧管压力表也称为压力表组，它与制冷系统相接可以进行_____、排空、_____、加冷冻机油和_____等。

6. 汽车空调系统是一个封闭的系统，为便于检修，一般在制冷系统高、低压侧各设_____维修阀，用于连接歧管压力表。维修阀有_____和_____两种，帝豪 EV450 纯电动汽车制冷系统的维修阀是_____。

7. 汽车空调制冷的低温区是从_____→_____→_____，这些部件表面应该由凉到冷再到凉，连接部分有水露，但不应有霜冻。高温区是从_____→_____→储液干燥器→_____，这些部件表面温度为 40～65℃，手感热而不烫。

8. 汽车空调制冷系统的检漏方法常用的有_____、皂泡检漏法、_____、检漏灯检漏法、_____、_____和_____等几种。

二、计划与决策

请根据任务要求，确定所需要的检测仪器、工具，并对小组成员进行合理分工，制订详细的工作计划。

1. 需要的检测仪器、工具

2. 小组成员分工

3. 计划

三、实施

1. 空调制冷系统压力检查

1）取下高、低压管路维修接口，其中接口比较粗的是＿＿＿＿＿＿＿＿＿＿＿＿。

2）转动歧管压力表高压软管手动阀门使其处于＿＿＿＿＿＿＿＿＿＿＿＿状态，高压软管的颜色为＿＿＿＿＿＿＿＿＿＿。

3）转动歧管压力表低压软管手动阀门使其处于＿＿＿＿＿＿＿＿＿＿＿＿状态，低压软管的颜色为＿＿＿＿＿＿＿＿＿＿。

4）将高、低压软管连接到高、低压管路维修接口上。

5）打开低压管路上的维修接口，观察并记录低压表读数，读数为＿＿＿＿＿＿＿＿＿＿。

6）打开高压管路上的维修接口，观察并记录高压表读数，读数为＿＿＿＿＿＿＿＿＿＿。

7）判断制冷系统制冷剂量是否合适：＿＿＿＿＿＿＿＿＿＿＿＿。

8）打开空调后等待 5min，读取压力表读数。低压表读数为＿＿＿＿＿＿＿＿＿＿，高压表读数为＿＿＿＿＿＿＿＿＿＿。

9）判断制冷系统可能的故障点：＿＿＿＿＿＿＿＿＿＿＿。

10）关闭高、低压管路维修接口，并取下歧管压力表组。

11）安装高、低压管路维修接口防尘帽。

2. 空调制冷系统检漏

1）调整电子检漏仪灵敏度，使＿＿＿＿＿＿＿＿ LED 灯亮，同时检漏仪发出＿＿＿＿＿＿＿＿的"滴滴"声。

2）进行检漏作业，当"滴滴"声频率＿＿＿＿＿＿＿＿，同时 LED 灯亮起数量＿＿＿＿＿＿＿＿时，说明有泄漏。

3）记录泄漏点。

3. 补充制冷剂

汽车空调经过一段时间运行后，由于汽车振动等原因，使汽车空调系统某些部位的接头松动，制冷剂泄漏，制冷效果变差。经过查漏、排漏后，不必排空旧的制冷剂，可以采用＿＿＿＿＿＿＿＿＿＿补充不足的制冷剂。

1）取下高、低压管路维修接口。

2）将高、低压软管连接到高、低压管路维修接口上。

3）连接制冷剂罐注入阀。

4）排除歧管压力表维修软管中的空气，方法为＿＿＿。

5）从低压端补充制冷剂，方法为＿＿＿＿＿＿＿＿＿＿＿＿＿＿＿＿＿。

6）打开空调。

7）读取高、低压表读数。高压表读数为＿＿＿＿＿＿＿＿＿＿，低压表读数为＿＿＿＿＿＿＿＿＿＿，说明制冷剂适量。

8）先关闭＿＿＿＿＿＿＿＿＿＿＿＿＿＿＿＿，然后关闭制冷剂罐注入阀。

9）关闭低压管路上的手动阀门。

10）关闭空调。

四、检查

1）检查制冷系统高、低压侧读数，高压侧为＿＿＿＿＿＿＿＿＿＿。低压侧为＿＿＿＿＿＿＿＿＿＿。

2）打开空调检查制冷效果：＿＿＿＿＿＿＿＿＿＿＿＿＿＿＿＿。

五、评估

1. 请根据任务完成的情况，对自己的工作进行自我评估，并提出改进意见。

1) _____

_____

2) _____

_____

3) _____

_____

2. 工单成绩（总分为自我评价、组长评价和教师评价得分值的平均值）

自 我 评 价	组 长 评 价	教 师 评 价	总　　分

任务名称	空调制冷不良的诊断与修复	学时	4	班 级	
学生姓名		学生学号		任务成绩	
实训设备、工具及仪器	帝豪 EV450 纯电动汽车 4 辆或空调系统试验台 4 台、绝缘工具 4 套、个人防护用具 4 套、歧管压力表 4 个、万用表 4 个	实训场地	理实一体化教室	日 期	
任务描述	一辆帝豪 EV450 纯电动汽车空调不制冷，经检查发现电动压缩机不工作，更换压缩机高压熔断器进行后正常				
任务目的	能够正确、规范地下电、上电作业，能对电动压缩机不工作故障进行检修				

一、资讯

1. 传统汽车压缩机控制系统的执行器是_____，即通过控制电磁离合器的_____来控制压缩机的，而压缩机的转速是_____（可以/不可以）改变的。

2. 汽车自动空调控制系统是由_____、_____和_____组成的。

3. 信号输入元件包括_____、_____、_____、蒸发器温度传感器、空调压缩机转速传感器、加热器温度传感器、空气质量传感器、_____、发动机转速传感器、压缩机转速传感器、各风门电机的位置传感器或开关以及空调控制键等。

4. 自动空调一般具有_____、_____、送风方向控制、_____、_____和自诊断功能等。

5. 电动空调系统压缩机与_____直接相连，其工作转速不受汽车工况的限制，压缩机转速只取决于_____转速。空调控制系统没有_____，因此控制系统相对于内燃机汽车变得简单。

6. 车内温度传感器采用负温度系数的热敏电阻，一般安装在_____；车外温度传感器的作用是检测_____温度，又称为环境温度传感器，一般安装在_____；阳光传感器也称为太阳能传感器、光照强度传感器，它的作用是检测_____，阳光传感器安装在仪表台上面，靠近前风窗玻璃的底部；蒸发器温度传感器安装在_____，其作用是检测_____的温度。

二、计划与决策

请根据任务要求，确定所需要的检测仪器、工具，并对小组成员进行合理分工，制订详细的工作计划。

1. 需要的检测仪器、工具

2. 小组成员分工

3. 计划

三、实施

1. 电动压缩机不工作的故障点分析

写出常见的电动压缩机不工作的故障原因：

2. 空调压缩机不工作的检修流程

（1）读取故障码

1）操作启动开关使电源模式至 ON 状态。

2）连接故障诊断仪，读取空调系统故障码；＿＿＿＿＿＿＿＿＿＿＿＿＿＿（填有无）故障码。

（2）检查空调制冷系统压力　连接歧管压力表，读取制冷系统压力并记录，高压压力为
＿＿＿＿＿＿＿＿＿＿，是否正常：＿＿＿＿＿＿＿＿＿＿＿＿；低压压力为＿＿＿＿＿＿＿＿＿＿＿，是否
正常：＿＿＿＿＿＿＿＿＿。

（3）检查鼓风机是否工作

1）操作启动开关使电源模式至 ON 状态。

2）打开鼓风机，检查出风口是否有风：＿＿＿＿＿＿＿＿＿；判断为：鼓风机＿＿＿＿＿＿＿
工作。

（4）检查空调控制系统传感器信号

1）操作启动开关使电源模式至 ON 状态。

2）连接故障诊断仪，读取蒸发器温度、车外温度和阳光传感器信号。

3）读取蒸发器温度传感器信号为：＿＿＿＿＿＿＿＿＿＿＿，是否正常：＿＿＿＿＿＿＿＿＿。

4）读取车外温度传感器信号为：＿＿＿＿＿＿＿＿＿，是否正常：＿＿＿＿＿＿＿＿＿。

5）读取阳光传感器显示温度为：＿＿＿＿＿＿＿＿＿，是否正常：＿＿＿＿＿＿＿＿＿。

6）断开空调压力开关插头（CA43）端子，分别测量空调压力开关端子 2 与搭铁之间、端子 4 与空
调控制器插头（IP85）端子 33 之间的电阻，阻值分别为：＿＿＿＿＿＿＿＿＿＿＿＿＿＿，是否正常：
＿＿＿＿＿＿＿＿＿＿。测量空调压力开关端子 2 与端子 4 之间的电阻，阻值为：＿＿＿＿＿＿＿＿＿，
是否正常：＿＿＿＿＿＿＿＿＿。

（5）检查电动压缩机控制

1）操作启动开关使电源模式至 OFF 状态并断开蓄电池负极连接。

2）拔下电动压缩机低压供电熔丝 EF30，检查电阻，阻值为：＿＿＿＿＿＿＿＿＿＿，是否正
常：＿＿＿＿＿＿＿＿＿。

3）断开压缩机低压线束插接器 BV08。

4）连接蓄电池负极并操作启动开关使电源模式至 ON 状态。

5）测量压缩机低压线束插接器 BV08 的端子 1 与端子 3 之间的电压，电压为：＿＿＿＿＿＿＿，是否
正常：＿＿＿＿＿＿＿＿＿。

6）检查端子 2 与空调控制器插头（IP85）端子 3 之间的电阻，为：＿＿＿＿＿＿＿＿＿，是否
正常：＿＿＿＿＿＿＿＿＿。

（6）检查压缩机高压供电

1）操作启动开关使电源模式至 OFF 状态并断开蓄电池负极连接。

2）断开车载充电机直流母线。

3）拆卸车载充电机上盖。

4）测量空调压缩机高压熔丝两端电阻，阻值为：＿＿＿＿＿＿＿＿＿，是否正常：＿＿＿＿＿＿＿＿＿。

5）断开压缩机高压线束插接器 BV30。

6）分别测量车载充电机 BV33 插头端子 3、4 与压缩机高压线束插接器端子 1、2 之间的电阻，阻值
分别为：＿＿＿＿＿＿＿＿＿＿，是否正常：＿＿＿＿＿＿＿＿＿。

3. 更换电动压缩机高压熔丝

（1）下电操作

1）操作启动开关使其处于 OFF 位置。

2）拆卸辅助蓄电池负极电缆。

3）佩戴_____，拔下车载充电机端直流母线插头。

（2）拆卸电动压缩机高压熔丝

1）拆卸车载充电机总成上盖14个紧固螺栓。

2）取下车载充电机总成上盖，取下上盖时要注意密封圈。

3）剪断高压配电板绝缘隔片扎带，打开绝缘隔片并用绝缘胶带固定。

4）拆卸高压熔丝两个紧固螺栓。

5）取下电动压缩机高压熔丝。

（3）更换新熔丝　更换一个容量为_____的高压熔丝，并按照与拆卸相反的顺序进行安装。

（4）上电检查

1）按照与下电相反的顺序进行上电操作。

2）起动空调，进行制冷操作。

3）检查电动压缩机是否正常工作。

四、检查

1）检查高压插接器是否插接到位：_____。

2）打开空调检查压缩机是否正常工作：_____。

五、评估

1. 请根据任务完成的情况，对自己的工作进行自我评估，并提出改进意见。

1）_____

_____

2）_____

_____

3）_____

2. 工单成绩（总分为自我评价、组长评价和教师评价得分值的平均值）

自 我 评 价	组 长 评 价	教 师 评 价	总　　分

任务工单 1.5

任务名称	暖风系统故障诊断与修复		学时	4	班级	
学生姓名			学生学号		任务成绩	
实训设备、工具及仪器	帝豪 EV450 纯电动汽车 4 辆、绝缘工具 4 套、个人防护用具 4 套、车间防护用具 4 套		实训场地	理实一体化教室	日 期	
任务描述	一辆帝豪 EV450 纯电动汽车，车主反映暖风不热。经检查发现 PTC 加热器总成损坏，更换 PTC 加热器总成后故障现象消失					
任务目的	能够掌握纯电动汽车暖风系统的组成及安装部位，能正确、规范地更换 PTC 加热器总成					

一、资讯

1. 汽车空调暖风系统的主要作用有 _____、_____ 和 _____。

2. 内燃机汽车空调暖风系统根据热源不同，可分为 _____、气暖式暖风装置、_____ 和 _____。

3. 电动汽车空调暖风系统常用的方案有 _____、_____ 和 _____。

4. PTC 加热器的电阻随温度变化而急剧变化，当外界温度降低，PTC 电阻值随之_____，发热量会_____。

5. PTC 加热器的输出功率会随环境温度的升高而_____。从另一方面来讲，可以理解为室温越低，PTC 输出功率_____，加温就越_____；随着室温升高，PTC 输出功率_____，升温效果就越趋_____。在风量不变情况下，当环境温度上升时，PTC 功率_____，这一特征在一定程度上起到了_____的作用。

6. 空调 PTC 加热器可以分为_____和_____。

7. 帝豪 EV450 纯电动汽车空调暖风系统是_____，主要由 PTC 加热器总成、_____、储液罐和暖风散热器及暖风水管组成。

二、计划与决策

请根据任务要求，确定所需要的检测仪器、工具，并对小组成员进行合理分工，制订详细的工作计划。

1. 需要的检测仪器、工具

2. 小组成员分工

3. 计划

三、实施

1. 帝豪 EV450 纯电动汽车空调无暖风的故障点

写出主要故障点并适当分析：

2. 空调无暖风的故障诊断

（1）读取故障码

1）操作启动开关使电源模式至 ON 状态；

2）连接故障诊断仪，读取空调系统故障码；＿＿＿＿＿＿＿（填有无）故障码。

（2）检查鼓风机是否工作

1）操作启动开关使电源模式至 ON 状态。

2）打开鼓风机，检查出风口；是否有风：＿＿＿＿＿＿＿（填有无）。

（3）检查暖风水泵　检查暖风水泵，是否工作：＿＿＿＿＿＿＿（填是否）。写明你的检查方法：＿＿＿＿＿＿＿。

（4）检查 PTC 加热器低压供电

1）检查熔丝 EF14 电阻，为：＿＿＿＿＿＿＿，是否正常：＿＿＿＿＿＿＿。

2）操作启动开关使电源模式至 OFF 状态，然后断开蓄电池负极连接。

3）断开 PTC 加热器低压线束插头 CA61。

4）连接蓄电池负极，操作启动开关使电源模式至 ON 状态。

5）测量 PTC 加热器低压线束插头 CA61 的端子 1 与车身接地之间的电压，为：＿＿＿＿＿＿＿，是否正常：＿＿＿＿＿＿＿。

（5）检查 PTC 加热器控制　PTC 加热器与空调控制面板信息传递 LIN 总线。检查方法为：

1）操作启动开关使电源模式至 OFF 状态，然后断开蓄电池负极连接。

2）断开 PTC 加热器低压线束插头 CA61，断开空调控制连接线束 IP79。

3）测量 PTC 加热器低压线束插头 CA61 的端子 6 与空调控制连接线束 IP79 的端子 3 之间的电阻；为：＿＿＿＿＿＿＿，是否正常：＿＿＿＿＿＿＿。

（6）检查 PTC 加热器高压供电

检查方法如下：

1）操作启动开关使电源模式至 OFF 状态并断开蓄电池负极连接。

2）断开车载充电机直流母线插头 BV17。

3）拆卸车载充电机上盖。

4）测量 PTC 加热器高压熔丝两端电阻，为：＿＿＿＿＿＿＿，是否正常：＿＿＿＿＿＿＿。

5）断开 PTC 加热器高压线束插接器 BV32。

6）分别测量 PTC 加热器 BV30 插头端子 1、2 与车载充电机 BV17 插头的端子 2、1 之间的电阻，分别为：＿＿＿＿＿＿＿，是否正常：＿＿＿＿＿＿＿。

（7）更换空调控制器

1）更换空调控制器。

2）检查暖风系统是否正常：＿＿＿＿＿＿＿，如果不正常，则更换 PTC 加热器总成。

3. 更换 PTC 加热器总成

（1）准备工作　PTC 加热器总成是高压部件，其上既有高压供电线束，又有低压控制线束，因此在更换之前要先进行下电操作。

1）关闭点火开关。

2）打开前机舱盖并拆下蓄电池负极电缆。

3）等待一段时间后（约 5min）断开车载充电机处直流母线。

4）戴上绝缘手套并用万用表测量直流母线端正、负极电压，正常应低于 1V。

5）做好标识，标明正在维修高压、禁止＿＿＿＿＿＿＿等。

（2）断开高、低压线束

1）断开加热器总成低压线束插接器、高压线束插接器。

2）拆卸加热器搭铁线固定螺母，并取下搭铁线。

（3）拆下水管

1）在车辆底部放置容器，用以接取冷却液。

2）松开加热器进、出水管环箍，然后脱开加热器进、出水管。

（4）拆下加热器　拆卸加热器支架左、右各_____个固定螺母，然后取下加热器总成。

（5）安装新的加热器总成　安装顺序与拆卸顺序相反。

（6）恢复工作

1）连接充电机端直流母线插接器插件。直流母线插头垂直对准插座向前按，然后使把手卡口卡到位或听到轻微的"咔嗒"声。

2）连接蓄电池负极。

（7）加注冷却液　打开暖风膨胀水箱盖，加注适当冷却液并进行_____。反复若干次后加注冷却液到合适位置。

四、检查

1）检查各高压接插件连接是否到位：_____。

2）起动空调，检查暖风效果：_____。

五、评估

1. 请根据任务完成的情况，对自己的工作进行自我评估，并提出改进意见。

1）_____

_____

2）_____

_____

3）_____

_____

2. 工单成绩（总分为自我评价、组长评价和教师评价得分值的平均值）

自 我 评 价	组 长 评 价	教 师 评 价	总　　分

任务名称	电动汽车热管理系统认知	学时	4	班级	
学生姓名		学生学号		任务成绩	
实训设备、工具及仪器	帝豪 EV450 纯电动汽车 4 辆、绝缘工具 4 套、个人防护用具 4 套、车间防护用具 4 套	实训场地	理实一体化教室	日 期	
任务描述	一辆帝豪 EV450 纯电动汽车，车主反映漏水。经检查发现是换热器总成损坏，回收制冷剂、更换换热器总成、重新加注制冷剂和动力蓄电池冷却液后试车，故障现象消失				
任务目的	能够掌握纯电动汽车整车热管理系统的组成及安装部位，能正确、规范地更换换热器总成				

一、资讯

1. 对于传统汽油机汽车而言，整车热管理系统主要包含＿＿＿＿＿＿＿＿系统和＿＿＿＿＿系统，两个系统相对＿＿＿＿＿＿＿＿＿＿＿＿＿＿＿＿。对于电动汽车而言，整车热管理系统一般会有＿＿＿＿＿＿＿＿＿、暖风系统、＿＿＿＿＿＿＿＿系统和＿＿＿＿＿＿＿＿系统，各个系统可以相互独立，也可以协调工作。

2. 传统汽车的空调系统和发动机冷却系统的动力源都是＿＿＿＿＿＿，空调供暖的热源是＿＿＿＿＿＿。电动汽车制冷系统的动力源通常是＿＿＿＿＿＿＿＿＿。

3. 目前，动力蓄电池热管理已经处于电动汽车热管理的核心地位。动力蓄电池热管理主要实现三方面的功能：＿＿＿＿＿＿＿＿＿、＿＿＿＿＿＿＿＿＿、＿＿＿＿＿＿＿＿＿。

4. 早期的纯电动汽车续驶里程要求不高（一般＜200km），蓄电池能量密度较低，蓄电池温控系统采用自然风冷或＿＿＿＿＿＿＿＿技术；加热通常采用动力蓄电池自热或＿＿＿＿＿＿＿直接加热的方式。在这一阶段，电动汽车各系统的温度控制通常是＿＿＿＿＿＿＿＿＿的。

5. 半偶合型中最常见的是＿＿＿＿＿＿＿＿系统与＿＿＿＿＿＿＿系统进行偶合，协同控制动力蓄电池的温度。空调系统新增一条制冷的＿＿＿＿＿＿＿＿管路，通过控制电子膨胀阀的开度进行制冷量控制。低温制冷剂在 Chiller（板状换热器）冷却动力蓄电池＿＿＿＿＿＿＿。

6. 3/4 偶合型常见的有两种：一种是将＿＿＿＿＿＿＿＿与空调加热、＿＿＿＿＿＿＿进行偶合；另一种是将空调制冷系统、＿＿＿＿＿＿＿系统和动力蓄电池管理系统进行偶合。

7. 帝豪 EV450 纯电动汽车整车热管理系统采用了_____型。动力蓄电池冷却系统与驱动冷却系统通过两个_____控制冷却液的流通与切断；冷却液共用一个_____，实现动力蓄电池冷却系统与驱动冷却系统的偶合。动力蓄电池冷却系统的冷却液在_____处与空调制冷系统或暖风系统进行热交换，冷却系统冷却液与制冷系统、暖风系统_____连通。

二、计划与决策

请根据任务要求，确定所需要的检测仪器、工具，并对小组成员进行合理分工，制订详细的工作计划。

1. 需要的检测仪器、工具

2. 小组成员分工

3. 计划

三、实施

1. 帝豪 EV450 纯电动汽车热管理系统认知

（1）换热器总成　换热器总成位于前机舱内后部、在电机控制总成的后方。

画出换热器总成上的管路连接：

（2）电子膨胀阀及三通电磁阀

1）电子膨胀阀安装在_____，负责开通或关闭制冷剂流经换热器总成。

2）帝豪 EV450 纯电动汽车热管理系统有_____个负责动力蓄电池冷却液系统与驱动冷却系统冷却液流通与隔离的_____，分别安装在_____和_____。

3）帝豪 EV450 纯电动汽车热管理系统还有一个负责调节空调暖风冷却液能否进入_____的电磁阀，安装在_____。

2. 换热器总成的更换

（1）准备工作　换热器总成上连接有制冷剂管路，因此在更换之前要先进行制冷剂回收操作。换热器总成虽然不是高压部件，但是在进行更换时无法躲开高压部件与线束，必然有所接触，因此要进行下电操作。

1）使用制冷剂加注一体机进行制冷剂回收作业。

2）下电，记录下电步骤：

（2）拆卸换热器总成

1）拆卸制冷空调管路连接接口固定螺母和制冷空调管路支架固定螺母。取下制冷高、低压管路并_____，防止灰尘进入。

2）拆卸换热器总成与暖风散热器进、出水管连接固定卡箍、换热器进、出水管连接固定卡箍。

3）在车辆底部放置容器，然后脱开上述 4 个水管。

4）断开电子膨胀阀线束插头。

5）举升车辆，断开换热器与动力蓄电池冷却系统水管连接卡箍。

6）在车辆底部放置容器，然后脱开上述 3 根水管。

7）断开暖风水路、动力蓄电池水路电磁阀连接插头。

8）拆卸换热器总成_____个固定螺母。

（3）安装换热器总成　安装过程与拆卸过程相反，需要注意的是：

1）换热器总成固定螺母紧固力矩为 9N·m。

2）连接空调高、低压管路时，要更换新的_____。

3）为防止冷却液进入线束插头，连接水管和线束插头时应先连接线束插头，再连接水管。

（4）上电

1）连接充电机端直流母线插接器插件。直流母线插头垂直对准插座向前按，然后使把手卡口卡到位或听到轻微的"咔嗒"声。

2）连接蓄电池负极。

（5）恢复作业

1）分别加注暖风系统冷却液、动力蓄电池冷却系统冷却液，然后进行_____。

2）按照更换制冷部件后加注制冷剂的作业流程进行制冷剂加注，如有必要，还需要加注适量冷冻机油。

四、检查

1）检查各高压接插件连接是否到位：_____。

2）起动空调，检查制冷或暖风效果：_____。

五、评估

1. 请根据任务完成的情况，对自己的工作进行自我评估，并提出改进意见。

1) _____

_____

2) _____

3) _____

2. 工单成绩（总分为自我评价、组长评价和教师评价得分值的平均值）

自 我 评 价	组 长 评 价	教 师 评 价	总　　分

任务名称	电动助力转向系统检测与修复	学时	4	班 级	
学生姓名		学生学号		任务成绩	
实训设备、工具及仪器	帝豪 EV450 纯电动汽车 4 台、故障诊断仪 4 个、万用表 4 个	实训场地	理实一体化教室	日 期	
任务描述	一辆帝豪 EV450 纯电动汽车，车主反映仪表盘上电动助力转向系统故障灯常亮，经检查确认电动助力转向系统控制器故障，更换电动助力转向系统控制器并进行转向角标定后试车，故障现象消失				
任务目的	能够安全、规范地对电动助力转向电机不工作进行检修				

一、资讯

1. 电动助力转向（Electric Power Steering, EPS）系统，是指利用＿＿＿＿＿＿＿＿＿＿提供转向动力，辅助驾驶人进行＿＿＿＿＿＿＿＿＿＿的转向系统。

2. 电动助力转向系统按照助力电动机的布置方式可分为＿＿＿＿＿＿＿＿＿＿（Column- assist type EPS）、＿＿＿＿＿＿＿＿＿＿（Pinion- assist type EPS）、＿＿＿＿＿＿＿＿＿＿（Rack- assist type EPS）和＿＿＿＿＿＿＿＿＿＿（Direct- drive type EPS）4 种。

3. 转向柱助力式转向系统的＿＿＿＿＿＿、电动机、＿＿＿＿＿＿和转向助力机构组成一体，安装在＿＿＿＿上。

4. 小齿轮助力式转向系统的转矩传感器、电动机、离合器和转向助力机构组成一体，只是整体安装在转向小齿轮处，直接给＿＿＿＿＿＿＿＿＿＿助力，能够获得较大的＿＿＿＿＿＿＿＿＿＿。

5. 齿条助力方案的助力转矩作用在＿＿＿＿＿＿＿＿上，助力转矩没有经过＿＿＿＿＿＿＿＿的放大，因此要求电动机的减速机构具有较大的＿＿＿＿＿＿＿＿，＿＿＿＿＿＿＿＿相对较大。

6. 电动助力转向系统主要由＿＿＿＿＿＿＿＿、＿＿＿＿＿＿＿＿、电动机、减速机构和＿＿＿＿＿＿＿＿等组成。

7. 转矩传感器是电动助力转向系统中最重要的器件之一。转矩传感器的种类有很多，主要有电位计式转矩传感器、＿＿＿＿＿＿＿＿＿＿转矩传感器、＿＿＿＿＿＿＿＿＿＿转矩传感器等。

8. 帝豪 EV450 纯电动汽车电动助力转向系统是＿＿＿＿＿＿＿＿＿＿＿＿＿＿；转向时，转矩及转角传感器把检测到的＿＿＿＿＿＿＿＿＿＿＿＿＿＿＿＿＿＿的大小、方向经处理后通过＿＿＿＿＿＿＿＿＿＿＿＿传给电动助力转向系统控制器，电动助力转向系统 ECU 同时接收 ESC 控制器传来的车速信号，然后根据车速信号和转矩及转角传感器的信号决定电动机的＿＿＿＿＿＿＿＿＿＿＿＿＿＿＿＿＿＿和助力转矩的＿＿＿＿＿＿＿＿＿＿＿＿＿＿；电动助力转向系统控制器控制驱动电动机工作，实施助力转向。

二、计划与决策

请根据任务要求，确定所需要的仪器、工具，并对小组成员进行合理分工，制订详细的电动助力转向系统检修计划。

1. 需要的仪器、工具

2. 小组成员分工

3. 检修计划

三、实施

1. 转向困难的故障点分析

简单分析转向困难的故障点。

2. 电动助力转向系统指示灯常亮的诊断流程

（1）读取故障码

1）操作启动开关使电源模式至 ON 状态。

2）连接故障诊断仪，读取系统故障码；＿＿＿＿＿＿＿＿＿＿＿（填有无）故障码。

（2）检查蓄电池电压　测量蓄电池电压，电压为＿＿＿＿＿＿＿＿，是否正常：＿＿＿＿＿＿＿＿。

（3）检查电动助力转向系统控制器供电

1）操作启动开关使电源模式至 OFF 状态，并断开蓄电池负极连接。

2）拔下熔丝 AM01、IF23，检查熔丝电阻，阻值分别为：＿＿＿＿＿＿＿＿＿＿＿＿＿＿＿，是否正常：＿＿＿＿＿＿＿＿＿＿＿。

3）拔下电动助力转向系统控制器插头 IP35a、IP36 和 IP37。

4）测量 IP37 端子 1 与车身搭铁之间的电阻，为：＿＿＿＿＿＿＿＿＿，是否正常：＿＿＿＿＿＿＿＿。

5）连接蓄电池负极，并测量 IP36 端子 1 与车身接地之间的电压，为：＿＿＿＿＿＿＿＿＿＿＿，是否正常：＿＿＿＿＿＿＿＿＿＿。

6）操作启动开关使电源模式至 ON 状态，测量 IP35a 端子 5 与车身搭铁之间的电压，为：＿＿＿＿＿＿，是否正常：＿＿＿＿＿＿＿＿＿。

（4）检查控制器 CAN 连接

1）操作启动开关使电源模式至 OFF 状态。

2）用万用表测量电动助力转向系统控制器插接器 IP35a 端子 6 与诊断接口端子 14、IP35a 端子 2 与诊断接口端子 6 之间的电阻，阻值分别为：＿＿＿＿＿＿＿＿，是否正常：＿＿＿＿＿＿＿。

3）拔下组合仪表线束插接器 IP01，用万用表测量电动助力转向系统控制器插接器 IP01 端子 31 与诊断接口端子 14、IP01 端子 30 与诊断接口端子 6 之间的电阻，阻值分别为：＿＿＿＿＿＿＿＿＿，是否正常：＿＿＿＿＿＿＿。

（5）更换电动助力转向系统控制器并检查电动助力转向系统指示灯是否正常

1）更换电动助力转向系统控制器。

2）操作启动开关使电源模式至 ON 状态，检查电动助力转向系统指示灯是否正常：＿＿＿＿＿＿＿＿。

3. 转向角传感器标定

连接故障诊断仪后进入 ESC 系统，选择标定。进入标定界面后可以进行＿＿＿＿＿＿＿＿和摇摆角标定，根据故障诊断仪提示进行操作完成标定，并记录操作过程：

四、检查

1）检查电动助力转向系统的故障码：＿＿＿＿＿＿＿＿＿＿＿＿＿＿＿＿＿＿＿＿。

2）检查仪表盘上的故障显示：＿＿＿＿＿＿＿＿＿＿＿＿＿＿＿＿＿＿＿＿＿＿。

五、评估

1. 请根据任务完成的情况，对自己的工作进行自我评估，并提出改进意见。

1）＿＿

2）＿＿

3）＿＿

2. 工单成绩（总分为自我评价、组长评价和教师评价得分值的平均值）

自 我 评 价	组 长 评 价	教 师 评 价	总　　分

任务工单 2.2

任务名称	电控制动系统故障诊断与修复	学时	4	班 级	
学生姓名		学生学号		任务成绩	
实训设备、工具及仪器	帝豪 EV450 纯电动汽车 4 辆、万用表 4 个、故障诊断仪 4 台	实训场地	理实一体化教室	日 期	
任务描述	一辆帝豪 EV450 纯电动汽车，车主反映无法解除电子制动。检查发现 EPB 故障灯常亮，经诊断为 EPB 控制器故障，更换 EPB 控制器后故障现象消失				
任务目的	能够安全、规范地对电控制动系统进行检修并更换 EPB 控制器				

一、资讯

1. 制动系统主要由_____、_____、传动装置和_____组成。

2. 伺服制动系统可按伺服能量的形式分为_____、_____和液压伺服式 3 种，其伺服能量分别为气压能、_____和_____。

3. 汽油发动机_____能产生真空，_____可以应用在汽油发动机的车上，而电动汽车没有发动机，无法产生_____，所以需要加装一个_____。

4. 电动真空泵按常用结构形式可分为叶片式、摇摆活塞式和膜片式。

5. 曲轴转动推动活塞向左移动，使隔膜_____，此时吸气阀关闭，排气阀打开，上一行程从真空罐吸入的空气从_____挤压排出。如此往复循环，_____内的空气不断被抽出，_____持续增加。

6. 叶片式电动真空泵内转子在电机的带动下_____，转子上嵌入的_____由于_____被甩出，紧贴在泵体内壁上，_____在旋转过程中，_____空间逐渐增大，右侧腔体空间逐渐减小。

7. 帝豪 EV450 纯电动汽车标配了 ESC 系统，采用博世的 ESC9 + RBS 系统，主要传感器有四轮车速传感器、_____；实现_____（EBD）、制动防抱死、_____（TCS）和车辆动态稳定性控制（VDC）等基本功能以及坡道起步（HHC）、紧急制动辅助（HBA）、液压助力辅助（HBB）等增值功能。

8. 帝豪 EV450 纯电动汽车的 EPB 系统主要由_____、_____和驻车制动执行电动机组成；驻车制动执行电动机分别安装在左、右_____上，分为直流电动机和_____两部分。

9. 帝豪 EV450 纯电动汽车的 EPB 系统主要功能有_____、_____和坡道驻车辅助。

二、计划与决策

请根据任务要求，确定所需要的仪器、工具，并对小组成员进行合理分工，制订详细的电控制动系统检修计划。

1. 需要的仪器、工具

2. 小组成员分工

3. 电控制动系统检修计划

三、实施

1. 电动真空泵的更换

（1）准备工作

1）打开前机舱盖。

2）确保启动开关处于 OFF 位置，松开蓄电池负极螺母，然后断开蓄电池负极连接。

（2）拆卸电动真空泵

1）断开电动真空泵线束插接器。

2）断开真空管。

3）拆卸电动真空泵_____个紧固螺栓，取下真空泵。

（3）安装电动真空泵　安装流程与拆卸流程的顺序相反，电动真空泵紧固螺栓的紧固力矩为 9N·m。

（4）上电检查

1）连接蓄电池负极，将启动开关置于 ON 位置。

2）连续若干次完全踩下制动踏板，是否听到真空泵工作的声音：_____。

2. EPB 警告灯常亮的故障诊断

（1）读取故障码　用故障诊断仪连接 EPB 系统，检查是否有故障码：_____。

（2）检查蓄电池电压　测量蓄电池电压，为：_____，是否正常：_____。

（3）检查 EPB 警告灯

1）连接故障诊断仪，进入 EPB 系统。

2）在元件测试上选择故障灯状态控制，进行 EPB 警告灯状态测试，EPB 警告灯状态是否正常：_____。

（4）检查组合仪表供电

1）操作启动开关使其处于 OFF 位置，断开组合仪表线束插接器 IP01。

2）操作启动开关使其处于 ON 位置，测量组合仪表线束插接器 IP01 端子 13、24、32 对车身搭铁的电压，分别为：_____，是否正常：_____。

3）测量组合仪表线束插接器 IP01 端子 16 与车身接地之间的电阻值，为：_____，是否正常：_____。

（5）检查 EPB 控制器供电

1）操作启动开关使其处于 OFF 位置，断开 EPB 控制器线束插接器 IP27。

2）操作启动开关使其处于 ON 位置，测量 EPB 控制器线束插接器 IP27 端子 22 对车身搭铁的电压，为：_____，是否正常：_____。

（6）检查 EPB 控制器与组合仪表通信　分别测量 EPB 控制器线束插接器 IP27 端子 16 与组合仪表线束插接器 IP01 端子 30、EPB 控制器线束插接器 IP27 端子 17 与组合仪表线束插接器 IP01 端子 31 之间的电阻，分别为：_____，是否正常：_____。

（7）更换 EPB 开关

1）更换 EPB 开关。

2）操作启动开关置于 ON 位置，检查 EPB 警告灯_____（填是否）亮起后熄灭，说明 EPB 开关：_____（填是否）正常。

3. 更换 EPB 控制器

更换 EPB 控制器；操作启动开关置于 ON 位置，检查 EPB 警告灯_____（填是否）亮起后熄灭，说明 EPB 开关：_____（填是否）正常。

四、检查

检修电控制动系统并进行如下检查：

1）检查制动真空泵工作情况：_____。

2）检查组合仪表上的故障显示：_____。

3）检查故障诊断仪中的故障码：_____。

五、评估

1. 请根据任务完成的情况，对自己的工作进行自我评估，并提出改进意见。

1）_____

_____

2）_____

_____

3）_____

_____

2. 工单成绩（总分为自我评价、组长评价和教师评价得分值的平均值）

自 我 评 价	组 长 评 价	教 师 评 价	总　　分

任务名称	安全带系统故障诊断与修复	学时	4	班 级	
学生姓名		学生学号		任务成绩	
实训设备、工具及仪器	帝豪 EV450 纯电动汽车 4 辆、万用表 4 个、车间防护用具 4 套	实训场地	理实一体化教室	日 期	
任务描述	小王在某新能源汽车 4S 店工作，今天接了一辆帝豪 EV450 纯电动汽车，客户反映前排乘员侧安全带警告灯不工作，经检查发现前排乘员侧安全带卡扣损坏，更换后故障现象消失				
任务目的	能正确、规范地进行安全带系统故障诊断与检修、报废带预紧器的安全带				

一、资讯

1. 主动安全是指汽车上_____的装置、设施或驾驶辅助系统等。装置、设施主要包括指示报警装置、_____、转向装置和_____等；驾驶辅助系统主要包括 ABS、_____、_____、汽车防碰撞预警系统、_____等。

2. 牵引力控制系统能防止车辆在雪地等湿滑路面上行驶时驱动轮的_____，使车辆能平稳地_____、加速。尤其在雪地或泥泞的路面，牵引力控制系统均能保证流畅的加速性能，防止车辆因驱动轮打滑而发生_____，常见的包括_____、驱动防滑系统、_____等。

3. 汽车防碰撞预警系统（Advance Warning System，AWS）会在危险发生前给驾驶人提供及时的声音和视觉报警。其主要功能包括_____、_____、车道偏离预警等。

4. 被动安全是指在_____时保护乘员和行人，使直接损失降到最小的装置或系统。常见的装置包括_____、_____、座椅与内饰、吸能式转向盘和吸能式转向管柱、发动机下沉技术等。

5. 安全带的作用：在汽车_____时，将驾乘人员束缚在_____上，防止发生_____；同时安全带有_____作用，能吸收大量的撞击_____，化解巨大的惯性力，减轻驾乘人员的受伤害程度。

6. 安全带主要由_____、_____、_____、安全带锁扣和固定件等组成。通常可以将汽车安全带按固定方式的不同，分为两点式、_____和多点式 3 种。

7. 正确佩戴安全带时，肩带应该跨过_____，腰带应该紧贴_____，这样做主要是为了使事故时的冲击力作用在_____上而不是内脏器官上。

8. 预紧式安全带是汽车安全带的一种，特点是增加了_____，预张紧器在碰撞时可以感知一定的_____，通过气体发生剂等产生动作，瞬间_____安全带的装置。根据控制装置的不同，预紧式安全带一般有电子控制式和_____两种。

二、计划与决策

请根据任务要求，确定所需要的检测仪器、工具，并对小组成员进行合理分工，制订详细的工作计划。

1. 需要的检测仪器、工具

2. 小组成员分工

3. 计划

三、实施

1. 前排乘员侧安全带警告灯不工作的故障诊断

（1）车上检查

1）操作启动开关，使电源模式至 ON 状态。

2）当前排乘员侧座椅有人且安全带松开时，检查组合仪表上驾驶人侧座椅安全带警告灯是否闪烁。

3）当前排乘员侧座椅有人且安全带紧固时，检查组合仪表上驾驶人侧座椅安全带警告灯是否熄灭。

（2）诊断流程　根据手册中"驾驶人侧安全带警告灯不工作"故障诊断流程制订"前排乘员侧安全带警告灯不工作"的诊断流程进行诊断并记录。

2. 更换前排乘员座椅安全带总成

（1）准备工作

1）断开蓄电池负极连接。

2）等待90s后（防止_____），拆卸车门门槛装饰板。

（2）拆卸前排乘员座椅安全带总成

1）拆卸前排乘员座椅安全带中柱下固定板紧固螺栓饰盖，然后拆卸前排乘员座椅安全带中柱下固定板紧固螺栓。

2）拆卸前排乘员座椅安全带中柱上固定板紧固螺栓饰盖，然后拆卸前排乘员座椅安全带中柱上固定板紧固螺栓。

3）断开前排乘员座椅安全带卷收器线束插接器。

4）拆卸前排乘员座椅安全带卷收器紧固螺栓，取下前排乘员座椅安全带。

（3）安装前排乘员座椅安全带总成　前排乘员座椅安全带总成安装过程与拆卸过程相反，卷收器紧固螺栓的紧固力矩、安全带中柱下固定板紧固螺栓的紧固力矩、安全带中柱上固定板紧固螺栓的紧固力矩均为_____ N·m。

四、检查

1）检查前排乘员座椅安全带总成紧固螺栓力矩为：_____。

2）检查前排乘员侧安全带警告灯是否正常：_____。

五、评估

1. 请根据任务完成的情况，对自己的工作进行自我评估，并提出改进意见。

1）_____

_____

2）_____

_____

3）_____

2. 工单成绩（总分为自我评价、组长评价和教师评价得分值的平均值）

自 我 评 价	组 长 评 价	教 师 评 价	总　　分

任务工单 3.2

任务名称	安全气囊系统故障诊断与修复	学时	4	班级	
学生姓名		学生学号		任务成绩	
实训设备、工具及仪器	帝豪 EV450 纯电动汽车 4 辆、万用表 4 个、车间防护用具 4 套	实训场地	理实一体化教室	日 期	
任务描述	一辆帝豪 EV450 纯电动汽车，其安全气囊警告灯常亮，更换安全气囊电控单元搭铁线束后故障现象消失				
任务目的	能正确、规范地进行安全气囊系统故障诊断与检修、安全气囊电控单元更换。				

一、资讯

1. 安全气囊系统（Supplement Restrain System，_____）是乘员约束装置（座椅安全带）的_____。当汽车遇到撞击而急剧减速时能快速膨胀形成_____，可以有效防止车内乘员直接撞击转向盘、仪表板等车内硬物而发生_____。

2. 安全气囊按照触发机构的不同通常可以分为_____、电机—机械式和纯机械式。

3. 安全气囊系统主要由_____、电控系统和_____等组成。传感器按功能可以分为_____和安全传感器两大类。_____用于检测碰撞的激烈程度。_____用于防止因碰撞传感器短路而造成的安全气囊误爆。

4. 机电式碰撞传感器主要有_____、_____、偏心锤式和水银开关式 4 种。

5. 根据下图说明滚轴式碰撞传感器的工作原理。

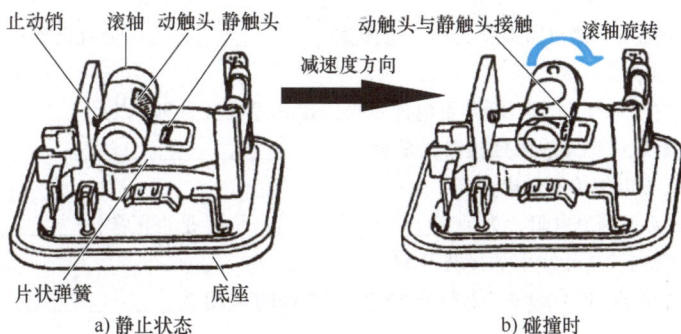

a) 静止状态　　　　　　　　　b) 碰撞时

6. 电子式碰撞传感器主要有＿＿＿＿＿＿＿＿＿＿＿＿＿＿＿、电容式和＿＿＿＿＿＿＿＿＿＿＿＿＿＿＿3种，不同于之前的开关式传感器（机械式或机电式），电子式传感器能测出加速度数值，因此常用于安全气囊系统的＿＿＿＿＿＿＿＿＿＿＿＿。当其判断碰撞强度不大（加速度值不大）而其他碰撞传感器接通时，判定为＿＿＿＿＿＿＿＿＿＿＿＿引爆安全气囊。

7. 气囊组件主要有＿＿＿＿＿＿＿＿＿＿＿＿＿、＿＿＿＿＿＿＿＿＿＿＿＿＿、固定部件和盖板等。

二、计划与决策

请根据任务要求，确定所需要的检测仪器、工具，并对小组成员进行合理分工，制订详细的工作计划。

1. 需要的检测仪器、工具

2. 小组成员分工

3. 计划

三、实施

安全气囊警告灯持续亮的诊断与修复

（1）读取故障码

1）操作启动开关使电源模式至 ON 状态。

2）连接故障诊断仪，读取系统故障码，＿＿＿＿＿＿＿＿＿＿＿＿＿（填有无）故障码。

（2）检查蓄电池电压　测量蓄电池电压，电压为：＿＿＿＿＿＿＿＿＿＿，是否正常：＿＿＿＿＿＿＿＿＿。

（3）检查线束连接

1）将启动开关置于 OFF 位置，断开蓄电池负极连接并等待至少 90s 以上。

2）检查安全气囊电控单元线束插接器，是否正常：＿＿＿＿＿＿＿＿＿＿＿＿。

（4）检查安全气囊电控单元供电

1）拔下熔丝 IF24 并测量电阻，为：＿＿＿＿＿＿＿＿＿＿，是否正常：＿＿＿＿＿＿＿＿＿。

2）断开安全气囊电控单元线束插接器 IP54。

3）测量线束插接器 IP54 端子 32 与车身搭铁之间的电阻为：＿＿＿＿＿＿＿＿＿＿，是否正常：＿＿＿＿＿＿＿＿＿。

（5）更换安全气囊电控单元接地线束并检查

1）更换安全气囊电控单元接地线束。

2）连接蓄电池负极，等待至少 2s 后进行上电操作。

3）检查安全气囊警告灯，是否正常：＿＿＿＿＿＿＿＿＿＿。

四、检查

1）检查安全气囊警告灯是否正常：＿＿＿＿＿＿＿＿＿＿＿＿＿＿＿＿＿＿＿＿＿＿＿＿。

2）检查安全气囊系统是否存在故障码：＿＿＿＿＿＿＿＿＿＿＿＿＿＿＿＿＿＿＿＿＿＿。

五、评估

1. 请根据任务完成的情况，对自己的工作进行自我评估，并提出改进意见。

1）＿＿＿＿＿＿＿＿＿＿＿＿＿＿＿＿＿＿＿＿＿＿＿＿＿＿＿＿＿＿＿＿＿＿＿＿＿＿＿

＿＿＿

2）＿＿＿＿＿＿＿＿＿＿＿＿＿＿＿＿＿＿＿＿＿＿＿＿＿＿＿＿＿＿＿＿＿＿＿＿＿＿＿

＿＿＿

3）＿＿＿＿＿＿＿＿＿＿＿＿＿＿＿＿＿＿＿＿＿＿＿＿＿＿＿＿＿＿＿＿＿＿＿＿＿＿＿

2. 工单成绩（总分为自我评价、组长评价和教师评价得分值的平均值）

自 我 评 价	组 长 评 价	教 师 评 价	总　　分